KB002568

6·25 바다의 전우들

바다에서 함께 싸웠던 전우에 대한 노병의 회상록

6·25 바다의 전우들

바다에서 함께 싸웠던 전우에 대한 노병의 회상록

초 판 발행 2013년 5월 20일
수정보완판 발행 2018년 3월 28일

—

지은이 최영섭
펴낸이 이방원
편 집 김명희·이윤석·안효희·강윤경·윤원진·홍순용
디자인 손경화·전계숙
마케팅 최성수

—

펴낸곳 세창미디어
출판신고 2013년 1월 4일 제312-2013-000002호
주소 03735 서울시 서대문구 경기대로 88 냉천빌딩 4층
전화 02-723-8660 **팩스** 02-720-4579
이메일 edit@sechangpub.co.kr **홈페이지** http://www.sechangpub.co.kr

—

ISBN 978-89-5586-178-5 03900

이 도서의 국립중앙도서관 출판시도서목록(CIP)은 서지정보유통지원시스템 홈페이지(http://seoji.nl.go.kr)와
국가자료공동목록시스템(http://www.nl.go.kr/kolisnet)에서 이용하실 수 있습니다.(CIP제어번호: CIP2018005079)

바다에서 함께 싸웠던 전우에 대한 노병의 회상록

6·25
바다의
전우들

백두산함 갑판사관 겸 항해사·포술사
해군소위 최영섭 지음

세창미디어
MEDIA

6.25 전쟁에서 함께 싸웠던 전우들

지략·용맹·결단·희생·솔선수범의 귀감이신
순호(舜湖) 최영섭

해군발전은 물론 후배들에게 큰 자부심을 안겨줄 역작을 이루신 최영섭 선배님은 강원도 평강이라는 조그만 산골 마을에서 태어나셨습니다. 선배님께서는 해방 후 혼란과 격동의 시기에 조국의 바다를 지키기 위해 1947년 9월 2일 해군사관학교 제3기생으로 입교하셨으며, '반공이 곧 애국'이라는 신념을 갖고 교육과정을 이수하셨습니다.

| 해군참모총장 대장 최윤희

6.25전쟁 발발 4개월 전에 임관하신 선배님은 우리 해군의 최초 전투함인 백두산함 갑판사관 겸 항해사·포술사로 부임하여 함상근무를 수행하던 중 6.25 전쟁을 맞았습니다. 전쟁기간 중 초임장교로서 6.25전쟁의 분수령이었던 대한해협해전을 비롯한 서해안봉쇄작전, 덕적도·영흥도 탈환작전, 인천 상륙작전, 대청도·소청도 탈환작전, 제2차 인천상륙작전 등 주요 전투에 참전하여 다대한 전공을 세우셨습니다.

'순호(舜湖)'라는 아호처럼 충무공 이순신과 바다(지구의 호수)를 좋아하셨던 선배님은 충무공 이순신 제독을 롤 모델로 삼아 그의 리더십을 실천하시면서 오로지 조국의 바다를 위해 헌신하셨습니다. 이 충무공의 시호가 붙여진 대한민국해군 최초의 구축함인 충무(忠武)함 함장을 역임한 것을 보더라도 공과 바다와의 인연에서 벗어날 수 없는 운명을 타고 났다고 봅니다. 특히 충무함장 재직 시에는 지략, 용맹, 결단이라는 충무공의 리더십을 유감없이 발휘하셨고, 그 결과 북한의 고속간첩선을 나포하고 간첩들을 생포하는 큰 전공을 세우셨습니다. 전역 이후에도 바다와의 인연을 끊지 못해 한국해양소년단연맹에서 해양사상과 해양안보 등 해양의 중요성을 대한민국 국민들에게 고취시키는 큰 역할을 하고 계십니다.

이처럼 선배님은 평생 조국의 바다를 위해 일해 오셨으며, 우리 사회가 요구하는 덕목인 희생과 솔선수범을 몸소 실천해 오셨습니다. 오래전부터 대한해협해전 전사를 통해 선배님을 잘 알고 있었지만, 본인과의 공식적 첫 만남은 해군사관학교 교장 시절, 2010년 2월 1일 백두산함 마스트 국기게양식 때였습니다. 이후 해군의 주요 행사 때마다 뵙게 되었고, 선배님은 저에게 해군의 발전을 위해 많은 제안을 해주셨으며, 아울러 교훈적인 유머와 전투일화 등을 들려주곤 하셨습니다. 그중에서 희생과 솔선수범의 철학이 담긴 유머 하나가 아직도 기억에 남아 소개하고자 합니다. "비록 노병이지만 내가 육·해·공군, 해병대 대원들을 지휘하는 통합군사령관이야. 내 밑에 동생 2명(해군·해병대), 아들 4명(육군 2, 해군 1, 공군 1), 손자 3명(육군 2, 해병대 1)이 있는데, 모두 육·해·공군, 해병대에서 골고루 군복무를 했어. 그래서 내가 이들을 지휘하는 통합군사령관이 아니겠어. 내 손자가 해병대에 갔는데, 내가 부대장에게 최전방에 근무시키라고 요구했지. 그래서 2사단 강화도 최전방에서 복무하고 제대했지."

올해는 6.25전쟁 발발 63주년이자, 정전협정 60주년입니다. 때를 맞추어 발간되는 선배님의 회고록은 그 의미가 더 크다고 봅니다. 젊은 사람도 힘이 드는 집필을 고령에도 불구하고 끝까지 이루어내신 것은 전투에서 생사를 같이한 전우들의 이야기를 하나라도 더 역사에 남기기 위해서였습니다. 이 책에는 선배님이 몸소 실천한 지략·용맹·결단·희생·솔선수범과 전우들의 이야기가 수록되어 있어 우리 해군뿐만 아니라 국민들의 필독도서로 권장함에 있어 전혀 손색이 없다고 봅니다.

본인 역시 선배님의 회고록을 읽으면서 마치 한 편의 영화를 보는 것과 같이 장대하고 감동적이어서 책에서 눈이 떼어지지 않을 정도였습니다. 본문에서 토로(吐露)한 바와 같이 우리 국민들을 향하여 외치는 노병의 절규를 인용하면서 추천의 글을 맺고자 합니다.

"함정의 좁은 공간에서 살을 맞대고 한솥밥을 먹으며 동·서·남해 수많은 전선을 누벼온 전우들의 절규가 들려온다. '조국이여! 동포여! 내 사랑하는 해군, 국군이여! 이 땅에서 싸워야 이긴다. 이 땅에서 죽어야 산다. 한번 무너진 조국은 다시 오지 않는다.'"

2013년 5월 24일
해군참모총장 대장 최윤희

왜, 인생의 마지막 페이스, 생애의 끝이 바로 앞에 보이는 이 나이에 글재주도 무딘 노병이 이 글을 쓰고자 했는가? 흐르는 세월 속에 대한민국 건국 후에 태어난 사람이 전체 국민의 9할이 넘게 되었다. 6.25전쟁 참전용사 중 지금 생존해 있는 사람도 얼마 남아 있지 않을 뿐더러 거의 다 80고개를 넘어섰다. 이제 6.25전쟁도 연구의 대상, 가르치고 배우는 대상이 되었다. 노병이 태어났을 때만 하더라도 한국 사람의 평균수명이 37.4세였다. 그러니 50년은 더 살고 있는 셈이다.

노병은 6.25전쟁이 터진 바로 그날 백두산함(PC-701)에 승조하여 부산을 침공하려고 동해로 쳐내려오는 적 함정과 해상전투를 감행하여 격침시키고 동·서·남해를 넘나들며 싸웠다. 대한해협해전을 끝내고 숨 돌릴 사이도 없이 인천철수작전, 여수철수작전, 마산 진동리 정찰, 덕적도와 영흥도 탈환작전, 군산상륙 양동작전, 인천상륙작전에 이어서 대청도와 소청도 탈환작전에 참전했다. 다시 동해로 달려가 원산을 경유하여 함경도 성진 진격작전에 참전했다.

중공군이 침공하여 서울을 넘어 평택으로 밀고 올 때 UN군은 한강선을 향하여 반격작전을 전개했다. 이때 우리 해군과 해병대는 단독으로 제2차 인천상륙작전을 감행했다. 노병은 전우들과 함께 이 전투에 참전했다.

1953년 7월, 정전협정이 체결될 때에는 PCS-201(수성호) 정장으로 연평도-해주만-옹진반도 해안의 경비작전임무를 수행하고 있었다.

노병은 죽는 법이다. 6.25전쟁에서 한국을 지켜낸 천하의 명장 맥아더 장군이 남긴 한마디가 역사에 남아 있다. "노병은 죽지 않고 사라질 뿐이다.(Old soldiers never die, they just fade away.)" 맥아더 장군은 "죽는다"라는 말을 "사라진다"로 바꾸었다. 이 전쟁에서 목숨을 던지고 피를 쏟으며 나라를 지켜낸 노병의 전우들이 언제 어디서 어떻게 싸웠는지 그 흔적과 그 이름 석 자를 후대에 남겨 놓는 것이 이 노병이 '사라지기 전' 마지막 책무라 생각했다. 60여 년 전에 있었던 일이라 전우들의 이름이 가물가물하지만 생사를 건 전쟁터의 기억은 지금도 생생하게 살아 남아 있다. 서재 구석에 먼지가 뽀얗게 앉은 기록과 사진을 찾아내 그때의 기억을 되살리며 한 자, 한 자 엮어 왔다.

훗날 전우들의 자손이 한국역사를 대할 때 6.25전쟁 시대를 겪은 자기 선대에 대한 궁금증이 이 책을 통해 풀릴 수도 있다는 생각을 해 보았다. "6.25 그때, 나의 선대 할아버지가 조국의 바다, 조국의 산야, 조국 하늘에서 이렇게 싸워 오늘의 내 조국을 지켜냈구나!" 하며 선대 할아버지의 자랑스러운 모습을 떠올리는 후대들의 모습을 가슴속으로 그려보았다. 6.25전쟁을 잊고 있는 청소년들에게는 공산군의 침략으로 이 지구상에서 사라질 뻔했던 대한민국이 누구에 의해 어떻게 지켜졌는지를 알려야겠다는 생각도 했다. 우리 국군은 빈약한 무기를 들고 막강한 무력으로 기습 침공한 인민군 그리고 파도처럼 밀려드는 중공군에 맞서 우박같이 쏟아지는 총포탄을 뚫고 팔다리가 찢기면서도 적진으로 쳐들어갔다. 남녀노소 온 국민도 몸을 던져 싸웠다. 오늘의 대한민국 국민이 누리는 자유와 번영은 6.25세대의 목숨과 피, 땀으로 지키고 일구어낸 희생이 깔려 있음을 가슴깊이 되새겨야 할 것이다.

이 글을 마무리하려는 이 시점에 북의 왕조 3대 세습 독재집단이 우리를 향해 핵 협박의 독기를 뿜어내고 있다. 2월 19일, "남조선을 최종파괴 하겠다." 3월에 들어서 "정전협정 백지화, 핵 불바다", "서울, 워싱턴을 불바다로 만들고 한라산에 공화국 기를 휘날릴 것이다", "핵 선제타격, 제2 조선전쟁"에 이어서 김정은은 "적진을 벌초해 버리라"고 했다. 이런 민족공멸의 핵 협박을 들으면서 1973년 12월 1일에 있었던 제346차 군사정전회의에서 북의 억지주장이 떠올랐다. 이때 북은 20년 동안 지켜오던 NLL에 대하여 서해 5도를 둘러싼 우리 해역을 자기들의 영해라고 생떼를 부렸다. 그 근저(根底)에는 북한 해군이 서해함대사령부를 새로 창설하고 잠수함을 비롯하여 어뢰정과 함정에 OSA, KOMAR급 및 Su-7 유도탄을 장착한 강한 무력이 있었다. 그 당시 우리나라 병기산업은 북한에 완전히 눌려 있었다. 북한은 총기류는 물론 총포탄, 화포, 탱크, 군함과 잠수함까지 만들었다. 그때 우리는 소총 한 자루도 못 만들었다. 이때부터 방위산업육성에 착수했다. 국민들은 나라를 지켜야겠다며 방위성금을 갹출했다. 1975년 11월까지 무려 161억 3000만 원을 모았다. 이 국민성금이 '율곡사업'의 재원이 됐다.

1970년도 남북 군사비를 비교해 보면 남한 3억 330만 달러에 비해 북한은 7억 4600만 달러였고, 1975년도에는 남한 5억 5800만 달러에 비해 북한은 7억·7000만 달러였다. 1976년도에 가서 남한 15억 달러, 북한 8억 7800만 달러로 비로소 반전되었다. 1945년 해방 당시 북한은 전국의 광물자원 약 80%, 금속 화학공업 약 90% 이상을 차지하고 있었으며 전기생산은 86%였다. 1960년대 남북한 1인당 국민소득은 남한 82달러, 북한 137달러였고 1970년대 초반에는 남한 255달러, 북한 636달러였다. 1970년대 후반에 가서 남북한의 경제력은 반전되고 2010년에는 남한 2만 591달러에 비해 북한은 1,800달러로 격차가 엄청나게 벌어졌다. 북한은 1970년대부터 핵 개발을 시작하여 지금 그 핵으로 우리를 협박하고 있다.

지난 김대중, 노무현 정권시대 대북정책 골간은 선공후득(先供後得: 먼저 주고 나중에 받는다)이라는 햇볕정책으로 수조 원에 달하는 현금과 물자를 주었으나 햇볕은 먹구름에 가려지고 '핵'과 '미사일'을 만드는 데 도운 꼴이 되었다. 이명박 정부 대북정책은 선득후공(先得後供), 먼저 받고(핵 폐기) 나중에 준다는 것이었으나 역시 허사였다.

핵을 가진 쪽과 가지지 못한 쪽 사이의 대등한 거래는 기대할 수 없다. 핵을 가진 북과 평화공존을 할 수 있을까? 아니다. 굴종(屈從)이다. 북의 최종 목적은 민족(김일성 민족)에 의한 주체사상화와 고려민주연방제(공산주의) 통일이다. 북은 이 노선을 버린 적이 없다. 지금도 그렇다. 핵무기는 군사 무기이자 정치 무기다. 우리는 계속 북의 핵공갈을 받아 가면서 살 수는 없지 않은가? 그렇다면 어찌할 것인가? 핵무기는 핵으로만 억제할 수 있다. 미국은 지금까지 북의 비핵화 노선에서 이제는 핵확산방지 쪽으로 눈길을 돌리는 조짐이 보인다. 북핵의 조준 과녁은 대한민국이다. 최근 우리나라 여론조사에 의하면 국민의 69%가 핵무장에 찬성한다. 우리 나름대로의 국가안보전략과 확고한 국가안보태세로 이 난국을 돌파해야 한다.

스위스를 보자. 중립국이었기 때문에 200여 년 동안 외국의 침략을 받지 않고 나라가 유지된 것은 아니다. 스위스는 국가 총동원 태세로 대비해 왔다. 핵 공격에 대비하여 축구장만한 지하 방공호 3,500개를 만들었고, 모든 주택과 빌딩에 방공호를 갖도록 의무화했으며 공공대피소도 27만 개를 만들었다. 나라를 수호하겠다는 확고한 국가안보정책과 이에 호응하는 국민의 단합된 국방의지가 있었기 때문이다.

지금 우리는 온 국민이 혼연일체가 되어 60여 년 전 풍전등화의 나라를 지켜낸 6.25전쟁, 그때의 정신으로 국가를 수호해야 할 때이다. 국가 총동원 태세로 자위전선(自衛前線)을 구축해야 할 때다.

하늘로 돌아간 전우들이여! 그리고 머지않아 '사라져 갈' 전우들이여! 조국과 6.25의 바다는 그대들의 피 끓는 조국애를 길이길이 기억하리라.

하늘 낙원에서 나를 기다리고 있는 내자 정옥경 권사를 추모하며 홀아비를 정성껏 봉양하는 큰며느리 명희의 효성이 고맙기 그지없다.

한평생 살아오며 고비고비마다 한없는 은혜를 부어주신 하나님께 감사드리며 선후배, 동기생, 이웃분들의 짙은 사랑을 받기만 한 빚진 인생, 만년의 여백 감사드리며 메워갈 각오이다.

끝으로 이 책이 세상에 나오는 데는 여러분들의 따뜻한 도움이 컸다. 원고를 타자해 주신 이영렬 이사님, 정리작업을 도와주신 최경선 연구관님, 그리고 정성 들여 감수·검증해 주신 해군역사기록단 임성채 박사님께 감사드린다. 특히 최윤희 해군참모총장님의 성원은 기력이 쇠해가는 노병에게 큰 힘을 실어 주셨다. 또한 거친 글을 펴내 주신 세창미디어 이방원 사장님께도 깊은 감사를 드린다.

임진각 북녘 하늘을 멀리 바라보며
2013년 춘삼월, 일산에서

노병(老兵) 최영섭(崔英燮) 씀

차 례

추천사   5
머리말   8

제1장 6.25전쟁의 분수령, 대한해협해전

부산에 돌입하라   19
백두산함(PC-701, 白頭山艦) 구입과 6.25   23
출 동   27
추 적   29
25일의 해군본부   33
전투에 임하며   36
치열한 해상 전투   42
전투가 끝나고   49
대한해협해전의 의의   57
대한해협해전의 승전 요인   64
57년 만에 유가족에게 돌아온 을지(乙支)무공훈장   69
대한해협해전 전승비 건립과 6.25전쟁 60주년 행사   79

제2장 서해 봉쇄작전과 여수 철수작전

서해 출동   113
인민군 제6사단   114
서남해안 경비작전과 여수철수작전   117

제3장 인천상륙작전과 서해 도서 수복작전

진동리 정찰작전   131
덕적도 및 영흥도 상륙작전   133
인천상륙작전과 군산양동작전   139
인천상륙작전의 숨은 조역   149
대청도 및 소청도 탈환작전   154

제4장 함경도 동해진격작전과 성진철수작전

묵호, 원산, 성진 해상진격   159
전사한 해사3기 동기생 전우들   165

제5장 제2차 인천상륙작전

상륙작전 이전 전황   171
제2차 인천상륙작전   174

제6장 UN군 기동전대 연락장교

회오리바람 몰아치는 전국(戰局)과 휴전회담   201
공산군의 교활한 간계   206
군사적 압력   209
금성천 전투에서 산화한 정문욱 소위   212
지리산함(PC-704) 장병, 원산만에서 산화하다   215
인민군 장교의 귀순과 포격전   219

제7장 휴전(休戰)

휴전회담 장소를 개성에서 판문점으로   225

이승만 대통령의 고뇌 어린 휴전전략 233

전쟁의 상흔(傷痕) 249

제8장 **역사로서의 6.25전쟁**

누가 도발했는가? 255

남침계획의 기본개념 263

국민 모두가 구국전선으로 달려 나아갔다 267

역사로서의 6.25전쟁 274

제9장 **충무함(DD-91)의 고속간첩선 나포작전**

충무함(DD-91) 함장 부임 283

마지막 출동, 사냥터로 293

간첩선 나포작전 298

접선, 때와 장소를 찾아라 312

강릉 북괴 지하당 일망타진 333

제10장 **맺는 말** 343

부록 701함 승조원 모습 · 354 | 大韓海峽海戰 60周年 回顧辭 · 355 | 대한해협 해전가 · 360 | 초상 기증서 · 362 | 추도사 · 363 | 유가족 인사 · 367 | 충무함가 악보 · 368

제1장

___

6.25전쟁의 분수령, 대한해협해전

부산에 돌입하라

북한 인민군 전투부대는 1950년 6월 12일부터 38선 인근의 집결지를 향해 이동했다. 23일에서 24일 사이에 공격출발선에 포진하기 위해 집결지를 떠났다.[1] 길원팔(吉元八) 대좌가 지휘하는 인민군 해군 육전대 제945부대는 기차로 원산을 출발하여 23일 양양에 도착했다. 이 부대는 다음날인 24일 밤 양양 영포구에서 각종 선박에 탑승하여 야간에 남쪽으로 내려와 25일 새벽 옥계 해안으로 침공했다. 인민군 총사령부 직할부대인 제766유격대는 오진우(吳振宇) 총좌 지휘하에 3월말 경 유격훈련지인 갑산 및 회령을 떠나 5월 13일 영흥만 호도반도로 이동했다. 이 부대는 21일 2000시[2] 호도반도를 출항하고 23일 속초항에 도착하여 부둣가에서 하룻밤을 지냈다. 24일 저녁 속

1. 박명림, 『한국전쟁의 발발과 기원 1』, 나남출판, 1996, pp.357–369; 하기와라 료 저, 최태순 역, 『한국전쟁』, 일본 문예춘추 한국논단 발행, 1996, pp.161–167.
2. 오후 8시를 24시간 표기법에 따라 표기한 것이며, 이후에도 24시간 표기법에 따라 기록함.

인민군 포스터[부산항, 진해항을 목표로!, 출처: 미국립
문서기록보관청(NARA: National Archives and Records
Administration).]

초를 떠나 25일 0300시경 주문진 앞바다를 통과하여 0700시경 임원진 해안으로 침공했다. 인민군 상륙부대는 어뢰정 4척과 수척의 포함(砲艦, PGM) 및 1,000톤급의 무장수송선 엄호 하에 발동선 약 50척, 범선 약 40척 및 견인화물선 등을 이용하여 옥계 및 임원진 해안으로 상륙했다. 인민군 상륙군에는 1949년 5월 월북한 제8연대 제1대대장 표무원 및 제2대장 강태무 부대 300여 명이 가담했다.[3] 민족보위상 부상 겸 인민군부사령관, 문화부장 김일 중장은 인민군 상륙군부대가 예정된 상륙지점으로 출동할 때 "인민군 남진에 호응하여 부산에 돌입하라"고 명령했다.

여기에서 '부산 돌입' 명령을 내린 김일과 김일성 그리고 그의 주변 인물들을 살펴볼 필요가 있다.

김일(金一)과 김일성

① "부산에 돌입하라"고 명령한 김일은 김일성(내각수반, 소련군 대

3_ 박명림, 『한국전쟁의 발발과 기원1』, p.375 및 국방부군사편찬연구소, 『6.25 전쟁사(2)』,
국방부, 2005, pp.559-560, p.727, p.555.

위), 최용건(민족보위상, 인민군 총사령관, 소련군 대위), 강건(총참 모장, 소련군 대위), 김책(전선사령관, 소련군 상위), 김웅(제1군단장, 중공군 연대장), 김광협(제2군단장, 소련군 상위), 방호산(제6사단장, 중공군 정치위원), 김창혁(제5사단장, 중공군 부사단장) 등 북한의 정치 군사의 핵심지도부 중의 한 사람으로 민족보위성 부상이자 인민군 문화부 사령관이었다.

② 김일성은 1949년 김일을 중공으로 보내 4월 30일 모택동, 주은 래 및 주덕을 만나 중공군에 소속된 조선족 군대의 귀환을 요청 했다. 모택동은 3개 조선인 사단 중 목단강. 장춘에 배치된 2개 사단은 즉시 귀환시킬 수 있으나 1개 사단은 현재 남부에서 장 개석 국부군(國府軍: 장개석 군)과 전투 중이므로 지금 당장 보낼 수 없다 했다. 장개석군과 중공군과의 내전당시 중공군에 참전 한 조선족은 6만 2942명이었다.[4]

③ 김일은 1950년 6월 25일 새벽 김일성이 소집한 노동당 중앙위원 회 정치위원회와 내각 비상합동회의에 참석했다. 이때 김일성은 "두 시간 전인 밤 한 시에 남조선군대가 38선을 넘어 침공했다. 나는 곧 반격명령을 내렸다"고 말했다. 계획된 기만전략이다. 이 에 대하여 내무성 부상을 역임한 인민군 중장 강상호(姜尙昊)는 이 회의에 참석했던 사람으로 그 당시 상황에 대하여 증언했다. 강상호의 러시아 원명은 '이반 아파나시예비치'이다. 1959년 김 일성의 대숙청 시 숙청당했다가 가까스로 소련으로 돌아갔다.[5]

---

4. 박명림, 『한국전쟁의 발발과 기원1』, 나남출판사, 1996. p.103, p.243.
5. 박명림, 상게서, pp.435-437.

6.25전쟁의 주범들(김일성이 북한에서 처음 만든 다발총을 인민군 고위 간부들에게 전달하는 장면, 왼쪽부터 최용건, 김책, 김일, 김일성)

④ 김일성은 6.25 개전에 앞서 아래와 같이 조선족으로 구성된 중공군 약 5만 명을 끌어들여 인민군으로 변환시키고 6.25전쟁을 도발하던 날 함께 남침해 내려와 대한민국 국민을 살상했다.[6]

   ○ 중공군 제164사단(김창덕) → 인민군 제5사단으로 전환

   ○ 중공군 제166사단(방호산) → 인민군 제6사단으로 전환

   ○ 중공군으로 호남일대에서 장개석 군과 전투 중이던 중공군 제139, 140, 141, 156사단에 속해 있던 조선족 장교와 사병을 1949년 중공통일 후 모아서 제15사단(전우)을 편성하여 → 인민군 제12사단으로 전환

   ○ 중공군 철도병단, 제15병단 → 인민군 제4사단으로 전환

⑤ 김일은 6.25 남침전쟁 도발 직전인 6월 10일, 총참모장 강건의 집무실에서 인민군 최고 지도부 6명 중의 한 사람으로 작전회의에 참석했다. 1950년 4월과 5월, 북한지도부는 대남 게릴라부대

6_ 서동만 역, 와다 하루키 저, 『조선전쟁』, p.343; 박명림, 상게서, pp.341-344.

장 김달삼과 남도부를 평양으로 불러들여 이승엽(서울 인민위원장), 이중업, 조두언 등 남한 좌파지도자들과 인민문화부사령관 김일, 해군사령관 한일무 등과 함께 남한의 군사, 정치정세를 토의하고 대남 침투를 지시했다. 특히 주목할 것은 이 작전회의에 김일과 해군사령관 한일무가 참석한 일이다.[7]

오진우(1917-1995): 함경남도 북청 출신으로 소련보병학교를 수료했다. 1976년부터 1995년까지 19년간 인민군 무력부장이었다.

길원팔: 조선공산당 제2비서로 대남유격총사령관인 인민군 중장이다. 1951년 3월 오대산에서 게릴라작전을 지휘하던 중에 한국군 유격대 제11연대장 채명신 중령(훗날 주월군사령관, 중장)에게 체포되어 자결했다.

백두산함(PC-701, 白頭山艦) 구입과 6.25

초창기 해군의 염원은 함포가 장착된 군함을 갖는 것이었으나 빈약한 국가재정으로 군함 구입은 엄두도 못 낼 형편이었다. 해군은 자체적으로 군함 구입자금을 모으기 위하여 장병들의 월급에서 5-10%씩 갹출하고 부인회에서는 삯바느질, 의복세탁, 수선, 뜨개질로 852만원을 모아 이승만 대통령에게 군함 구입을 청원하였다. 이 대통령은 해군의 뜻을 높이 사 45,000$를 보태서 군함구입 방도를 주선했

7_ 박명림, 전게서, p.375.

▌백두산함에 3인치 포 설치하는 모습

다. PC-701은 미해군이 제2차세계대전 중 건조한 PC형 361척 중의 하나로서, PC-823호로 명명되고 1944년 취역하여 서태평양에서 작전임무를 수행하였다. 제2차세계대전 종전 후 1946년 2월 퇴역하여 무장을 해제하고 뉴욕주 Kings Point에 있는 미국 해양대학교 실습선으로 쓰이고 있었으며, 학교에서는 이름을 Ensign Whitehead(화이트헤드 소위)로 붙였다. 이 학교 졸업생으로 해군에 입대, 제2차세계대전에 참전하여 전사한 Whitehead 소위를 기념하여 붙인 것이다.

우리 해군은 이 배를 인수하기 전에 이미 배 이름을 '백두산함'으로 정했던 것이지만 영어의 뜻과 우연히 일치한 기이한 인연을 가진 이름이다. 백두산함은 1949년 10월 17일 미화 18,000$로 구입하여 정비작업을 끝낸 후, 그해 12월 26일 뉴욕 맨해튼 섬 8부두에서 태극기를 높이 올리고 마이애미와 파나마운하를 지나 1950년 1월 24일 하와이 호놀룰루 항에 입항했다. 3월 16일 3인치 포를 장착하고 20일 하와이를 떠나 25일 콰잘린 섬에 기항하여 연료를 공급받고 괌 섬 아프라항으로 향했다. 아프라항에서 돈이 모자라 3인치 포탄 100발만 사서 싣고 4월 10일 진해항에 입항했다. 심하게 녹이 슨 배를 진해항에서 한 달 동안 정비했다. 모든 승조원이 달려들어 시뻘겋게 녹슨 선체를 깡깡

백두산함 승조원 기념촬영(대한해협해전 한 달 전인 1950.5.22 진해 제2부두에서 촬영, 세부명단은 부록1에서 확인 가능함)

해머로 떨어내고 방부페인트 '레드리드'를 칠한 후 '네이비'색 페인트로 깨끗이 단장했다. 함수 양현에는 흰색 페인트로 함번호 '701'을 커다랗게 그렸다. 기관부 승조원들은 주기관과 보조기관을 정비했다. 그들의 얼굴과 손은 검은 기름때로 반짝거렸다.

6월 12일 이승만 대통령을 부산으로 호송하라는 명령이 떨어졌다. 이승만 대통령은 백두산함을 보기 원했다. 진해에서 이 대통령을 모시고 부산으로 향했다. 가덕도를 돌아 부산으로 향할 때 대통령은 사관실에서 나와 함수로 왔다. 3인치 주포의 사격훈련 중이었다. 장포장 최석린 병조장은 쉴 새 없이 사격명령을 내렸다. '좌현 90°, 적함거리 3,000 쏴' 포 요원들은 소리높이 복창하며 모의탄으로 사격훈련을 계속했다. 사수 홍양식 2등병조, 회전수 이유택 2등병조, 척도수 최갑식 3등병조, 전화수 김춘배 3등병조, 장전수 전병익 2등병조, 문영구 수병 등의 이마에서는 구슬땀이 흘러내렸다. 대통령은 장포장 최 병조장의 어깨를 툭툭 치며 "우리 수군이 대견하군, 믿음직해, 든든해, 이제 왜놈 어선도 함부로 우리 영해를 침범하지 못할 거야. 바다는 우리 생명선이야. 병사들을 좀 쉬게 해"라고 격려하였다. 대통령의 주름진 얼굴에 밝은 미소가 흘렀다. 대통령을 부산으로 모시고 난 후 백두산함은 또다시 출동준비에 바빴다. 해군장병들은 자기가 갹출한 돈으로 구매한 대포 달린 멋진 군함을 자신의 눈으로 확인하기를 고대하고 있었다. 6월 중순 진해를 떠나 부산, 묵호, 인천, 군산, 목포에 있는 해군경비부를 순회하여 6월 24일 2330시 진해로 돌아왔다. 다음날이 일요일이기에 영외거주자들은 모두 집으로 돌아가고 총각인 갑판사관 최영섭 소위는 일직당직근무를 했다. 최 소위는 당직하사관 김종수 일등병조에게 "벌써 자정이 넘었다. 오늘은 일요일이다. 연이은 항해에 병사들이 피곤할 터이니 내일 기상은 7시다. 기상하면 묵은 빨랫감을 들고 제1부두에 집합시켜라. 세탁비누는 내가 준비하겠다" 지시했다. 25일 아침 7시, 부두에서 체조를 하고 내의와 작업복 등을 세탁했다.

아침식사를 끝내고 함내 청소를 시작했다. 10시 가까이 됐을 때 진해 통제부사령장관 김성삼 대령이 함에 들어서더니 당직사관에게 "함장 계신가?" 물었다. "어젯밤 11시경에 입항해 영외거주자는 다 집에 갔습니다" 했더니 "작전명령이 떨어졌다. 장병들을 급히 소집하고 출동준비를 하라"고 지시했다. "사령관님 저희 배에는 전화도 자동차도 없습니다. 사병들을 풀어 집집마다 찾아가야 합니다. 시간이 걸리겠습니다. 무슨 일이 생겼습니까?" 물으니 "동해안에 인민군 군대가 침공해 상륙 중이다. 내가 헌병대장에게 지시해 영외거주장병을 소집할 터이니 출동준비를 하라" 지시하고 떠났다.

출 동

헌병이 스리쿼터(3/4톤 트럭)를 타고 부두
로 와서 당직사관을 찾았다. 최 소위가 현문
으로 나가니 헌병은 "사령관님 명령을 받고
왔습니다. 영외거주자 집을 찾아가야 하는
데 집을 알 만한 사람을 차출해 주십시오."
최 소위는 사병 몇 명을 골라 헌병차에 태워
보냈다. 1000시가 지나 최용남 함장을 비롯
해 송석호 부장, 신만균 기관장이 배에 들

백두산함 최용남 함장
(1923-1998)

어오고 이어서 사병들이 헌병차에 실려 왔다. 그 후 병원장 김기전 중
령이 군의관 김인현 중위와 위생사 2명을 데리고 왔다. 1200시경에는
영외거주자 전원이 귀함했다.

함장은 우선 연료와 물을 만재하고 식량은 한 달 분량을 실으라고
지시했다. 포탄은 국내에 없어서 더 확보할 수가 없었다.

연료, 물, 식량을 탑재 후 함장은 전 승조원을 함미갑판에 집합시켰
다. "적 인민군대가 오늘 새벽 동해안 옥계, 임원해안으로 쳐들어왔
다. 우리는 지금 동해로 출동한다. 적 상륙군을 격멸해야 한다. 각자
최선을 다해 임무를 완수하라. 우리 조국 대한민국을 지키자." 전 장
병은 '드디어 김일성 공산당이 쳐들어 왔구나. 전쟁이구나' 전투의지
를 다지며 출항준비 위치로 달려갔다.

소해정 YMS-512정과 518정을 대동하라는 지시가 있었으나 518정
은 출동준비가 늦어져 양해경 소령이 함장인 512정만 대동하고 25일
1500시 진해항을 출항했다.

| 조병호 우현견시

PC-701함과 YMS-512정은 단종진[8]으로 가덕도를 돌아 1840시경 부산 앞바다 오륙도 동방 약 2마일 해상에서 045°로 침로를 바꾸고 1930시경 다시 028°로 변침했다. 울산 앞 방어진 동방 3마일 해상을 북상 중에 2010시경 우현 견시 조병호 3조의 우렁찬 목소리가 울렸다. "견시보고, 우현 45° 수평선 검은 연기 보임." 항해당직사관 최영섭 소위는 쌍안경으로 동쪽 수평선을 봤다. 수평선에 검은 연기가 남쪽에서 북쪽으로 흐르고 있었다. 하지(夏至) 때라 해는 넘어갔으나 시정(視程)은 좋았다.

해상은 흐리고 너울이 일고 있었다. 23일 오키나와 남방에서 발생한 중심기압 960mb, 폭풍 반경 80km의 소형태풍 '엘시'는 24일 1000시 중심기압 990mb의 열대성 저기압으로 약화되어 대한해협을 통과하여 일본 해안을 따라 북상했다. 2100시경에는 일본 노도반도 북북서 북위 38° 동경 136°를 지나고 있었다.

최용남 함장은 항해당직 최 소위의 보고를 받고 함교로 올라왔다.

"함장님 저기 수평선에 검은 연기가 흐르는 것이 보이지요. 함장님 그쪽으로 가서 확인하고 가는 게 어떻겠습니까? 512정과 속력을 맞추기가 어렵습니다. 10노트 속력으로는 진동이 너무 심해 15노트로 가다 8노트로 내리며 거리를 맞추고 있습니다."

"알았다. 512정은 예정한 대로 묵호항으로 계속 북진시키고 우리는

8_ 앞뒤 방향으로 한 줄로 늘어선 형태의 진형을 말함.

연기가 흐르는 저쪽으로 가서 어떤 배인지 확인하고 다시 512정과 합류하자."

"네, 그대로 하겠습니다. 신호사 박순서는 512정에 '우리 배는 수평선의 연기 내는 배를 확인하고 다시 합류할 터이니 지정된 침로로 계속 묵호항으로 항진하라'고 발광신호를 보내라."

백두산함은 15노트 속력으로 수평선으로 달렸다. 2130시경 연기를 뿜으며 남하하는 배가 눈에 들어왔다. 배 형태는 FS-901(부산함)과 비슷하고 크기는 FS-901의 두 배 가량 되어 보였다. 침로는 180도 속력은 10노트였다. 백두산함이 접근하자 그 배는 속력을 12노트로 올리고 검은 연기를 뿜으며 침로를 이리저리 바꾸면서 남하했다.

추 적

백두산함은 괴선박의 우현 선미로 접근하며 쌍안경으로 관찰했다. 상대 선박은 선체를 새까맣게 칠하고 선수, 현측 또는 선미에 표시되어야 할 선명이 없고 국기도 달지 않았다. 이때 백두산함의 위치는 북위 35도 15분 동경 129도 31분으로 괴선박을 좌현 함수쪽 45도로 보면서 기동했다.

최 소위는 최도기, 김세현 3조에게 국제통신부에서 국적, 출항지, 목적지를 문의하는 신호부호를 찾도록 지시했다. 신호사가 "신호부호 찾아 났습니다"라고 말하였다. 보고를 받고 기류를 준비했으나 날이 점점 어두워져 기류를 올리지 않고 박순서 3등병조에게 발광신호를 치게 했다.

'JF'(귀 선박의 국기를 보이라.)

'NHIJPO'(귀 선의 국기를 올리라.)

'IJG'(언제 어느 항구에서 출발했는가.)

'LDO'(목적지가 어디인가.)를 반복해서 보냈으나 전혀 응답 없이 남쪽으로 계속 항진했다.

백두산함은 괴선박과의 거리 약 2,000-3,000야드를 유지하며 추적했다. 최 함장은 괴선박의 예사롭지 않은 행태를 보고 적 인민군 함정이 아닌가 의심했다. 함장 지시로 최 소위는 2100시경부터 괴선박을 추적한 과정과 동태를 해군본부에 타전했다. 해군본부는 '괴선박의 정체를 확인 보고하라'고 회신해 왔다. 최 함장은 또다시 해군본부에 적함으로 의심되니 포격할 것을 건의했으나 본부에서는 또다시 '괴선박의 정체를 확인 보고하라'는 지시뿐이다.

최 소위는 통신장 서순억 병조장이 갖고 온 해군본부 전문을 보고 "이것뿐인가?" 물었다.

서 병조장은 "네, 더 없습니다"라고 대답하였다.

최 소위는 "함장님, 달리고 있는 저 배 정체를 어떻게 확인하라는 것입니까? 거의 한 시간동안 따라가며 물어봐도 영 대답이 없지 않습니까. 배를 대고 올라가 물어보란 말입니까. 도대체 본부는 우리보고 어떻게 하란 말입니까?" 울분을 털어놨다.

옆에 있던 부장 송석호 소령이 나섰다. "적군이 동해안으로 쳐들어 왔다는데 지금 전국(戰局)이 어떻게 돌아가는지 알려주지도 않고 달려가는 저배의 정체만 확인하라고 하니 참 한심하군요."

"함장님 지금 본부 참모 가운데 김일성 공산당을 아는 사람이 몇이나 있습니까?"

어느 사이 함교에 올라와 있던 기관장 신만균 소령이 "어떻게 돌아가고 있는지 궁금해서 올라왔습니다. 본부에 있는 참모 중에 공산당을 아는 사람은 아마 정보감 함명수 소령뿐 아닌가요?"라고 말하였다.

장교들 이야기를 듣고 있던 최 함장은 "허 참 답답하군, 이제 마지막 방법밖에 없다. 국제신호 '정지하라', '정지하지 않으면 발포하겠다'를 발광으로 연속 보내면서 접근하겠다. 장교들은 쌍안경으로 저 배의 행동과 상황을 샅샅이 관찰하라. 만일에 대비해 포술장은 3인치 주포와 기관총 사격준비를 하라"고 지시하였다. 최 소위는 신호사에게 "'정지하라', '정지하지 않으면 발포하겠다' 국제신호 부호를 찾아라" 지시하자 최도기 3조가 "찾아 놨습니다. 정지하라는 부호는 'K'이고 정지하지 않으면 발포한다는 부호는 'OL'입니다" 보고하였다. 함장의 지시를 듣고 있던 신호사들이 재빠르게 국제신호부에서 부호를 찾아놨었다.

2230시경 백두산함은 'K', 'OL' 부호를 발광(發光)으로 계속 보내며 공격적 탐색기동을 개시했다. 괴선박은 백두산함의 접근을 피하려고 침로를 이리저리로 바꾸면서 속력을 올렸다. 백두산함은 15노트 속력으로 괴선박의 우현 후미로 접근했다. 거리 1,000, 500, 300야드로 좁혀 가까이 들어갔다. 함교, 조타실 장병, 포요원들은 바짝 긴장했다.

이때 함교에는 최용남 함장, 송석호 부장, 신만균 기관장, 김인현 군의관 그리고 최영섭 항해당직사관이 쌍안경으로 괴선박을 뚫어지게 살폈다. 장교들은 자기 눈에 들어온 괴선박 상황을 소리 높여 외쳤다.

"무장한 군대가 갑판에 가득 깔려 있다."

"아, 함수 갑판에 대포가 있습니다."

"저기 브리지 뒤편 중갑판을 봐요, 양현에 기관포가 있습니다."

최용남 함장의 날카로운 명령이 떨어졌다. "키 오른편 홀(Full), 올 엔진 어헤드 플랭크(All Engine Ahead Flank)." 전 속력 18노트로 괴선박에서 이탈했다. 이때 시계바늘은 2300시를 조금 지나 있었다.

백두산함은 괴선박 선미를 돌아 우현 45도, 거리 3000야드 정도를 유지하며 추적했다. 함장은 긴박했던 순간을 벗어나 한숨 돌리고 말하였다. "저 배는 틀림없이 적 인민군 군함이다. 여러분이 본 바와 같이 승조원과 무장 군인이 모두 동양 사람이다. 지금 이 바다를 항해할 동양 사람은 일본인, 중국인 그리고 인민군밖에 없다. 일본은 군대가 없을 터이고 중공군이 이곳을 항행할 상황이 아니다. 그리고 국제신호를 무시하며 우리를 피해 달아날 리도 없다. 그렇다면 적, 인민군대다. 그런데 그 배에 가득 타고 있는 무장군인은 몇 명이나 되겠나?"

장교들은 두 시간 반 동안 추적했던 그 괴선박이 대포와 기관포로 무장하고 무장군인을 가득 싣고 있는 것을 보고 인민군 함정이란 심증을 굳혔다.

장교들은 함장의 물음에 자기가 본 바를 말했다.

"저 배는 우리 FS(AKL)보다 두 배쯤 큽니다. 약 1,000톤은 넘어 보입니다."

"주갑판, 후갑판, 중갑판에 있는 병력만도 500명은 넘어 보입니다."

"선실과 선창에 타고 있는 군대는 보이지 않지만 합치면 700-800명쯤 안 되겠습니까?"

장교들의 말을 옆에서 듣고 있던 신호하사관은 "1,000명쯤은 될 성싶습니다"라고 했다.

장교들은 이구동성으로 "함장님, 적함이 틀림없습니다. 공격합시다" 했다. 함장은 "이 상황을 본부에 보고하고 우리는 전투태세에 돌입한다고 타전하라" 지시한 후 장교들을 사관실로 집합시켰다. 최소위는 전문을 기안해 함장 결재를 받고 통신장 서순억 병조장에게 '플래시(Flash: 전문 처리의 우선순위를 분류하는 4가지 단계 중 최상의 단계)'로 타전하라 지시했다. 2330시가 좀 넘은 시각이었다.

25일의 해군본부

25일 그날 아침 0900시 프란체스카 영부인은 어금니 치료를 받으러 치과로 갔고, 0930시쯤 이승만 대통령은 경회루 연못에서 국사를 구상하며 한가로이 낚싯대를 드리우고 있었다. 1000시가 조금 지나서 경무대 경찰서장 김장흥 총경이 허겁지겁 달려와 인민군대가 대거 38선을 넘어 남침하고 있다고 보고했다. 이 대통령은 국무회의 소집을 명했다. 1100시가 넘어 국무회의가 열리고 대통령은 국방부장관 신성모에게 "신 장관 도대체 어떻게 된 건지 상황부터 설명해 봐. 정확한 것만 말하게, 정확한 것만 말이야." 신 장관은 "각하, 걱정하실 것 없습니다. 영용(英勇)한 우리 군은 적을 곧 물리칠 것입니다." 대통령은 "허, 이런 답답한 사람을 봤나. 지금 걱정하고 안 하고가 문제가 아닐세. 정확한 상황을 얘기하란 말이야. 안 되겠네. 채병덕 참모총장을 불러." 신성모 국방장관도 국지적 무력도발인지 아니면 전면적 남침 전쟁인지 판단하지 못했다. 국방부장관이 이러니 다른 장관들은 말할 나위도 없었다.

이 대통령은 국무회의를 1400시에 다시 열 것을 지시했다.

한편 군부는 어떠했었나? 이형근 대장은 그의 자서전 『군번 1번의 외길 인생』에서 6.25전쟁 초기의 10대 불가사의를 제기했다.

첫째, 6월 11일부터 계속되던 비상경계령을 남침 직전인 6월 23일 금요일 자정에 해제하고, 24-25일 주말에 장병의 절반을 휴가, 외출, 외박시켜 전선을 비우게 한 일.

둘째, 전쟁발발 2주일 전에 5개 사단장을 교체해 부대 장악을 하기도 전에 전쟁이 벌어진 일.

셋째, 6월 10일에 단행된 전후방 부대의 대대적 교체로 부대가 관할하는 지형에 익숙하지 못하고 방어태세를 갖추지 못한 일.

넷째, 6월 24일 적이 공격선에서 남침 직전에 있을 때 육군장교회관에서 전후방 지휘관을 모아놓고 밤새 파티를 열었던 일 등을 지적했다.

이형근 장군은 적전 무장해제와 같은 이러한 조치에 대해 군 핵심 지휘부를 의심했다.

2007년 5월, 현대사포럼 대표로 6.25전쟁사 연구가인 이선교 목사가 쓴 『6.25 한국전쟁』 책을 보자. "채병덕 참모총장부관 '라엄광 중위'는 군적없는 가짜 군인이며 북한 첩자였다."[9]

손원일 해군총참모장[10]은 미국에서 PC 3척을 구매하여 6월 24일 하와이에 입항했다.

해군본부는 김영철 대령이 총참모장 직무를 대행하고 있었다. 김영철 대령은 작전국장 대리 김용호 소령, 정보감 함명수 소령, 함정국장

9- 배영복, '육대불가사의의 진실', 국방일보(2016.6.2).
10- 당시에는 참모총장을 총참모장으로 호칭했음.

이종우 중령, 통신감 한득순 소령 등으로 구성한 해군 지휘부를 지휘했다.

| 손원일 전 해군총참모장

25일 해군본부도 국방부와 마찬가지로 인민군이 어디서 어떻게 침공하고 있는지 전국(戰局)을 종합적으로 판단할 수 없었다. 따라서 백두산함의 계속된 괴선박 접촉보고와 교전 건의에 대해 국방부에 중계하듯이 보고만 하고 백두산함에 대해서는 '확인하라'는 지시만 내릴 뿐이었다.

2330시가 지나 본부 지휘부에 경무대에서 오는 전화벨이 울렸다. 통신감 한득순 소령이 받았으나 함명수 소령을 바꾸라고 했다.

"네, 정보감 함명수 소령입니다. 네, 백두산함이 계속 추적 중입니다. 방금 들어온 보고에 의하면 국적은 확인할 수 없으나 대포와 기관포로 중무장한 선박에 600여 명의 완전무장한 군인을 탑재하고 계속 남쪽으로 항진 중입니다. 적 함정으로 판단됩니다. 에, 곧 조치하겠습니다."

함명수 소령은 전화기를 내려놓고 김영철 대령에게 "경무대에 있는 신성모 국방장관 전화입니다. 해군본부가 적함으로 판단하면 격침하라는 지시입니다."

김영철 대령은 주위에 있는 여러 참모를 둘러보았다. 모두 함명수 소령의 통화 내용을 들은 김영철 대령의 기색만 살폈다. 잠시 무거운 침묵이 흘렀다.

함명수 소령이 일어섰다. "김 대령님, 오늘 새벽 공산군이 동해안 여러 곳으로 상륙 침공해 왔습니다. 조금 전 백두산함 보고는 대포와 기관포를 장착한 무장 수송선에 완전무장한 600여 명의 육전대를 싣고 있습니다. 적은 부산지역으로 상륙하여 38선과 동해, 남해 세 방향으로 전선을 형성해 우리 전력을 분산시키고 포위 공격할 전략으로 보입니다. 백두산함에 즉각 공격명령을 내려야 합니다." 함명수 소령의 건의는 단호한 어조였다.

김영철 대령은 주위 참모들을 돌아보며 "다른 의견이 있습니까? 없으면 함 소령이 건의한 대로 백두산함장에게 격침명령을 내리겠습니다." 백두산함에 공격 격침명령이 떨어졌다. 시간은 26일 0010시경이었다.

함명수 소령이 이와 같이 결연한 건의를 한 것은 그의 축적된 대공정보와 작전경험에 기초한 판단에 기인한 것이다. 함명수 소령은 6.25전쟁이 발발하기 전인 1949년 8월 적지인 황해도 장산곶 '몽금포 작전'을 지휘하는 등 김일성 공산당의 전략 전술에 밝은 정보, 작전통이었다. 몽금포 작전은 1949년 8월 10일 북한공작원에 의해 납북된 주한미군 고문단장 로버트 장군 전용보트 탈환 작전이다.[11]

국방부장관이 직접 함명수 소령에게 작전지시를 한 것은 손원일 총참모장이 도미 전에 해군에 관한 일이 있으면 함명수 소령에게 지시하라고 신성모 장관에게 진언했었기 때문이다.

전투에 임하며

최용남 함장은 괴선박에 대한 공격적 접근 탐색 후 2320시경 전 장교를 사관실에 집합시켰다. 사관실에는 함장 최용남 중령, 부장 송석호 소령, 기관장 신만균 소령, 포술장 유용빈 중위, 복수 근무 중이던

11- 오진근·임성채, 『손원일 제독(상)』, 해양전략연구소, 2006, pp.253-259.

기관사 2명 강명혁 중위와 김종식 소위, 군의관 김인현 중위 그리고 갑판사관 겸 항해사·포술사 최영섭 소위 등 8명이 모였다.

함장은 무거운 목소리로 입을 열었다. "귀관들이 직접 눈으로 확인한 바와 같이 우리가 추적해 온 괴선박은 김일성 공산당 군함이 틀림없다. 적은 오늘 아침 동해안으로 상륙 침공해 왔다. 저 배는 대포와 기관포로 무장하고 천 명 가까운 무장 육전대를 태우고 있다. 저 배의 침로로 보아 부산을 점령하려고 내려온 것으로 판단된다. 김일성 공산당은 우리 대한민국의 적이다. 이제 전투에 돌입한다. 죽기를 각오하고 싸우자."

함장은 장교들의 표정을 살펴보면서 덧붙였다. "전투에 돌입하면 다시 만나지 못할 수도 있다."

함장은 다시 한 번 장교들 얼굴을 하나하나 뜯어본 후 말하였다. "꼭 이기고 다시 만나자. 냉수로 함께 건배하자." 사관실 당번병이 여덟 개의 물컵에 냉수를 따랐다.

살아서 마지막 마시는 '대한민국 물'이다. 장교들 얼굴에는 긴장감을 넘어 달관(達觀)의 경지에 이른 듯 편안함이 흘렀다. 모두 비장한 각오로 잔을 부딪치며 "싸우자" 외쳤다.

최영섭 소위는 건배를 마치고 곧바로 함수 사병 침실로 달려가서 포갑(포술갑판) 분대를 집합시켰다.

"지금까지 우리가 추적해온 괴선박은 김일성 공산당 군함이다. 적은 오늘아침 동해안으로 침공해왔다. 저 배는 무장군대를 가득 싣고 부산을 점령하려고 내려오고 있다. 이제 전투에 돌입한다. 그동안 우리가 땀 흘려 훈련한 것은 지금 이때를 위해서다. 침착하라. 죽을 각오로 싸우자. 죽더라도 시체는 깨끗이 남기자. 세탁한 옷으로 갈아입고 전투배치에 임하라. 적을 먼저 죽여야 내가 산다."

'싸우자' '싸우자' 우렁찬 함성이 함내를 진동했다. 사기가 충천했다. 이때 백두산함 하사관과 병은 항해, 기관, 갑판, 통신학교를 졸업한 자 중에서 가장 우수한 자들을 골라서 태웠다. 새로 도입한 해군의 유일한 전투함에 승조했다는 자부심 또한 강했다. 최영섭, 김종식 소위는 일제 식민지 하에서 나라 없는 설움을 겪고 소련 점령군과 김일성 공산당의 만행에 절망하여 월남했다. 이들은 1947년 해군사관학교에 입교하여 2년 7개월 동안 교육을 받고 1950년 임관하자마자 백두산함에 부임했다.

이들이 겪은 해방 직후의 북한 상황을 일별(一瞥: 대강 훑어 봄)해 본다. 소련은 "소련의 혁명과업에 도움이 될 수 있는 곳이면 항상 일할 준비가 되어 있습니다"라고 스탈린에게 충성을 맹세한 소련군 대위 김성주(김일성)를 1945년 9월 19일 블라디보스토크에서 소련군함 프카초프에 태워 원산 경유 22일 평양으로 데려왔다. 소련군은 김성주를 '김일성'으로 둔갑시키기 위해 10월 1일부터 라디오 방송으로 〈김일성 장군〉이 귀국했다고 선전하기 시작했다.

1945년 10월 14일 평양시
군중대회에 첫 모습을 드
러낸 김일성

김일성에 관한 자료는 다음과 같다.

소련 정치부는 김성주를 '김일성 장군'으로 바꿔치기 했다. 10월 14일 모란봉 밑 공설운동장에서 '조선해방 축하' 및 '김일성 장군 환영대회'가 열렸다. 평양시민 약 7만 명이 전설적인 항일 영웅 김일성 장군의 모습을 보려고 모였다. 스티코프 사령관이 소개한 '김일성 장군'이 단상에 올라 연설을 시작했다. 백발이 성성한 항일투사를 상상했던 시민들은 33세의 가무잡잡한 애숭이 젊은 청년이 나타나자 웅성거리기 시작했다. '저건 가짜다', '사기다' 고함소리가 여기저기에서 터져 나오고 시민들은 분통을 터뜨리며 운동장을 빠져나갔다.

북한에 들어온 소련 병사들은 약탈과 강간을 자행하고 소련군은 청진 제철소, 성진 고주파공장, 개천 광업소의 기계와 수풍발전소 제 3,4,5 발전설비를 뜯어갔다. 또한 쌀 20만 톤(140만 석)을 공출해 가버려서 백성들은 식량난에 허덕였다. 백성들은 반소(反蘇) 반공 감정이 고조되고 드디어 1945년 11월 23일 신의주에서 반공학생운동이 폭발했다.

소련군은 1946년 2월 8일 북한 단독정부인 '북조선 임시인민위원회'를 설립하고 김일성을 위원장으로 내세웠다. 1947년 2월 21일 '임시' 두 글자를 삭제하고 '북조선 인민위원회'로 바꾸었다. '민주기지'를 축성하고 북한 단독정부를 만들었다. 김일성은 1947년 11월 28일 38선 경비대에 "국경을 지키라"고 훈시했다.

일본군 무장해제를 위한 38선이 김일성에 의해 '국경'으로 바뀌게 된 것이다. 이로써 국토는 남북으로 갈라졌다. 해방직후 북한에서 소

김일성(본명 김성주. 金成柱)

김성주는 1912년 평안남도 대동군에서 한의사 집안에서 태어나 7세 때 부친을 따라 만주로 건너갔다. 감리교 신학대학 교수인 이덕주 목사가 쓴 『해석 손정도 목사』에 따르면 해석(海石) 손정도(孫貞道) 목사는 일제 강점기 기독교계를 대표하는 민족운동가였다. 그는 1919년 중국으로 망명하여 상해 임시정부 의정원장, 교통총장을 역임하고 1924년 만주 길림으로 옮겨 목사직에 전념했다. 1926년 김성주(김일성)가 길림에 왔을 때 고아 같은 김성주를 '친아들처럼' 돌봐주면서 육문중학교 입학을 주선하였고 길림생활을 돌봐 주었다. 훗날 김일성(김성주)은 손정도 목사를 '생명의 은인', '진정한 민족 운동가'로 호칭하며 높이 기렸다.[12]

해군 현시학(해사1기) 제독의 형인 현봉학 박사가 쓴 『현봉학과 흥남대탈출』에 의하면 해군창설자 손원일 제독과 동생 손원태 선생의 부친 손정도 목사는 상해에서 독립운동을 하다가 길림으로 갔는데 그때 소년 김성주를 잘 보살펴 주었고, 소년 김성주는 손원태 선생과는 어린 시절 친구로 지내기도 한 사이였다.[13]

일본 공산당 기관지 『아카하다(赤旗)』 기자로 1972년부터 1973년까지 평양특파원 일을 한 하기와라 료(萩原 遼)가 쓴 『김일성과 스탈린의 음모 한국전쟁』에 의하면 김성주(김일성)는 1931년 중국공산당에 입당하여 당의 지도하에 88여단 제7대대장으로 항일 투쟁을 했다. 여단장은 중국인 주보중(周保中)으로 일본군에 쫓겨 1941년 만주에서 소련으로 이동했다. 김일성은 소련군 대위였으며 이때 김일성의 통역을 맡은 사람은 1917년 소련 우즈베크 공화국 타슈켄트 출신의 조선족 3세인 유성철(兪成哲)이다. 그는 2차대전이

---

12. 이덕주, '해석 손정도 목사', 우리길벗 2005년 11월호, pp.59-60.
13. 현봉학, 『현봉학과 흥남대탈출』, 경학사, 1996, p.16.

40 6·25 바다의 전우들

끝난 1945년 9월 19일 소련군의 지시로 김일성과 같이 소련배 프카초프호를 타고 블라디보스토크를 출항하여 원산에 입항했다. 유성철은 인민군 작전국장(육군중장)으로 6.25남침전쟁 계획 수립에 참여하고 그 후 1959년 김일성의 탄압을 피해 고향인 타슈켄트로 망명했다. 1990년 한국에 초청되어 6.25전쟁과 김일성에 대한 역사적 증언을 했다.

하기와라 료는 1991년 11월, 타슈켄트로 유성철 씨를 찾아가 그 집에서 유숙하며 그의 증언을 들었다. "88여단은 하바로프스크 북동쪽 약 70km 아무르강 근처의 보야츠크에 있었습니다. 여단은 총인원이 약 200명 정도로 4개 대대로 구성되어 있었는데 여단장은 중국인 주보중(周保中)이었고 참모장은 소련인 쉬킨스키였으며 김일성은 소련군 대위로 제1대대장이었습니다. 그 대대는 약 60명이 조선인으로 그중 20명은 여자였습니다. 김일성은 유격대 동지인 김정숙과 결혼하여 군관사에서 살았습니다. 김일성과는 1943년 9월에 처음 만났으며 이때 그는 31세였고 저는 26세였습니다."

김일성은 '김영환'이란 가명으로 소련군 인도 하에 원산 경유 평양으로 들어가 10월 14일, '조선해방축하집회'에서 '김일성 장군'으로 바꿔치기 하여 평양시민 앞에 나타났다. 평양시민은 1920년대부터 조선민족 사이에서 전설적 항일 영웅으로 일본 식민지 하에서 '희망의 영웅'으로 숭앙해 온 그 '김일성 장군'을 머리에 그렸었는데 33세의 애송이 젊은 청년 '김일성 장군'을 보자마자 '가짜다' 소리쳤다.[14]

---

14. 하기와라 료, 최태순 역, 『김일성과 스탈린의 음모 한국전쟁』, 일본 문예춘추(1993년), 한국논단 1995, pp.23-41.

런군의 행패와 그의 주구(走狗)인 김일성 통치의 암흑 속에서 자유를 찾아 월남한 최영섭, 김종식 두 명의 소위는 남한에서 공산주의자들이 자행한 대구폭동, 제주도 4.3폭동, 여순 반란사건 등을 보고 재삼 '반공이 애국'이란 신념을 굳혔다.

백두산함에 부임한 이들은 사병들에게 북한에서 보고 겪은 체험을 소상하게 알렸다. 또한 대한민국의 건국과정과 UN에서 결의한 한반도의 유일 합법정부인 대한민국의 정통성을 누누이 설명했다. 우리나라의 유일한 전투함인 백두산함의 막중한 책무를 병사들의 가슴에 새겼다. 사병들은 굳건한 반공사상과 피끓는 애국심으로 무장했다. 지휘관이 믿고 정을 쏟으면 부하는 생명을 걸고 따른다.

치열한 해상 전투

포갑부 분대원들에게 싸울 각오를 다진 후, 함교로 달려 올라가 보니 적함은 항해등을 끄고 등화관제를 했으나 좌현 현등(舷燈)만은 켜져 있었다. 24일 1000시경 태풍 엘시가 지나간 해상은 남서풍이 약하게 불고 파고는 약 1~2m, 시정은 약 2~3마일로 가랑비가 조금씩 내리기 시작했다.

'총원 전투배치' 명령이 함내에 울려 퍼졌고, 승조원들은 지정된 전투위치로 날쌔게 달려갔다.

함장은 적함이 외해, 즉 일본방향으로 도주하지 못하도록 하기 위하여 적함의 좌현 후미쪽 거리 3,000야드 되는 외해 쪽에서 기동하도록 지시했다. 이때 통신장 서순억 병조장이 숨가쁘게 함교로 올라와

"해군본부에서 적함을 격침하라는 명령이 왔습니다" 보고했다.

함장은 이미 전투를 결심하고 기동 중이었다. 함교에는 최용남 함장, 유용빈 중위, 최영섭 소위 그리고 견시 조병호 3조, 김주호 3조, 신호사 최도기, 김세현, 박순서 3조가 있었다. 부장 송석호 소령은 함교와 조타실을 오갔다. 조타실에는 조타사 김창학 3조, 텔레그라프 장학룡 3조, 조타일지 기록은 서무사 김진영 2조가 담당했다. 김창학과 장학룡은 교대로 키를 잡았다.

함장은 포술장에게 "거리 3마일에서 한 발 쏘라. 적이라면 응사해 올 것이다. 정확히 때려 빨리 격침시켜라" 명령했다. 이때 함장은 괴선박이 적함이라고 확실히 심증을 굳혔으나 만에 하나 외국선박일 경우를 고려한 것이다. 3인치 주포 요원은 장포장 최석린 병조장, 사수 홍양식 2조, 선회수 이유택 3조, 측거수 정인화 2조, 전화수 김춘배 3조였고 탄약고는 선임갑판사 김종수 1조가 취사병 문영구 등을 지휘하여 탄약상자를 포갑판으로 올렸다. 탄약 장전수는 전병익 2조, 유병화 3조와 박승만 3조가 담당했다. 함교 후부갑판에 장착한 CAL50 기관총은 51포 사수 조경규 1조와 탄약수 조삼제 2조, 52포 사수 권진택 1조와 이태기 2조였다.

백두산함은 남쪽으로 침로를 잡고 있는 적함의 좌현후미 3마일을 향해 접근했다. 함장은 적함을 우현 45도 방향에서 사격할 수 있게 조함하라고 지시했다. 잠시 후 최 소위가 "적함과의 거리 3마일에 거의 도착했습니다." 소리쳤다. 포술장 유용빈 중위는 장포장 최석린 병조장에게 "사격준비"를 명령했다. 장포장의 "포탄 장전" 명령에 전병익 2조가 포탄을 장전했다. 3인치 주포 사수와 기관총 사수는 계속 적함을 조준하며 사격명령을 기다리고 있었다. 0030시, 함장의 사격명령이 떨어졌다. 장포장의 "적함 우현 45도, 거리 5000, 쏴!!"라는 우렁찬 목소리가 밤하늘을 갈랐다. 3인치 포탄 첫 발이 포성을 울리며 적함으로 날아갔다. 최 소위의 조마조마했던 가슴이 일시에 풀렸다. 백두산함은 인수 후 포탄이 아까워 모의탄으로만 훈련했지 실탄사격을 해보지 않았다. 과연 포탄이 발사될 것인가 마음을 졸였던 것이다. 포탄은 적함에 약간 못 미쳐 떨어져 물기둥이 솟아올랐다. 동시에 적함은 기다렸다는 듯이 즉각 응사해 왔다. 함수에 장착한 주포(76mm 또는 85mm 추정)와 함교 뒤 갑판의 기관포가 불을 뿜었다. 백두산함은 18노트 최고속력으로 기동하며 주포와 기관총으로 적함을 공격했다. 적함은 백두산함과의 거리를 벌리려고 속력을 올리고 침로를 바꾸며 항주했다. 백두산함은 적함과 약 3,000야드 내외의 거리를 유지하며 약 20발을 쐈다. 그중 2-3발이 적함에 명중하여 불꽃이 피어올랐을 뿐 그 외는 적함 주변의 바다에 떨어졌다. 백두산함은 적함을 쫓아가며 주포와 기관총으로 계속 사격했다. 적함도 주포와 기관포로 맹렬히 반격해왔다. 치열한 포격전이 계속됐다. 적 주포탄이 백두산함 주변 바다에 떨어져 물기둥이 솟았다. 적 기관포탄은 예광을 발하며 흐리고 가랑비 내리는 밤하늘을 붉게 물들였다.

CAL50 기관총은 계속된 사격으로 약협(탄피)이 총열에 녹아 붙어 (燒付) 고장이 났다. 사수 조경규, 권진혁 1조와 탄약수 조삼제, 이태기 2조는 적탄이 비오듯 날아오는데도 침착하게 총신을 갈아 끼우고 열이 난 총신을 냉수에 수건을 적셔 식혀가며 싸웠다. 그 당시 백두산함에는 레이더와 측거의도 없어 목측으로 거리를 가늠했다. 항해할 때 물표와의 거리를 가늠하고 훈련할 때 해도 위에 가덕도등대, 남형제도, 북형제도와의 거리를 2000-3000-4000야드, 3-4-5마일에 점

| 백두산함의 전투 장면

을 찍어놓고 함교에서 거리를 알아보는 감각을 익혔다.

최 소위는 사관학교 다닐 때 강태민 소령에게서 포술을 배웠다. 강 소령은 일본 육군사관학교 출신으로 6.25전쟁 초기에 육군 제22연대 장으로 문산, 봉일천 전투에서 싸웠다. 함교 장교들이 적함과의 거리 판단을 하고 포술장은 포탄이 적함보다 멀리 떨어지면 거리를 줄이고 못 미치면 거리를 늘리며 사격했다. 피아 함정이 서로 기동하고 배마 저도 흔들려 목표를 정확히 맞추기는 매우 어려웠다. 백두산함 근거 리에 떨어진 적 주포탄 물기둥은 바람에 날려 물보라쳤다. 뒤늦게 달 려 온 518정이 37mm 포로 적함에 사격했다. 치열한 포격전이 20여 분 계속됐다.

함장이 물었다. "포탄 몇 발 쐈나?" "약 30발 가량 쐈습니다." 대답했 다. 함장은 속이 타들어갔다. 작전명령은 동해안 옥계해안에 상륙하 는 적 상륙군을 격퇴하라는 것이다. 갖고 있는 포탄은 100발밖에 없 다. 이 포탄을 다 쓰면 전투를 계속할 수 없다. 눈앞에 있는 적함을 놔 두고 북상해 작명대로 적 상륙군을 격파할 것인가? 아니면 적함을 격

│ 대한해협해전작전 요도

침시킬 것인가? 결심해야 할 순간이다. 적함에 탑승한 육전대가 부산에 상륙해 교란작전을 전개한다면 전국(戰局)에 막심한 영향을 줄 것이다. 함장은 적보다 우세한 속력, 기동력 그리고 근거리에서의 3인치 포의 정확한 명중률로 속전속결할 결심을 했다.

함장은 나침의 앞 난간을 붙잡고 함교에 있는 장교들(부장, 포술장, 갑판사관)에게 결연한 목소리로 명령했다.

"전속력으로 적함에 접근공격 한다. 적함과의 거리 1,000야드에서 정확하게 때려라. 목표는 함교와 그 밑의 기관실과 홀수선이다."

백두산함은 최고속력인 18노트로 적함을 향해 돌진했다. 1,000야드에서 쏜 여러 발의 포탄이 적 함교를 폭파했다. 이어서 적함 마스트가 꺾여나갔다. 함교, 조타실, 포요원들의 함성이 터졌다. 우렁찬 '만세' 소리가 밤하늘에 울려 퍼졌다. 적함과의 거리가 점점 좁혀졌다. 수발의 포탄이 적 기관실에 명중했다.

적함은 검붉은 연기에 휩싸여 좌현으로 기울어져 바닷속으로 빠져 들어갔다. 이때가 26일 0110시경으로 적함과의 거리가 약 300야드 정도까지 접근할 때도 있었다. 3인치 포는 계속 홀수선을 때렸다. CAL50 기관총도 계속 불을 뿜었다. 적함은 주갑판이 물에 잠겨 침몰하고 있었다.

이때 적 포탄 한 발이 백두산함 조타실 외판을 뚫고 자이로컴파스를 때렸다. 자이로컴파스 바로 뒤에서 키를 잡고 있던 조타사 김창학 3조가 복부에 파편을 맞고 쓰러졌다. 동시에 파편이 김종식 소위의 발꿈치를 치고 나갔다. 부장 송석호 소령이 아수라장이 된 조타실을 수습했다. 장학용 3조가 키를 잡았다. 이어 적탄 한 발이 주포 갑판에 떨어져 파편이 튀었다. 장전수 전병익 2조가 가슴을 맞고 피를 흘리며 쓰러졌다. 주포 전화수 김춘배 3조가 다리에 파편을 맞고 쓰러졌다. 유병화 3조가 포탄을 장전했다. 사수 홍양식 2조가 외쳤다. "방아쇠를 당겨도 격발이 안 됩니다." 3인치 주포가 고장났다. 함장이 외쳤다. "올 엔진 어헤드 플랭크!" 백두산함은 전속력으로 현장을 이탈했다. 부상병을 후갑판 아래 사병식당으로 이송해 응급처치하고 3인치 포 수리에 착수했다. 이때 시각이 26일 0120시경이었다.

교전할 때 백두산함은 주로 적함 함미 쪽의 지휘부(함교)와 그 아래에 있는 기관실을 집중 사격했다. 함수는 사격 목표로 삼지 않았다. 따라서 함수에 장착돼 있는 적 주포가 손상되지 않아 비록 적함이 기동력을 상실하고 침몰되어 가는 상황에서도 포 사격을 해 올 수 있었다. 전투에서 우선 적의 화점을 먼저 무력화시켜야 하는데, 적 함정 격침에만 집중했던 것이다.

주포는 계속된 사격으로 격발장치인 트리거 고무스프링의 그리스(grease, 끈적끈적한 기름)가 가열되어 녹아내려 고장이 났다. 경험이 없는 포요원들은 고장 원인을 몰라 당황하고 있었는데 침착하고 경험 많은 전기장 김생용 병조장이 달려와 고장원인을 밝혀내 트리거 스프링을 새 것으로 갈아 끼웠다. 주포 사격장치가 기능을 회복했

김생용 전기장

다. 그렇게 응급조치로 위기를 모면하는 데 일등공신이었던 김생용 병조장은 2011년 5월 21일 88세로 세상을 떠났다.

함장은 주포 수리가 완료되었다는 보고를 받자 최 소위를 불렀다. "현재 위치가 어디인가?" 최 소위는 주포 수리 중 서무사 김진영 2조가 조타일지에 기록한 침로, 속력, 항해시간을 기초해 함위치를 해도에 계측해 놓았다. "함장님 여기입니다." 해도 위에 찍어 놓은 한 점(34°-56′N, 129°-16′E)을 가리켰다. 함장은 적함이 침몰된 해역으로 가라고 지시했다. 침로 195도 속력 15노트로 항행하다 다시 침로 145도로 변침하여 적함이 침몰된 위치인 34°-52′N, 129°-15′E 해역으로 향했다. 함교에서는 함장을 비롯해 부장, 기관장, 포술장 및 항해사가 쌍안경을 들고 적함의 잔해물을 찾았다. 하늘은 잔뜩 흐리고 칠흑 같은 밤중이라 시야가 제한되어 멀리 볼 수 없었다. 신호사가 발광신호등을 바다에 비추었으나 그 거리는 100m도 못 미쳤다. 기름기 있는 물결이 일렁이고 나무판대기나 헝겊 등이 떠 있었으나 적군 시체나 함정 의장 등 물체를 볼 수 없었다. 적함이 침몰하기 시작한 지 벌써 한 시간이 훨씬 지났다. 해류에 밀려 먼 곳으로 흘렀나 싶어 남서해역까지 내려가 탐색했다.

해군본부에 전투상황을 간략하게 보고했다.
○ 교전상황
○ 적함 침몰상황
○ 아함의 피격상황과 인명피해와 응급치료상황

○ 주포 고장과 수리완료 상황

○ 침몰 적함에 대한 수색상황

해군본부로부터 다음과 같은 지시가 하달되었다.

○ 적함은 0138시경 침몰된 것으로 확신한다.

○ 백두산함은 본전 수령 즉시 전사상자를 포항기지로 이송하고 기본작명을 수행하기 위해 옥계 해역으로 향하라.

백두산함은 약 4시간에 걸친 적함 잔해물 수색을 끝내고 0545시 부상자를 속히 치료하기 위해 포항을 향하여 18노트 전속력으로 달렸다.

전투가 끝나고

백두산함은 전투 중에 교전상황을 본부에 보고할 수 없었다. 그러나 해군본부는 백두산함의 교전상황을 상세히 알고 있었다. 그 사유는 이러했다. 본부로 발송하는 전문은 평상시 기안 장교가 함장의 결재를 받은 후 암호취급장교가 암호화하여 통신장에게 송신하게 하는데 전투 중에 전보를 기안할 여유가 없었다. 이런 상황을 알고 있는 통신장 서순억 병조장은 전파 도달거리가 짧은 단파 무선전화로 전투상황을 진해통제부와 부산경비부에 보냈다. 통신실이 바로 조타실 옆에 있기 때문에 서순억 통신장은 전투실황을 마치 야구나 축구 중계방송 하듯이 음성통신으로 송신했다. 즉

"우리 배가 적함을 향해 전속력으로 접근하고 있습니다. 적탄이 비

| 김인현 군의관

오듯 날아옵니다. 여기저기 물기둥이 솟아 오릅니다. 우리 주포가 불을 뿜었습니다. 적함 브리지에 명중했습니다. 적함 마스트가 두 동강이 돼 꺾여져 나갔습니다. 지금 조타실에서 '만세' '만세'소리가 터졌습니다. 적함이 바로 눈앞에 보입니다. 우리 기관총이 붉은 예광을 날리며 날아갑니다. 우리 주포가 적함 기관실을 때렸습니다. 적함이 검붉은 연기에 휩싸여 바닷속으로 빠져 들어가고 있습니다. 적함은 기관 고장으로 멈췄습니다. 적함이 반 이상 바닷속으로 침몰되고 있습니다. '만세' '만세' '이겼다' 이겼습니다. 우리 주포가 고장났습니다. 아! 적탄이 조타실을 뚫고 터졌습니다. 조타사가 쓰러졌습니다. 적탄이 주포 갑판에 떨어졌습니다. 우리 배가 전속력으로 이탈하고 있습니다. 부상자를 후부식당으로 이송했습니다.”

진해통제부와 부산기지 통신실에서는 이 실황중계를 신나게 들으며 춤추며 만세를 외쳤다. 그리고 해군본부에 알렸다.

포항으로 항진할 때 최 소위는 함미 사병식당에 있는 응급실에 들어섰다. 군의관 김인현 중위는 심한 뱃멀미로 목에 깡통을 달고 구역질을 하면서도 출혈이 심한 전병익, 김창학에 대해 응급수술을 하고 있었다. 뱃멀미를 하지 않는 위생사 윤영록 3조는 군의관의 지시로 민첩하게 수술을 돕고 있었다. 피를 많이 흘린 두 중상자는 연신 '물, 물'을 찾았다. 주계장 조경규 1조가 컵에 물을 갖고 와서 입에 댔으나 마실 힘조차 없어 솜에 물을 적셔 입에 떨구었다.

최 소위가 다가서자 두 중상자는 ”적함은 어떻게 됐습니까?” 물었

대한해협해전에서 장렬하게
전사한 두 용사
장전수 전병익 2조(좌)
조타사 김창학 3조(우)

다. 숨을 헐떡이면서도 군인정신이 살아 '적'의 동태를 걱정하는 충용한 용사들이다.

"격침했다! 살아야 돼! 정신 차려!" 외쳤다. 이 말을 듣는 순간 두 용사의 눈빛이 환히 피었다.

이들은 가쁜 숨을 내쉬면서 "끝까지 싸우지 못해 죄송합니다."

최 소위는 "이겼다. 정신 차려." 이들과 같이 승리의 기쁨을 같이하고 싶었다.

두 용사는 마지막 기력을 다해 숨을 몰아쉬며 "대한민국…" 말끝을 맺지 못하고 고개를 떨구었다.

최 소위는 그들의 손을 맞잡았다. 두 용사가 끝맺지 못한 마지막 말 "…"은

"대한민국 만세!!"

"대한민국을 지켜다오"

로 메아리쳐 들리는 듯했다.

이 배에 승조해 그들과 침식을 같이하고 고락을 나누며 정겹게 함상생활을 해온 지난 3개월 동안 귀에 못이 박히도록 설파한 지난날이 스쳐갔다. "36년 만에 잃었던 나라를 찾아 세웠다. 대한민국은 소중한

대한해협해전에서 부상당한
두 용사
김종식 소위(좌)
김춘배 3조(우)

우리들의 보금자리다. 우리들은 이 나라를 잘 가꾸고 지켜야 할 자랑
스러운 군인이다. 조국의 군복을 입고 조국의 총대를 들고 내가 지켜야 할
내 조국이 있다는 것이 그 얼마나 감격스러우냐!! 우리나라를 말살하려는
적은 소련의 앞잡이 김일성 공산당이다. 조국통일 전선에서 장렬히
전사할 때 '대한민국 만세' 드높이 부르며 통일조국의 밑거름이 되자.
이것이 이 시대에 사는 우리의 책무요 군인의 본분이며 또한 보람이
다" 전병익, 김창학은 그렇게 싸우고 그렇게 대한민국 품에 잠들었다.

백두산함이 포항 앞바다에 이르니 남상휘 포항기지 사령관이 대형
어선 두 척을 끌고 접근했다.

남 사령관은 어선을 백두산함에 계류하고 배에 올라와 "최 함장, 적
함을 격침시켰다면서요. 승전을 축하합니다. 전사자와 부상자를 어
선에 옮겨 태우십시오."

최 함장이 "장병들이 온힘을 다해 잘 싸웠습니다. 그런데 군의관을
따라 붙여야 할까요?" 물었다.

남 사령관은 "또 전투해역으로 출동해야 할 것 아닙니까? 군의관이
배에 있어야 할 것 같아 포항시내 의사 한 분을 모시고 왔습니다. 우
선 부상자를 시내 병원에서 응급치료하고 상태를 봐가며 진해병원으

로 이송하겠습니다. 걱정 마시고 군의관을 태우고 전선으로 떠나십시오. 건투를 기원합니다."

최 함장은 출동할 때 진해병원에서 파송한 김창길, 강윤성 두 명의 위생사를 동행시키고 "남 사령관, 참 고맙습니다. 군의관을 따라 붙일까 말까 걱정 많이 했습니다. 부상자를 잘 치료해 주십시오."

백두산함은 전사자와 부상자를 어선에 옮기고 옥계해안을 향해 뱃머리를 돌렸다. 북상 중 512정과 518정을 만나 단종진으로 침로를 잡았다.

27일 새벽 묵호 앞바다를 지나 적이 쳐들어왔다는 옥계 해안을 보니 모래사장에 적군이 상륙할 때 쓰던 어선 몇 척만 보일 뿐이다. 이런 상황을 본부에 보고하니 "즉시 진해로 입항하여 조타실을 수리하고 자이로컴퍼스를 교체하라"는 지시를 받고 진해로 향했다.

진해로 귀항 중 함장은 함교 난간을 붙잡고 부장에게 "당직자를 제외하고 장병들에게 따뜻한 식사를 제공하고 푹 쉬게 하시오" 지시했다.

함장은 먼 수평선을 바라보더니 함교에 있는 당직자들에게 "내가 작년(1949년) 11월에 미국 시애틀에 가서 참치잡이 배 지남호를 사가지고 왔지. 그때 내가 인수단장이었는데 항만에 있는 모든 군함 마스트 꼭대기에 뱅뱅 도는 바람개비 같은 게 있어 미국사람에게 저게 무엇 하는 거냐고 물었지. 그가 말하는데 '저것이 레이더라고 하는 것이요. 캄캄한 밤중에도 적함을 훤히 볼 수 있고 거리도 잴 수 있다'고 하더군. 지금 우리 배에 그 레이더를 달고 있으면 얼마나 잘 싸울 수 있을까? 레이더를 달 수 있는 날이 빨리 와야 할 텐데. 좌우간 모두 잘 싸웠어. 고생 많이 했어. 당직 끝난 다음 푹 쉬라구."

함장은 함교에 있는 장병을 둘러보고 사관실로 내려갔다.

백두산함은 27일 밤늦게 진해 공창부두에 계류했다. 통제부사령관을 비롯하여 많은 장교들이 부두에 나와 영접했다.

사령관 : "최 함장, 혁혁한 전승을 축하합니다. 고생 많으셨소. 어디 다친 데는 없소? 치열한 전투상황은 통신참모를 통해 자세히 들었소. 참으로 큰 전과를 올렸소."

함장 : "감사합니다. 전 장병이 사력을 다해 잘 싸웠습니다. 사령관님 전사자와 부상자는 어떻게 되었습니까?"

사령관 : "포항경비부 남상휘 사령관이 의사와 위생병을 동반해 와서 지금 진해병원에서 치료하고 있습니다. 전사자는 동상동 관사 뒷편 평지봉 기슭에 안장할 준비를 하고 있습니다. 곧 배 수리에 착수하도록 조치해 놨습니다."

사령관과 함장은 전투상황에 대하여 한참동안 이야기를 나누었다. 이야기가 끝날 무렵 사령관은 작전명령서를 함장에게 건네면서 말하였다. "참으로 미안하지만 수리 끝나는 대로 인천으로 또 출동해야 하겠습니다. 인천경비부 철수작전을 지원하라는 본부명령입니다. 우리 해군의 유일한 전투함정이니 어찌 하겠습니까? 수리가 끝날 때까지 제 관사에서 좀 쉬시지요."

함장은 "고맙습니다만 저는 수리하는 것도 봐야 되니 배에 있겠습니다. 사령관님 출동 전에 전사자와 부상자에 대한 인원보충을 해주십시오. 그리고 식량, 연료, 식수를 공급해 주시고 특히 해군본부에 3인치 포탄을 조속히 보충하도록 강력히 요청해 주십시오"라고 부탁하였다.

사령관은 같이 온 참모들에게 속히 병력을 보충하고 군수물자를 배에 싣도록 지시하였다.

배에는 벌써 공창요원 수십 명이 몰려와 수리작업을 시작했다. 여기저기서 용접공들이 철판 자르는 불꽃이 튀기고 해머 소리가 요란하게 울렸다. 적탄이 뚫고나간 외판을 메우고 파손된 자이로컴파스는 새 것으로 바꾸었다.

백두산함은 28일 오후 서울에 적군이 침공했다는 소식을 듣고 우울한 마음으로 7월 3일 인천항을 향해 떠났다. 서해로 항해할 때 함장은 최 소위에게 전투경과보고서를 작성하라고 지시했다. 최 소위는 항해일지, 조타사일지, 기관일지 기록을 정리하여 해도에 전투기간의 항로를 기입하고 전투상황을 시간대별로 작성했다. 그리고 포장 최석린, 주포사수 홍양식, 신호사 박순서와 최도기, 조타사 장학용, 조타일지를 기록한 서무사 김진영, 기관총수 조경규, 위생사 윤영록, 전기사 김생룡, 통신사 서순억을 불러 전투기록을 보완하고 확인했다. 완성된 '전투경과보고서'를 함장에게 제출하니 함장은 장교들을 사관실로 소집하고 최 소위에게 설명하도록 했다. 지금 용어로는 '브리핑'인 셈이다. 장교들은 잘 작성됐다고 격려했다.

이 자리에서 최 소위가 붙인 '현해탄해협작전'의 전투해역 명칭문제에 대해 여러 의견이 있었다. '동해해전', '부산해전', '대마도해전' 등 명칭이 논의됐다. '동해'는 너무 범위가 넓고 '부산'은 교전해역이 부산과 대마도의 중간이고 '대마도는 일본 땅'이란 것이었다. 최 소위가 '현해탄 해전'이라고 붙인 것은 해도에 '겐가이나다(玄海灘)'라고 쓰여 있는 그대로 따른 것이다.

여러 의견을 들은 후 함장은 원안 그대로 '현해탄 해전'으로 정하고 해군본부에 보고했다.

'대한해협' 명칭은 1961년 4월 21일 국무원고시 제16호로 공포되었고, 그 후 해군본부는 이 전투명칭을 '대한해협해전'으로 변경하였다.

2006년 어느 날 '고하도' 책을 집필할 때 일본작가 시바 료타로가 쓴 '언덕위의 구름'(坂の上の雲)이란 책에 충무공 이순신 삼도수군통제사에 관한 글을 읽었다.

이 책에 러일전쟁 때 1905년 5월 24일 도고 헤이하치로가 지휘하는 일본연합함대와 러시아 로제스트 벤스키가 지휘하는 발틱함대와의 해전에 관한 이야기가 실려 있다.

전투가 임박하기 직전인 0915시경 제1전대 기함인 '닛신'(日進)에 승좌한 미스 무네다로 사령관이 전장교를 사관실에 집합시키고 격려 훈시를 한 후 '샴페인'을 터트려 전승결의를 다지며 건배했다. 또한 전함 '시기시마'(敷島) 함장 데라가기(寺恒)는 각 계급별 대표를 상갑판에 모아 놓고 격려훈시 마지막에 "본 함 시기시마는 적함과 같이 침몰할 것이다." 말한 후 '사케'로 전승을 기원하며 건배했다. 데라가기 함장이 훈시 맨 끝에 장병들에게 강조한 초점은 이 전투에서 강력하고 수적으로 우세한 적함대 함정을 섬멸하기 위해서는 함에 장착된 소구경 포를 포함해 모든 화력을 동원해야 한다. 그러하기 위해서는 소구경 포 유효사거리까지 적함에 바짝 다가서서 싸울 것이다. 적과 창끝을 맞닥뜨리는 치열한 접근전이 될 것이다. 전포 집중공격으로 화력의 집대화 그리고 명중률을 최대로 높일 수 있지만 우리도 적의 포격 속을 뚫고 들어가야 한다. 죽을 확률이 그만큼 높다. 따라서 살아서 승리의 기쁜 나눔을 기약할 수 없는 이때 이생의 마지막 이별주를 나누자는 것이다.

한편 연합함대 군의총감 스즈기 시게미지(鈴木重道)는 전투에 앞서 전 장병들에게 소독한 전투복으로 갈아 입혔다. 이 글을 읽으면서 머릿속의 시계바늘은 6.25 그날 밤 대한해협 바다에서 싸운 그때로 돌아갔다. 사관실에 모인 전 장교들이 최용남 함장의 전투명령을 받고 생사의 갈림길에서 '필승'을 다짐하며 '냉수'로 건배하던 장교 한 사람, 한 사람의 모습이 스쳤다. 전투 직전에 포갑 분

| 적함을 격침시킨 3인치 포

대원에게 깨끗하게 세탁한 복장으로 갈아입도록 지시하자 모두 오른손을 불끈 쥐고 "싸우자"고 외치던 사랑하는 병사들 모습이 아련히 떠올랐다. 전투에 임하는 무인(武人)의 마음은 상통하는가 보다.

백두산함이 적함에 1,000야드, 500야드로 다가서며 적의 총포탄을 뚫고 쏜 우리 3인치 포탄에 맞아 검붉은 연기에 휩싸여 침몰하는 적함의 단말마(斷末魔) 모습이 눈에 선명히 떠올랐다. 그리고 거친 숨을 힘겹게 쉬면서도 '대한민국…'을 지키고 호국의 혼이 되어 하늘나라로 이사를 떠난 전병익, 김창학 두 전우 모습이 눈앞에 우뚝 섰다.

대한해협해전에서 장렬히 전사한 전병익 일등병조와 김창학 이등병조는 고속유도탄함으로 다시 태어나 조국의 바다를 지키기 위해 용약 출전했다.

대한해협해전의 의의

6.25 전쟁은 육지에서 불붙은 전쟁을 바다로부터 진화해 들어갔다

| 전병익함(PKG-732)

고 말할 수 있다. 6.25 그날 대한해협해전 승첩으로 부산항을 지켜냄
으로써 적의 후방 침공을 차단하고, 대한민국을 돕는 UN군과 무기,
탄약, 장비 등 병참물자가 들어올 수 있었다. 우리 군과 UN군은 인천
상륙작전으로 낙동강까지 몰린 전세를 단번에 반전시켰다.

7월 1일, 미 제24사단 21연대 스미스대대 406명이 바주카포 6문, 무
반동포 4문, 박격포 8문을 가지고 부산 수영비행장으로 들어와 오산
전투에 투입됐다. 이때 병사들은 총탄 120발과 휴대식량 2일분만을
갖고 있는 초년병들이 대부분이었다.

7월 2일, 105mm 야포 6문을 갖고 미 제52포병대대 A포대와 제
34여단이 부산으로 들어왔다. 7월 3일, 미해군 구축함 맨스필드
(Mansfield, DD-728) 콜레트함(Collett, DD-730) 호위 하에 미 해군 탄약

| 김창학함(PKG-727)

수송함 세젠키스레이호와 가디널, 오코넬호 두 척이 105mm 박격포
탄 10만 5천 발, 81mm 박격포탄 26만 5천 발, 60mm 박격포탄 8만 9
천 발, 총탄 248만 발을 싣고 부산항에 입항했다. 7월 4일, 미 제21연
대와 19연대 그리고 포병연대가 부산으로 들어왔다.

　6.25전쟁 중 부산항을 이용해 수송된 UN군 16개국 병력은 연 590
만 명(그 중 미군은 연 570만 명)에 달했다. 이는 전쟁이 장기화됨에 따
라 한국에 들어오고 나간 교대병력을 모두 포함한 병력이다. 군수물
자 약 5천 5백만 톤, 유류 2천 2백만 톤 그리고 민간인 구제품 식량,
의약품, 피복 등 다량의 구호품이 부산항으로 들어왔다.

　미 해군 수송부대는 6.25전쟁 기간에 인원 4,918,919명, 화물 52,111,209톤,
유류 21,828,879톤을 한국에 수송했다고 기록하고 있다.[15]

한국전쟁의 분수령

노만 존슨은 1949년 맥아더사령부 정보요원으로 배속되어 일주일에 한 번꼴로 동경과 한국을 오가며 첩보업무를 수행했다.

6.25 그날, 아침 운동을 하다가 갑자기 사령부의 명령을 받고 부랴부랴 수원비행장으로 날아와 한국은행 보유 금괴와 국보급 유물을 후방으로 소개하는 일을 도왔다. 6.25전쟁 중 첩보활동을 하다 세 차례 부상을 입었고 적의 포로로 잡혔다 탈출한 적도 있다.

그는 6.25전쟁 중 몸으로 겪은 체험을 저술하기 위해 한국, 중국, 소련을 수차례 오가면서 자료를 수집했다. 1991년 『한국작전』이라는 책자를 출간했다. 그는 이 책에 "아직까지 세상에 알려지지 않았지만 6월 25일 새벽 북한군 특수요원 600-700명이 해로를 통해 부산을 점령하려고 투입되었다. 천행으로 부산 인근 해상에서 이 위장선이 한국해군에 의해 격침되었다. 세상에 알려지지 않은 이 사건이 어떤 의미에서는 한국전쟁의 분수령이 되었다"고 적었다.

노만 존슨은 제대 후 군사관계 박사 학위를 받고 그 분야의 전문가로 활동했다.

'레드볼'(RED BALL) 특급수송작전

전쟁의 승패는 병사들의 충천하는 사기로 무장된 드높은 전투정신력에 달려 있다. 이러한 투철한 정신을 가진 병사들은 전력을 다해 싸울 수 있게 하는 요체는 병참이다.

미국이 UN군의 병참을 어떻게 수행했는가를 모르고서는 6.25전쟁

15_ 국방부군사편찬연구소, 『한미 군사 관계사』, 국방부, 2002, p.426.

을 이해할 수 없다. 맥아더사령부는 서울이 점령당한 6월 28일 250톤 상당의 탄약과 통신장비를 일본 다치가와 기지에서 수원으로 긴급 공수했다. 최초의 병참지원이다. 공수만으로는 대병력과 대량의 군수물자를 수송할 수 없었다. 맥아더사령부는 백두산함의 대한해협 승전으로 지킨 부산항을 활용할 수 있게 되어 7월 1일부터 해상수송작전을 개시했다. 7월 1일, 미 해군 서태평양지구 해상수송전단은 일본해상통제기관의 수송선 12척과 LST 39척으로 해상수송작전을 개시했다. 7월 10일부터는 선박을 70척으로 증강하여 밤낮없이 수송작전을 가동했다.

맥아더사령부는 7월 중순부터 'RED BALL'이라고 부르는 특급수송작전을 폈다. 병력과 군수물자를 일본의 도쿄-요코하마-사세보를 잇는 육로(철도)와 사세보항에서 부산항에 이르는 해로를 70시간 이내로 수송하는 초특급 해상수송작전이다. 이 해상 수송로는 대한해협을 건너 부산에 이르는 굵직한 '파이프라인'으로 낙동강 전선의 최후 보루를 떠받쳐 주었다.[16]

최후의 보루 부산항

미국 해군 연구소(United States Naval Institute)에서 2007년 『한국전쟁과 미국 해군』(U.S, NAVY IN THE KOREAN WAR)이란 책을 발간했다. 한국해양전략연구소(KIMS)는 6.25전쟁발발 60주년을 맞이하여 우리나라와 우리 국민을 김일성의 침략으로부터 지키기 위해 참전한 미국해군 160만 명의 참전용사와 전사자 미 해군 659명, 미 해병대 4,509명

16_ 정일권, 『정일권 회고록』, 고려서적 주식회사, 1986, p.187.

의 장병을 기리는 번역판을 발간했다. 그 책 제1편 '해양력과 부산교두보 방어'를 쓴 토마스 커틀러(Tomas J. Cutler)는 미해군사관학교 교수를 역임하고 현재 미해군대학 정치전략과 교수로 재직하고 있다.

그는 이 책에서 '대한해협해전'에 대하여 다음과 같이 기술했다.

"개전 당시 한국해역에 연합국 해군부대가 없었기 때문에, 전쟁의 가장 중요한 해상 첫 전투는 한국해군의 몫이 되었다. 최용남 함장이 백두산함(PC-701)을 타고 진해에서 출항하여 북동쪽으로 침로를 잡은 지 얼마 지나지 않아 북한의 1,000톤급 무장 수송선 1척을 발견했다. 600명의 북한군이 탑승해 있던 이 함정은 거의 무방비 상태로 있던 부산항을 향하고 있었다. 얼마간의 포격전 끝에 백두산함은 적함을 침몰시켰으며, 수송 병력과 승조원을 모두 수장시켰다. 이후 부산은 한반도에서 연합군의 최후 보루가 되었으며 또한 증원 병력과 물자의 주요 도입항이 되었다. 백두산함의 승리는 그것들을 가능하게 한 것으로서 그만큼 중요했었다."[17]

『한국전쟁과 미국해군』 제2편에 '바다로부터의 공격'을 저술한 커티스 우츠(Cutis A. Utz)는 국방정보국 역사가로 일했으며 현재 해군역사센터의 항공분야 책임자다. 우츠는 이 책에 다음과 같이 기술했다.

"한국군은 북한군의 기습공격을 막기 위해 훈련받거나 이에 대응할

17- 김주식·정삼만·조덕현 공역, Edward J. Marolda 편저, 『한국전쟁과 미국 해군(UN Navy in the Korean War)』, 해양전략연구소, 2010, p.26.

무기를 갖고 있는 부대가 전혀 없었다. 놀란 한국군은 대부분 북한 인민군의 강력한 공격 앞에 격파되거나 퇴각했다. 북한군에 맞서서 싸워 승리를 거둔 한국군부대는 단 1개 부대가 있었다. 몇 척의 한국함정이 바다에 배치된 후, 미국에서 갓 도착한 구잠함 백두산함은 1,000톤급 북한 무장선을 동해안에서 발견했다. 백두산함은 치열한 해상전투를 감행하여 적함을 침몰시

켰는데, 그 무장선에는 부산으로 침투하기 위한 600여 명의 무장 게릴라들이 타고 있었다. 이것은 중요한 항구를 한순간에 잃어버리는 것을 막았기 때문에 이 전쟁에서 가장 중요한 전투 중 하나로 입증되었으며, 유엔군이 한국에서 생존할 수 있는 여건을 만드는 데 가장 중요한 역할을 했다.

한국해양전략연구소는 2013년 정전 60주년을 기하여 『미국해군 작전의 역사: 한국전[History of United States Naval Operations: Korea(1962)]』(김주식 역)을 발간했다. 저자 James A. Field, Jr.(1916-1996)는 미국 해군사를 전공했으며 태평양전쟁 때 미국해군 항공모함 포술장교로 참전(1942-1946)했다. 하버드 대학에서 학사·석사 그리고 역사학 박사 학위를 받은 그는 이 책에서 백두산함(PC-701) 구입과 대한해협전투에 대하여 다음과 같이 기술했다.

한국 해군 참모총장 손원일 소장은 173피트 길이의 PC(구잠함) 4척을 구입하기 위해 미국으로 갔다. 이 4척 중 1척이 궁입비는 한국해군 장

병들의 성금으로 모은 것이다. 이러한 경우는 다른 어느 나라의 해군에서도 거의 찾아볼 수 없는 것이었다. 따라서 이 함정 구입은 장병들의 사기 양양에 큰 영향을 주었다(p.63).

동해안에 기습적으로 상륙한 적군에 즉각 대응 할 수 있는 세력은 없었다. 그럼에도 한국 해군의 함정들은 즉시 출동했으며, 특히 6월 25일 밤에 한국전쟁 기간 중 가장 중요한 해전이 발생했다.

PC701함(백두산함)은 부산 동북쪽 해상에서 적병 600여 명을 탑재한 1,000톤급 무장 수송선과 맞닥뜨리자 추격전을 펼쳐 전투 후 격침시켰다. 부산항은 남한에 대해 군수 보급품과 증원군을 이동시킬 수 있는 유일한 항구로 적 600여 명의 무장 상륙군을 수장시킨 것으로 전략적으로 아주 결정적으로 중요한 사건(해전)이었다(p.88).

대한해협해전의 승전 요인

일반적으로 전장에서의 전투력요소를 병력+화력+병참력+정신력이라고 하지만 실제 전장(戰場)에서는 그 무엇보다도 지휘관의 직감적인 조기(早期) 판단에 의한 결심과 리더십 그리고 장병의 활화산같이 피어오르는 전투의지이다.

지휘관의 조기판단

적은 함정의 국적과 함명을 은폐하고 동해로 은밀히 침투 남하했다. 최용남 함장은 이 위장한 무장함정을 관찰한 즉시 적함으로 판단하고 해군본부에 공격명령을 요청했다.

최용남 함장을 비롯한 전 장교들은 본부의 전투명령이 없어도 싸울 각오를 굳혔다. 해군본부 지휘부는 백두산함의 첩보를 계속 받고서도 명확한 지시를 내리지 못하고 국방부에 상황중계 하듯이 보고만 하고 국방부의 지시를 기다릴 뿐이었다. 적의 기습공격을 받은 정부나 국방부도 전국(戰局)에 대한 종합적 판단을 하지 못하고 허둥지둥할 때였다.

이러한 상황임에도 해군본부 지휘부에 적의 기도(企圖)를 예리하게 꿰뚫어보는 참모가 있었다. 정보감 함명수 소령이다.

그는 정보감으로서 축적된 대북정보와 몽금포작전의 경험을 바탕으로 백두산함의 보고를 분석했다.

첫째, 적은 38선을 돌파하는 주 공격에 수반하여 남한 전체를 혼란의 소용돌이로 몰아넣기 위해 동·서·남·북 사주(四周)공격으로 전국토를 전장화할 것으로 판단했다. 그 일환으로 오늘(25일) 새벽 동해안 두 곳에 상륙작전을 감행했다.

둘째, 적은 철수한 미국군대가 한국을 지원하기 위해 파병할 경우 병력을 투입할 곳으로 부산항으로 예측했을 것이다. 따라서 백두산함이 추적 중인 무장함은 필시 부산항을 침공하려는 적함으로 판단했다.

손원일 참모총장은 해군에 관한 상황을 국방부장관에게 보고할 때마다 함명수 소령을 대동했다. 신성모 장관은 함 소령을 익히 잘 알고 있었기 때문에 25일 밤 백두산함에 대한 작전지시를 직접 함 소령에게 했다. 신 장관 지시를 받고 함 소령은 참모총장 대리인 김영철 대령에게 "백두산 함장에게 공격명령을 내려야 합니다" 강력하게 건의했다.

함명수 소령(정보감 겸 상황
실장)

백두산함이 수평선에 흐르는 연기를 보고 그냥 지나쳤거나 최용남 함장이 위장선박을 끈질기게 추적 정찰하지 않았으면 어떻게 됐을까? 정보감 함명수 소령이 공격명령을 강력하게 건의하지 않았다면 어떻게 됐을까? 적 상륙군이 거의 무방비상태인 부산을 점령했다고 생각할 때 6.25전쟁 상황은 어떻게 전개됐을까? 상상만 해도 모골이 송연하다.

지휘관의 직감적 조기판단과 결심이 전국을 좌우한다.

장병의 신념에 찬 전투의지

전장에서 지휘관은 장병에게 목숨을 걸고 싸우도록 명령한다. 지휘관은 장병에게 분명한 공격목표를 제시하고 부하들은 사명감과 긍지를 가슴에 담고 전력을 다해 싸운다. 6월 25일 그날, 백두산함 장병들의 불타오르는 전투의지는 어떻게 생성(生成)되었을까?

해방 후 남한 사회는 혼란의 소용돌이에 휘말렸다. 1945년 9월 6일 여운형과 남로당 박헌영 및 허헌은 '조선인민공화국'을 창립했다. 공산주의자들은 전국곳곳에서 폭동을 일으켰다. 김일성은 UN에 의한 5.10 선거를 방해하기 위하여 '인민해방군 총사령관' 김달삼을 제주도로 보내 16개 경찰지서 중 12개 지서를 습격해 경찰관과 우익 인사 및 그 가족을 죽였다.

육군 제9연대장 박진경 대령을 암살했다. 이것이 바로 제주4.3폭동이다. 1948년 10월 19일, 여수에 주둔 중인 육군 제14연대가 제주도로 출발 직전 부대 내의 좌익분자들의 선동으로 약 3,000명이 반란을 일으켰다. 여순반란이다. 1948년 11월 2일에는 대구 제6연대에서 반란이 일어났다. 김일성은 1948년 11월부터 1950년 3월에 이르는 동안 남한 10개 지역에 2,400명의 유격대를 침투시켰다.

1949년 5월 4일과 5일에는 육군 제8연대 제1대대장 표무원, 제2대대장 강태무가 대대를 이끌고 월북했다. 해군에서는 군 내부 공산분자에 의해 수 척의 함정이 납북됐다. 1948년 5월 7일, 공산당원은 JMS 통천호 정장과 부장을 사살하고 납북했다. 5월 15일에는 YMS 고원정이 납북되고 1949년 5월 11일에는 해사 2기생 이송학이 전대사령관 황운서 중령과 해사 1기생인 이기종 정장을 죽이고 YMS-508정을 납북했다. 해사2기생 서문걸과 김점복은 YMS-510정과 JMS-302정을 납북하려다 미수에 그쳤다. 1948년 가을, 2기생 김점복 당직사관생도는 3기생을 학교 본관 앞에 모아놓고 "인민을 착취하던 진해시청이 불탔다. 통쾌한 일이다" 하면서 선동연설을 했다. 사관학교 교관 중에도 공산주의자가 있었다. 3기생들은 사관학교가 이래서는 안 되겠다고 생각했다. 이 무렵, 일과가 끝난 후 3기생 중 1명이 교장 사택을 찾아갔다.

"교장님, 김일성 공산당도 '국가와 민족을 위하여'라 하고 우리 학교도 '국가와 민족을 위하여'라고 가르칩니다. 우리 사관학교는 신생 대한민국을 수호할 장교를 양성합니다. 교장님, 우리 사관학교의 교육방침은 김일성이 말하는 공산당의 '국가, 민족'과 같습니까? 다릅니까? 지금 군 내부에 공산주의자들이 횡행하고 있습니다. 반공(反共)이 애국이요 반공이 국가민족을 위한 길 아닙니까? 학교 교육방침을 분명히 해주십시오."

교장은 느닷없이 찾아와 분명한 교육방침을 요구하는 생도가 버릇 없이 보였는지 노기에 차 있었다. 그 생도는 "교장님 죄송합니다. 우리학교 교육방침이 김일성이 말하는 '국가, 민족'과 같다면 저희들은 학교를 떠나야겠습니다." 공손히 말씀드리고 교장 관사를 나왔다.

해사 2기생이 1948년 12월 15일 졸업했다. 이때 3기생 최영섭 생도가 생도대장 김충남 중령을 찾아갔다.

"생도대장님 긴히 여쭐 말씀이 있습니다."

"긴한 일이 뭔가?"

"이번 대대장 생도는 전 생도의 투표로 선출했으면 합니다."

"뭐? 대대장 생도를 투표로 선출하자고?"

"군대에서 명령으로 임명해야지 무슨 투표야!"

"네, 대장님 말씀 천번 만번 지당하십니다."

"그런데?"

"여순반란사건, 해군함정 납북사건 등 군 내부에 공산주의자들이 횡행하고 있습니다. 우리 학교 안에도 공산주의 이념을 갖고 있는 교관도 있습니다."

"그래서?"

"반공(反共)이념으로 무장하지 않은 장교는 국가에 하등 쓸모가 없습니다. 학교 분위기를 일신해야 하지 않겠습니까? 대장님은 이해해 주시리라고 믿고 외람되게 말씀드립니다."

"허! 참!" 잠시 침묵이 흘렀다. 김충남 생도대장은 무엇인가 결심한 듯 무겁게 입을 열었다.

"나도 귀관의 생각에 전적으로 동감하네. 그런데 이번 딱 한 번만일세. 이번만이야." 해군사관학교 역사에 아니 해군 역사에 단 한 번의 지휘관 선거였다.

선출된 대대장 생도는 생도 모두를 밤 12시 연병장에 비상소집했다. "사관생도 제관들! 대한민국의 적은 김일성 공산당이다. 우리는 국가와 민족을 위해 김일성 공산당을 쳐부수는 최전선 지휘관이 돼야 한다."

백두산함 전사들은 철두철미한 반공애국정신으로 뭉쳐 대한해협 해전을 승리로 이끌었다.

57년 만에 유가족에게 돌아온 을지(乙支)무공훈장

「국가가 끝까지 내 오빠를 기억해 주셔서 감사합니다.」자유기고가 이근미 씨가 월간조선 2010년 1월호에 달았던 제목이다. 군인이 전장에서 목숨 걸고 싸우는 근원에는 그 마음속에 나와 내가족의 삶을 지키려는 굳은 의지가 자리하고 있기 때문이다.

나아가서 적의 침공으로부터 내나라 내국민을 지켜야 함이 군인의 책무요 대의(大義)라는 확고한 신념이 있기 때문이다. 또 한편으로는 내가 전장에서 적과 싸우다 죽거나 다칠 때 국가와 군 그리고 국민이 나와 내 가족을 잊지 않고 돌보아 줄 것이라는 믿음이 있기 때문이다. 즉 전사자에 대하여 '당신은 잊히지 않는다(You are not forgotten.)' '우리는 당신을 결코 잊지 않을 것이다(We never forget you.)'이다. 미국이나 이스라엘군이 전장에서 강한 것은 국가와 국민이 그들을 결코 잊지 않고 그들의 명예를 선양하기 때문이다.

미국 전사자 유해발굴단은 2004년, 6.25 전쟁 중 1950년 11월 16일 평안북도 운산전투에서 중공군과 싸우다 전사한 미육군 제1기갑사단 제8연대 3대대의 실라스 윌슨 중사 유해를 그 운산지구 전투현장에서 발굴했다. 유해는 2009년 11월 그의 유일한 혈육인 딸에게 인도되었다. 50여 년 전 북한 땅에서 전사한 용사를 기어이 찾아낸 것이다.

2000년 10월 12일, 예멘 아덴항에서 미해군 구축함 '콜'이 알카에다 테러 공격으로 폭파되어 승조원 17명이 전사했다. 대통령은 장례식에서 17명 용사 한명 한명의 이름을 부르며 애도했다. 2009년 10월, 오바마 대통령은 아프가니스탄 전사자를 맞이하기 위하여 새벽 4시 델라웨어 도버 공군기지로 찾아갔다. 2011년 8월 9일, 아프칸에서 전사한 네이비실(Navy SEAL) 대원 22명 등 30명의 유해를 맞이하기 위하여 오바마 대통령을 비롯하여 국방장관, 합참의장, 해군장관 등이 만사를 제쳐놓고 도버 공군기지로 갔다. 국방장관은 유족 앞에서 무릎을 꿇고 위로했다.

2002년 온 나라가 월드컵 축구열기로 후끈 달아오른 6월 29일, 서해에서 북한이 계획적으로 우리 해군에 대하여 기습공격을 해왔다. 이것이 제2연평해전이다.

0954시 적 388경비정이 육도 남방 NLL을 월선하여 침범하고, 1010시 서쪽 멀리 떨어진 등산곶에서 적 684 경비정이 NLL을 월선하여 남방 3마일까지 침범했다.

우리 고속정은 교전규칙대로 적 경비정에게 경고하면서 차단 기동했다. 적 경비정은 우리 고속정의 경고를 무시하고 더 깊숙이 침범해왔다. 우리 고속정은 적 함정에 바짝 다가가 퇴거시키기 위해 기동했다. 1025시, 적 684호 경비정이 우리 357 고속정에 대해 기습적으로 집중포격을 가했다. 적은 85mm 주포 첫 한 발로 지휘부가 있는 함

| 참수리 357정 피격 모습

교와 조타실을 명중시켰다. 정장 윤영하 대위가 전사하고 부장 이희완 중위가 오른쪽 다리에 중상을 입었다. 357고속정 전 승조원은 팔, 다리, 온몸에 적탄을 맞아 피범벅이 되면서도 숨이 끊어지는 순간까지 방아쇠를 놓지 않고 사력을 다해 싸웠다. 죽음으로 우리의 바다를 지키고 끝내 적을 물리쳤다. 승조원 29명 중 6명이 장렬히 전사하고 18명이 부상했다. 150톤의 자그마한 357고속정이 적탄 258발을 맞았다. 흘수선에만 적탄 15발을 맞고 침몰했다.

이 고귀한 희생은 불합리한 교전규칙에 기인했다. 적이 우리 경고를 무시하고 계속 침범할 때 무력저지 외에는 막아낼 방법이 없다. 그러나 적이 쏜 총알을 맞고 난 후에 대응하라는 교전규칙을 위에서 지시해 놓은 상태다. 그리고 대응하되 확전에 이르지 말라고 했다. 세상에 이런 교전규칙이 어느 나라에 있는가?

우리 357 고속정은 이 규칙에 따라 적탄에 맞아 죽고 부상당한 후에야 대응했다. 1043시, 교전해역에 달려온 초계함이 적함에 대해 격파사격을 개시했다. 적 684호 경비정은 고속정과 초계함의 포격을 맞아 화염에 휩싸여 북으로 도주했다. 도주하는 적 경비정 2척을 모두 때려 격침할 수 있었는데도 포격중지명령이 내렸다. '확전방지' 차원의 명령인가?

2000년 6월 15일, 4억 5000만 달러와 5000만 달러 물자를 주고 얻어 낸 남북정상회담을 마치고 돌아온 김대중 대통령은 "한반도에 이제 전쟁은 없다"고 했다. 적이 치밀한 계획으로 우리 바다를 침범해 들어와 우리 함정을 기습 공격해 수많은 장병을 살상하고 침몰시킨 '제2 연평해전'은 무엇인가? 이것이 '전쟁'이 아니고 '평화'란 말인가?

7월 1일 토요일 일요일을 포함한 사흘 만에 서둘러 국군 수도병원에서 합동영결식이 거행됐다. 우리들의 영웅들은 김대중 정부의 철저한 외면 속에 나라와 국민들의 배웅을 받지 못하고 쓸쓸히 대전 현충원으로 향했다. 영결식에는 국군통수권자인 대통령도, 국방총수인 국방부장관도, 작전지휘권자인 합참의장도 얼굴을 비추지 않았다. 김대중 대통령은 그가 떠나는 서울비행장과 지척에 있는 국군수도병원을 외면하고 월드컵 폐막식 구경한다고 일본으로 갔다. 금강산 구경가는 유람선은 돈 보따리 싸들고 뱃고동을 울리며 고속정 357을 침몰시킨 그 북한을 향해 뱃머리를 돌렸다. 우리 영웅들이 대전 현충원으로 가는 길에는 노제도, 만장도, 노래도 없이 고적했다. 해군장병들의 구슬픈 통곡과 하염없는 눈물만이 용사들의 가는 길을 촉촉이 적셨다.

이런 정부와 이런 국군통수권자가 군인에게 '목숨 걸고 나라 지키라'고 명령할 수 있겠는가? 그러나 우리 군은 어떤 정부, 어떤 대통령이건 간에 대한민국 헌법 제5조 '국가의 안전보장, 국토방위' 사명을 다하기 위해 언제 어디서든지 목숨 바쳐서 싸울 것이다.

노병은 오랫동안 대한해협해전에서 전사한 전우의 유가족을 찾아야겠다고 생각해 왔다. 유가족들에게 그의 아들, 그의 형제가 언제 어디서 어떻게 싸우다 어떻게 숨졌는지 또한 그 전투가 백척간두에 섰던 국가방위에 어떻게 기여했는지 묻고 묻힌 사연들을 알려드림이 노병의 책무임을 절감하고 있었다. 그를 지켜주지 못한 책무를 사과드리고 위국헌신한 자랑스러운 가족임을 전하고 위로 드리고 싶었다. 제23대 장정길 참모총장은 대한해협해전에서 전사한 용사의 유가족을 찾으려고 많이 노력했다. 김창학 3등병조의 고향이 평택임을 알아내 그 유가족을 찾았으나 전병익 2등병조의 유가족은 찾을 수가 없었다.

장정길 전 해군참모총장은 김창학 3등병조를 '호국인물'로 선양하기 위하여 행정절차를 추진했다. 장 총장 후임 제24대 문정일 참모총장에 이르러 2003년 5월 15일, 전쟁기념관 호국추모실에서 김창학 2등병조(추서)를 '5월의 호국인물'로 현양하고 그의 흉상 봉안식을 거행했다.

김창학 2등병조는 1929년 1월 29일, 경기도 평택에서 출생하여 1944년 3월 평택 부용국민학교를 졸업하고 1948년 6월, 해군 신병 10기생으로 입대했다. 항해학교를 우수한 성적으로 수료하고 1950년 4월 백두산함이 진해로 입항하자 곧 조타사로 승조했다. 이날 봉안식에는 유가족으로 평택시 하북면에 사는 맏누님 김창분(당시 87세), 평택시 팽

"호국영령에게 경의와 감사를"

5월의 호국인물
해군 이등병조 **김 창 학**
(1929. 1. 29 ~ 1950. 6. 28)

[현양행사]
· 일시 : 2003. 5. 15(목) 오후 2시
· 장소 : 전쟁기념관 호국추모실

전쟁기념관
THE WAR MEMORIAL OF KOREA

| 김창학 이등병조

전사자 1주기 추모 후 기념 촬영

성읍에 사는 둘째누님 김창수(당시 80세), 수원시 권선구 매교동에 사는 막내동생 김임순(당시 73세)이 참석했다. 특히 이 작전에 김창학 2조가 졸업한 부용초등학교 교장선생님께서 학생대표 10여 명을 인솔해 오셨다. 이 학생들은 6.25 그날 적과 맞싸워 부산을 지켜낸 대한해협해전에서 용감하게 싸우다 전사한 선배에 대하여 나라가 그 선배를 잊지 않고 호국용사로 기리는 행사를 보았다. 이 학생들은 6.25전쟁을 누가 도발했는지 그 진실과 나라의 소중함 그리고 자랑스러운 선배를 가슴깊이 간직하고 돌아갔을 것이다. 이 식전에는 백선엽 장군과 백두산함 전우들이 자리를 같이해 유족들을 위로했다.

노병은 김창학 전우의 사진을 액자에 담아 유족에게 전했다. 유족들은 김창학의 사진 한 장 남아 있지 않다며 반가워했다.

노병은 이때부터 전병익 전우의 가족을 꼭 찾아야겠다고 다짐했다. 해군본부에 알아보았으나 그의 가족 기록이 남아 있지 않았다. 어떻게 하면 그 가족을 찾을 수 있을까? 이런 저런 궁리를 하다가 문득 남해 바다에서 그와 나누었던 대화가 떠올랐다.

1950년 6월 중순경, 각 기지를 순항하며 장병들에게 백두산함을 보이고 진해로 귀항할 때 전병익 2조가 함교로 올라왔다.

항해당직 근무 중인 노병에게 "갑판사관님 저 내달 제대하면 곧 장가 갈 거예요."

"어! 그래 색시감은 있냐?" 물었더니 지갑 속에 간직한 여자 사진을 꺼내 보이며

"갑판사관님 이 애가 제 색시가 될 사람입니다. 어때요?"

"야! 참 곱구나. 이 색시는 지금 어디 있니?"

전병익의 호적 기록: 단기 4283년 6월 25일 현해탄해전에서 전사

"저와 같은 충청도 고향 색시예요."

전병익 전우를 찾을 수 있는 단서는 고향이 충청도라는 것과 신병 8기생이라는 두 가지뿐이다. 혹시 군번을 알면 그의 가족 주소지를 찾을 수 있을까 생각했다.

백두산함 승조원 중 살아남은 전우 중에는 신병 8기생이 없었다. 승조원 중 7기와 9기생의 군번을 조사하는 한편 여기저기 수소문해 8기생을 찾아 전병익의 군번을 물어봤으나 아는 이가 없었다.

법원에 근무하는 노병의 둘째아이에게 부탁했다. "이름은 해군하사관 전병익, 나이는 1929-1930년생쯤 되고 고향은 충청도다. 충청남북도와 대전시를 뒤져보면 그의 가족 주소를 찾을 수 있을 것이다."

둘째아이는 대전과 충청남북도에 있는 친구 변호사와 검사에게 부탁했다.

2009년 9월 3일, 해군본부 역사기록관리단 신동석 단장 지시로 이상조, 김용진 서기관이 노병 집으로 왔다. 노병은 지난 몇 해 동안 전병익 전우의 가족을 찾으려고 노력해 온 사정을 이야기하고 신병 7기와 8기생 군번을 적어 전하면서 그 유가족을 꼭 찾아 달라고 신신 부탁했다. 두 서기관은 최선을 다하겠노라고 진지하게 답했다.

그들을 만난 지 5일 만인 9월 8일 아침에 전병익 2조의 군번이 8103247임을 알려왔다. 그리고 백방으로 수소문하여 그 유가족을 찾는 중이라고 했다. 9월 11일 신동석 단장으로부터 전병익 부친의 호적등본(제적부등본)을 보존하고 있는 면사무소를 알아냈다고 알려왔다. 4일 후인 9월 15일 오후 1시에 충청북도 음성군 소이면장 김영철로부터 제적등본을 입수했다는 전화를 받았다. 곧 노병의 팩스로 보내달라고 부탁했다. 팩스를 받고 제적등본의 전병익 난을 보니 일본식 이름은 마쓰다 마사오(松田正雄)로서,

> 단기 4283년 6월 25일
> 현해탄해전(玄海灘海戰)에서 전사,
> 부 전영근 계출

이라고 적혀 있었다. 제적등본에는 부모님과 형 그리고 동생은 돌아가시고 누이동생 두 사람만이 생존해 있었다. 경찰관인 형 전병찬은 1949년 8월 25일 가평, 단양 공비토벌 전투 중 전사했다고 기록되어 있었다.

누이 전광월은 용인에 살고 또 다른 누이 전월선은 서울 화곡동에 살고 있었다. 제적등본을 받자마자 팩스로 노병의 둘째에게 보내고 속히 두 누이를 찾아 전화번호를 알려달라고 했다. 오후 4시가 지나 둘째로부터 검찰을 통해 경찰이 누이 두 사람의 거주지인 용인과 화곡동에 가서 전화번호를 입수했다고 알려왔다. 우선 용인에 사는 누이 전월선에게 전화했다.

"전월선 씨이십니까?"

"네, 제가 월선인데요. 누구십니까?"

"해군에 입대해 6.25 전쟁 때 인민군과 싸우다 전사한 전병익이란 분을 아십니까?"

"네, 제 오빤데요. 그런데 댁은 누구십니까?"

"네, 그러시군요. 저는 그때 전병익 씨와 같이 적과 싸운 전우입니다. 오랫동안 전병익 씨의 가족을 찾아 왔습니다."

"아이구! 제 오라버니 친구시군요."

말을 맺지 못하고 흐느끼는 울음소리만 들려왔다. 한참 시간이 흘렀다.

"미안합니다. 오빠 생각에 북받쳐 오르는 슬픔을 참을 수가 없었습니다. 어떻게 저를 찾으셨나요? 그렇지 않아도 조금 전에 경찰관 아저씨가 와서 전병익 누이냐고 묻고 전화번호를 적어 가지고 갔습니다. 왜 묻느냐고 물어봐도 대답도 없이 급하다고 하면서 금방 떠나갔습니다. 무슨 일이 있나 하고 걱정하던 참이었습니다. 그런데 무슨 일이 생겼나요?"

"특별한 일은 없습니다. 그 경찰관 덕분에 월선 씨 전화번호를 알게 됐습니다. 전병익 전우의 가족은 지금 몇 분이나 계십니까?"

정옥근 해군참모총장으로부터 전병익의 을지무
공훈장을 대신 수령하는 유가족

전병익의 유가족과 필자

　"부모님, 큰오빠, 작은오빠 다 돌아가시고 저와 동생 그리고 조카뿐입니다. 선생님 댁이 어디십니까 곧 달려가 뵙고 싶습니다."

　"동생 분은 화곡동에 계시죠. 동생 분과 연락하셔서 편하실 때 연락주십시오."

　"네 동생과 같이 곧 찾아뵙겠습니다. 60년 전에 돌아가신 오빠가 살아 돌아오신 것 같습니다."

　전화통화 후 사흘 만인 18일 전병익 전우의 가족이 노병 집으로 찾아왔다. 시계바늘은 60년 전인 1950년으로 되돌아갔다. 그해 4월부터 전사할 때까지의 함상생활과 대한해협 전투이야기가 끝없이 이어지고 기나긴 지난 세월 그들 가족의 애환서린 삶의 발자국을 되밟으며 해가 저물었다. 전병익 2조의 사진을 전했다. 광월 씨는 "그때 제 나이 12살이었습니다. 집에 사진이 없습니다. 오빠 모습도 가물가물해 잘 기억이 나지 않습니다. 우리 오빠 참 멋지게 잘생겼네요." 오후 8시경 사진을 가슴에 안고 현관문을 나셨다.

　2009년 11월 11일, 서울 관훈동 '해방병단 결단식 터' 기념석 앞에서 해군창설 제64주년 기념행사가 열렸다. 이날 행사에서 전병익 1조 (추서)의 유가족에게 을지무공훈장을 전달했다. 유가족 전광월 씨는 정옥근 해군참모총장으로부터 훈장을 받아들고 흐느껴 울면서 "대한 민국 만세"를 외쳐 분위기가 숙연했다.

나라와 군이 잊지 않고 끝까지 그 유가족을 찾아 전사 용사를 기렸 다. 군인은 이래서 목숨을 던져 싸운다.

대한해협해전 전승비 건립과 6.25전쟁 60주년 행사

(1) 전승기념행사와 전우들의 회고담

해군 제16대 김종호(金悰鎬) 참모총장은 취임하자마자 대한해협 전승비 건립에 착 수했다. 우선 백두산함이 싸운 바다가 멀리 내다보이는 부산광역시 중구 영주동 중앙 공원에 부지 300평을 마련했다.

조형물은 백두산함(PC-701) 정면 형상과 함포, 포신, 포탑 그리고 격침한 적함 파편 4개를 나타내고 마스트 높이는 15.04m로 했다.

| 김종호(전 해군참모총장)

공사는 1988년 10월 19일 착수하여 12월 20일에 끝냈다. 공사비는 1억 2250만 원이 들었고 동성산업(주)이 시공했다.

전승비 제자(題字)는 정우용(해사 15기) 해군본부 군사연구실장의

| 이상필 (전 제3함대사령관)

부탁을 받고 당시 갑판사관 겸 항해사, 포술사였던 노병이 썼다. 노병은 비문을 쓸 때 비(碑)자를 옛 고자(古字)를 본따서 위 점(點)획을 생략하고 훗날 통일의 환호성이 울려 퍼질 때 점(點)을 새겨 넣으라고 부탁했다. 후에 이상필 제3함대사령관이 2001년 12월 누락된 참전용사를 조사해 보각(補刻)했다.

1988년 12월 23일 오후 2시 기념비 제막식을 거행했다. 최용남 함장, 신만균 기관장을 비롯한 옛 전우 27명이 모였다.

38년의 세월이 쌓여 20대 초반이었던 전우들의 머리는 은빛으로 변했으나 이 날의 시계바늘은 6.25 그날로 되돌아가 멈추어 있었다. 서로서로 손을 맞잡고 그동안 어디서 무엇을 했으며 어떻게 살아왔는지 묻고 또 물으며 애틋한 정을 나누었다.

| 최용남 전 함장 부부

제막식을 시작하기 전 갑판사관 최 소위는 전우들을 정렬시키고 "함장님께 경례"를 구령했다. 최용남 함장께서 노병들의 경례를 받고 눈시울을 붉히며 옛 부하 한 사람, 한 사람 손을 잡고 다정하게 등을 다독였다.

제막식이 끝나자 전우들의 시선은 오륙도 저 멀리 수평선 넘어 전장터를 향했다. 포성은 바닷바람을 타고 천지를 진동하고 빗발치는 포화는 칠흑 같은 밤하늘을 붉게 물들인 그때 그 바다가 선명하게 눈에 비쳤

| 대한해협해전 기념탑

다. 적탄에 선혈을 뿌리며 장렬히 전사한 전우들의 모습이 떠올랐다. 모두 숙연한 마음으로 머리를 숙였다. 전우들은 기념비 조형물 주위를 돌아보며 해군에 대한 고마움을 가슴에 담고 3함대에서 준비한 코모도 호텔로 향했다.

저녁 만찬장에는 3함대사령관을 비롯한 참모들과 부산시 유지들이 참석했다. 갑판사관 최 소위는 전우 한 사람, 한 사람마다 그 전투에서 어느 부서에서 어떻게 싸웠는지 실감나게 소개했다.

만찬이 끝나고 몸이 불편하신 최용남 함장은 일찍 침실로 들어가시고 모두 한자리에 모였다.

60을 넘은 전우들은 38년 전 20세 안팎의 활기찬 젊음으로 되돌아갔다. 화제는 그날 그때의 전투 이야기로 옮겨졌다. 주계장 조경규 1조가 말문을 열었다.

"살아서 이렇게 만나니 참 반갑구만. 난 제대하고 나서 쭉 진해에서 살고 있지. 그 날 기관총을 계속 쐈는데 방아쇠를 아무리 당겨도 총알

| 조경규 중기 사수(1925-2015)

| 홍양식 주포 사수(1923-1998)

이 나가지를 않아, 적탄은 머리 위로 불꽃을 날리며 무더기로 날아오지, 참말 미치겠더구만. 총신이 열이 나 탄피가 녹아 붙은 거야. 일본말로 '아카쓰케(燒付)'가 됐단 말이야. 탄약수 조삼제 보고 물 떠오라고 했지. 이 자식이 머리가 잘 돌아가, 양동이에 물을 떠왔는데 웨스(걸레)를 갖고 왔어. 걸레에 물을 적셔 총신을 식혀 갈아 끼웠지."

주포사수 홍양식 2조가 나섰다.

"난 전투배치 할 때 사수자리에 앉아 내가 방아쇠를 당기면 정말 포탄이 나갈까 걱정했지. 우린 실탄사격 한 번도 안 해 봤지 않아, 거리 5,000야드에서 첫 발을 쐈는데 꽝하고 나가더군. 야! 이젠 됐다. 자신이 생기더라. 그런데 첫 발이 어디 떨어졌는지 몰랐어. 그런데 3,000야드로 좁혀 들어가니까 가늠자 속으로 적함이 보이더군. 그런데 배는 흔들리지, 적함은 속력을 내서 달려가지, 조준하기가 참 어렵더라. 그때 이유택이가 선회수잖아. 그 자식 포신 잘 돌리더라. 그래서 내가 조준하기가 쉬웠어. 대여섯 발 쏘니까 요령이 생기더라 야! 쐈두 들어맞지 않고 적함 주변에 떨어져서 물기둥만 솟아올라가는데 미치겠더군. 그런데 2,000야드 가까이 다가가서 쏜 포탄이 적함 브리지를 때려 불꽃이 확 피어오르잖아. 또 쏘니까 적함 마스트가 두 동강이 나서 꺾여 나갔지. '만세' 소리가 저절로 나더라. 포요원 모두 손뼉을 치며 '만세, 만세' 외쳤지.

이때 최석린 포장이 '야~ 이 새끼들아 포 쏴' 고함소리에 제정신이 돌아왔지. 포장이, '가까이 들어간다. 정신 차려서 잘 쏴!! 목표, 적함 함교 그 밑 기관실 때려!' 이어서 '거리 500, 쏴!' 포장의 고함소리가 귀에 쟁쟁 울리더라. 가까이 다가가며 쏘니까 방아쇠를 당기는 족족 적함에 꽂히는 거야. 야! 신나더라. 적함 기관실에서 시커먼 연기가 물씬 오르더니 검붉은 연기로 휩싸이면서 곤두박질치면서 빠져들어 갔지. 난 이때 너무 가까이 들어가 우리 배가 적함에 부딪히는 줄 알았어. '만세' 소리가 또 터졌지. 이때 '꽝' 소리가 나더니 우리 배가 흔들리더라구. 적탄이 조타실을 뚫고 들어가 터진 거야. 동시에 우리 포 갑판에 포탄이 떨어져 파편이 사방으로 튀었어. 장전수 전병익이 '악' 하고 쓰러지더니 전화수 김춘배가 '아이구' 하고 쓰러졌지.

이때 포장이 '유병화~ 포탄 장전해, 쏴' 고함을 지르더군. 방아쇠를 당겼는데 격발이 안 돼. 야 정말 미치겠더구만. 도대체 어디가 고장 났는지 알 수가 있어야지. 야단났지. 포술장, 포장, 이유택 그리고 나, 넷이서 격발장치를 분해해 봤지만 고장난 델 모르겠어. 그런데 전기장 김생용 병조장이 달려왔어. 분해한 격발장치를 하나하나 살펴보다가 트리거 스프링을 작동해 보더니 '이게 녹아 붙었군, 스페어(spare, 여유 부속품) 있어?' 하더군. 포장이 새 것을 갖고 와서 갈아 끼웠지. 금방 격발이 되더군."

홍양식 이야기를 듣고 있던 김생용 병조장이 나섰다. "대포소리가 계속 기관실을 쿵쿵 울리다가 갑자기 '꽝' 하고 배가 흔들리더니 '올 엔진 플랭크' 명령이 떨어지더군. 전투가 벌어지긴 벌어졌는데 어떻게 돼 가는지 기관실 근무자는 궁금하기 짝이 없었지. 전화수가 '전기장님 급히 전갑판 주포로 오시랍니다' 하더군. 해치를 열고 갑판으로

장학룡 조타사

올라갔지. 눈앞에 적함이 검은 연기에 휩싸여 바닷속으로 빠져들어 가더군. 야! 해냈구나! 이겼구나! 신나게 전갑판으로 달려가다 바닷물을 뒤집어쓴 갑판에 미끄러져 자빠졌어. 무릎이 깨진 것도 모르고 달렸지. 부상자를 후부식당으로 옮기느라 야단났더군. 최석린 포장이 '전기장~ 격발이 안 돼, 전기계통이 아냐. 빨리 봐줘' 하더군. 격발이 안 된다면 트리거 계통 아닌가 생각돼 홍양식에게 고무스프링 꺼내라고 했지. 보니까 윤활유가 엉겨붙어 작동이 안 되는 거야. 스페어를 갈아 끼웠더니 금방 격발이 되더라고."

옆에 있던 장학룡이 입을 열었다. "난 구사일생으로 살아났어. 김창학이 내 대신 전사했어. 적탄이 조타실을 때리기 직전까지 내가 키(조타기)를 잡고 김창학이는 '텔레그래프'(Telegraph, 함교에서 기관명령을 기관실에 전하는 장치)를 잡고 있었지. 오줌이 마려워서 창학이에게 '키'를 맡기고 변소로 내려갔는데 갑자기 '쿵' 하는 소리와 동시에 배가 흔들리더라구. 뛰어올라와 보니 조타실 안이 아수라장이야. '자이로콤파스'가 박살나고 김창학이 피를 흘리며 쓰러져 있더군. 조타실에 계시던 송석호 부장님이 '보이스 튜브(voice tube)'로 브리지에 있는 최도기, 최갑식, 김세현, 박순서를 불러 김창학을 사병식당에 있는 응급실로 이송시키고 파편에 발꿈치가 달아난 김종식 소위를 사관실로 옮기라고 지시하시더군. 한평생 김창학에게 죄진 것 같아 늘 마음이 아파. 사람의 생사 길이 종이 한 장 차이 같아."

장학룡은 한·중 국경에 있는 평안북도 용천에서 출생하여 1947년 보성중학교를 졸업했다. 그는 1945년 9월 해방군이라는 붉은 군대 소련군이 북한으로 들어와 큰길을 지나가는 사람의 시계를 빼앗고 아무 집에나 들어가 가재도구를 강탈하고 부녀자를 강간하는 만행을 수없이 목격했다. 소련군은 공장기계를 뜯어가고 식량을 강제로 탈취했다.

소련은 김일성을 내세워 실질적 정부인 '북조선 임시인민위원회'를 만들어 공산주의 강압정치를 시작했다. 바닷가 용천에서 자란 장학룡은 1948년 자유를 찾아 월남하여 해군에 입대했다. 항해학교를 우수한 성적으로 졸업하고 백두산함에 승조했다. 진해만에 석양이 노을 지는 6월초 어느 날 저녁, 후갑판을 산책 중에 장학룡과 마주쳤다. 국기게양대 난간을 잡고 부도 남쪽 붉게 물든 먼 바다를 바라보며

"장 하사관 자네 고향이 이북이라 했지?"

"네, 갑판사관님, 압록강 하류 용천이 제 고향입니다. 해방되자 소련군대 로스케가 들어와 행패가 심했죠. 제 손목시계도 로스케한테 뺏겼지요. 로스케들은 시계만 보면 '다와이 차스이(시계 내놔)' 하고 빼앗아 팔뚝에 십여 개씩 차고 다녔죠. 김일성 공산당 정권이 들어서자 마을이 살벌해지고 한 번밖에 없는 인생살이 앞날에 희망이 없어 보여서 38선을 넘어 월남했지요. 서울 길거리에서 '해안경비대 모집' 광고를 보고 입대했습니다. 용천서 멀지 않은 곳에 바다가 있거든요. 바다에 대한 동경심도 있었지요."

"이 배에 타고 고생 많았지. 맨날 쉴 새 없이 깡깡 해머로 녹을 뜯어내고 페인트칠 하고 힘들지?"

"힘은 들어도 값지고 보람 있습니다. 해군 유일한 전투함이잖아요."

"내무반 분위기는 어때? 밤낮 일만 한다고 불평하지 않아?"

"아니요. 외출 나가 백두산함 탄다고 하면 모두 부러워해요. 그런데요. 여기 남한 사람들은 공산당이 뭔지, 소련이 뭔지 몰라도 너무 몰라요."

"장 하사관, 자네가 이북에서 겪었던 이야기를 해주지 그래."

"갑판사관님의 공산주의에 대한 훈화 말씀을 듣고 승조원들 많이 달라졌어요."

"그래? 어떻게?"

"반공이 애국이다. 애국은 자유민주주의 대한민국을 지키는 일이다. 대한민국을 지켜야 국민이 자유를 누리고 행복하게 살 수 있다. 국가수호는 우리 군인의 사명이요 보람이다. 공산당은 우리의 적이다. 저도 말씀들을 때마다 가슴이 벅차오릅니다."

장학룡의 말이 끝나자 최도기와 박순서가 나섰다. "조타실로 내려가니까 부장님이 우리 둘을 주포 갑판으로 빨리 가라고 하시더군. 나가보니까 전병익은 갑판선임하사관 김종수 일조와 김학준이 업어서 사병식당 응급실로 옮겼고 쓰러져 있는 김춘배를 업고 응급실로 달려갔지."

이때 갑판사관 최 소위가 "김 군의관님 그때 부상자 응급치료상황은 어떠했습니까?" 물었다.

군의관 김인현 중위가 자리에서 일어나면서 "38년이 지난 지금도 그때 일이 생생하게 기억이 남아 있습니다. 25일 일요일 그날 아침 병원에서 당직근무 중이었는데 병원장 김기전 중령 전화가 왔어요. 백두산함이 출동하는데 그 배를 타고 나갈 준비를 하라고 하시더군요. 수술기구, 응급조치 할 기자재와 약품을 챙기라고 하시면서 병원으로 곧 오시겠다 하셨어요. 병원장님이 오시더니 준비한 수술기구, 응급조치 기자재 그리고 약품을 하나하나 꼼꼼히 살피시고 부족한 품목을 보충하셨어요. 원장님은 저보고 '그 배에는 위생하사관 한 명뿐이니 두 사람을 더 데리고 가라' 말씀하시고 김창길, 강윤성 위생 2등병조를 차출하셨습니다. 김기전 원장님은 일본에서 의과대학을 졸업하시고 권위 있는 외과의사였지요. 원장님은 저와 위생하사관 2명 그리고 기자재와 의약품을 차에 싣고 백두산함이 정박하고 있는 제1부두로 갔습니다. 배에 올라가 보니 장병들은 출동준비 하느라고 분주히 오가고 있더군요. 저기 윤영록 하사관 안내로 후갑판 아래에 있는 사병식당으로 갔는데 응급치료 할 방이 안 보여 윤 하사관에게 환자치료를 어디서 하느냐고 물었더니 식탁 두 개를 맞대놓고 여기서 치료한다고 하더군요. 천정을 올려다보니 비상전등 네 개가 매달려 있더군요. 윤영록 하사관이 내가 갖고 온 기자재와 수술기구를 재치 있게 정리해 놓는 것을 보고 한결 마음이 놓이더군요.

나는 해방 후 대구폭동 등 공산당이 판칠 때 경북의대를 졸업하고 공산당을 잡으려고 군에 입대했지요. 김일성 공산군과 싸우러 나간다고 해서 전투의지가 불타오르더군요. 출항해서 가덕도를 돌아갈 때까지 잔잔한 바다에 떠 있는 섬들을 보니 한 폭의 그림같이 아름답더군요. 해군에 입대한 게 참 잘했다고 생각했지요. 그런데 부산앞바다 오륙도를 지나 북으로 침로를 틀더니 배가 좌우, 상하로 흔들리자 뱃멀미가 나더군요. 자정을 넘어 전투가 한창일 때 해치(hatch, 뚜껑 모양의 작은 들창)를 올리고 살며시 머리를 내밀고 바깥을 보니 대포, 기관포, 기관총탄이 불을 뿜고 적탄이 우리 배 주위에 마구 떨어져 물기둥이 솟아오르더군요. 물기둥은 바람에 날려 소나기같이 우리 갑판에 쏟아지더군요. 야! 전쟁이 이런 것이로구나! 해치를 닫고 내려갔지요.

26일 밤 한시가 좀 지나자 치열했던 포성이 뜸해지더니 환자가 쓰러지듯 들어오는 거예요. 두 사람은 중상이었어요. 한 사람은 가슴을 맞아 폐부가 보일 정도고 또 한 사람은 복부창자가 손상이 심했었지요. 우선 지혈 수술을 하고 수혈을 해야겠는데 수혈할 방법이 없었어요. 지금 생각해도 너무 안타까웠어요. 나와 같이 타고 온 2명의 위생하사관도 나를 도와 응급조치를 했는데 뱃멀미가 심하더군요. 나도 뱃멀미가 나서 깡통을 목에 걸고 수술했지요. 그런데 저기 윤영록 하사관은 끄떡없이 재치 있게 나를 도와주었지요. 지금 생각해도 너무 고맙고 믿음직했어!"

김인현 군의관의 말이 끝나자 윤영록이 이어갔다. "그날 점심식사 후 오후 한시 경 김기전 병원장님이 김 군의관님과 위생하사관 둘을 태우고 부두에 오셨어요. 부두에 올라가 '제가 이 배 위생사 윤영록입니다.' 인사드리고 배로 안내했지요. 같이 온 위생사가 보따리 2개를 들고 왔기에 이게 뭐냐고 물었더니 한 개는 수술기구고 또 한 개는 응급조치 자재와 약품이라고 하더군요. 군의관님이 '응급실이 어디냐?'고 물으시기에 '응급실은 따로 없고 응급환자치료는 후갑판 아래 사병식당을 이용합니다.' 말씀드렸더니 거기 가보자고 하셔서 사병식당으로 안내했지요. 수술은 어디서 하느냐고 물으시며 천정에 매달려 있는 조명등 불을 켜보라고 하시더군요. 군의관님과 새로 탄 위생사를 모시고 주갑판, 함교, 조타실, 침실 등을 돌며 배 구조를 보여 드렸지요. 저녁식사 후 해질 무렵 함교 뒤 기관총이 장착된 중갑판에 올라가니 괴선박을 따라가며 발광신호를 계속치고 있더군요. 자정이 넘자 '총원전투배치' 구령이 떨어지더군. 아! 이제 정말 전쟁이 붙는구나 생각하니 가슴이 두근두근 하더군요. 전투배치 위치인 사병식당에 잠시 있다가 어떻게 싸우나 보려고 살짝 조타실로 달려갔지. 우리 배 주변에 총포탄이 떨어져 물기둥이 솟아오르더군. 우리가 쏜 포탄이 적함 함교를 때려 불이 솟아오르고 적함 마스트가 부러져 나가는 것을 보고 조타실 안은 '만세' 소리가 터져 나왔지. 여기 있다간 얻어맞겠다 싶어 슬그머니 후갑판 비어 있는 40mm 포대 안에 들어가 구경했지. 우리 배가 쏜살같이 적함으로 다가가며 맹렬히 쏘더라구. '꽝' 하는 주포 소리만 나면 적함에 불꽃이 튀는 거야. 쏘는 포탄마다 전부 적함에 꽂히는 거야. 신나더군. 순식간에 적함이 내 눈앞에 나타나더니 검붉은 연기에 휩싸여 바닷속으로 꺼꾸러져 들어가더라구. 야! 이겼구나! 생각하는 순간 '꽝' 소리가 나더니 우리 배가 흔들리는 거야. 사병식당으로 뛰어 들어갔지. 좀 있으니 부상자들을 업고 들어오더군. 수술 조명등 아래에 식탁을 붙여놓고 부상자를 눕혔지.

먼저 들어온 조타사 김창학의 옷을 벗기니 배 여러 곳에서 피가 흘러나오더라구. 중상이구나! 이어서 장전수 전병익이 업혀 들어와 식탁에 눕히고 윗도리를 벗기니 왼쪽 가슴에서 피가 뿜어져 나오는데 회백색 폐부가 보일 정도로 심한 부상을 입었더라구. 군의관님 지시에 따라 응급조치를 했지.

이어서 주포 전화수 김춘배가 업혀 들어오더라구. 군의관님이 김춘배 다리의 파편상을 보시더니 김창길 위생사에게 응급처치 지시를 하시고 사관실에 실려 간 김종식 소위에게는 강윤성 위생사를 보내 부상 상태를 알아보고 오라 하시더군.

이때 송석호 부장님이 오셔서 군의관님에게 부상자 상태가 어떠냐고 물어보시더라구요. 군의관님이 '전병익, 김창학 두사람은 중상입

윤영록 위생하사관
(1927-2016)

최효충 주포 탄약수

니다. 상태가 매우 위급합니다. 우선 지혈 응급조치를 하였습니다만 출혈이 계속되고 있습니다. 긴급히 수혈을 해야 하는데 혈액과 수혈장치가 없습니다.' 대답하시고 몹시 애타 하시면서 한숨을 내쉬시더군요. 부장님이 함장님께 보고 드리려고 급히 계단으로 올라가시는 것을 보고 달려가 부장님 바짓자락을 붙잡고 '부장님, 지금 곧 육상으로 옮겨서 치료해야 합니다. 곧 옮기지 않으면 죽습니다.' 매달려 울며 절규했어요. 이때 턱을 부장님 발꿈치에 되게 차였으나 아픔을 잊고 눈물만 흘렸습니다. 지금도 그때 광경이 눈에 선합니다."

윤영록 하사관의 말을 듣고 있던, 경남 합천에 사는 취사병 최효충이 "그때 저는 식당 근무하면서 봤어요. 부장님이 나가신 후 부상자들이 '물, 물, 물' 하더라구요. 조경규 주계장님이 식기에 물을 갖고 왔는데 마시지 못해 내가 솜에다 물을 묻혀 입에다 떨궜어요. 이때 갑판사관님이 들어오셔서 전병익, 김창학 옆으로 다가가시니까 '적함은요?' 하고 묻더라구요. 갑판사관이 '적함 격침했다. 살아야 돼! 정신 차려!' 큰소리로 외치니까 갑자기 얼굴빛이 환해지더군요. 갑판사관이 김춘배의 부상한 다리를 보며 군의관에게 상태가 어떠냐고 물으시니까 김 군의관님이 파편 4개를 제거했는데 진해병원에 가서 X-Ray 검사를 해봐야 한다고 하시더군요. 갑판사관님이 다시 전병익과 김창학에게 가서 '정신 차려! 살아야 돼!' 하니까 가쁘게 숨을 내쉬며 가느다란 목소리로 '대한민국…' 하면서 고개를 떨구더라구요. 가슴이 미어지고 온몸이 떨리면서 엉엉 울어 버렸지요. 조경규 할아버지(주계장의 애칭)! 그때 군의관님 목에 깡통 단 생각나세요?"

조경규 주계장은 "군의관님이 뱃멀미가 심하고 '오버이트(구토)하기에 최효충에게 깡통을 갖고 오라'고 했죠. 그때만 해도 하와이 떠날 때 신고 온 '무화과 깡통'이 남아 있어서 구멍을 뚫고 줄을 끼워 군의관님 목에 달았어요."

그 후 2006년 전승기념 행사시 모였을 때 최효충은 "갑판사관님 며칠 전에 저에게 평생 감격스런 일이 있었습니다. 이달 초 등기 우편물을 받았는데요. 남해일 해군참모총장님께서 대한해협해전에서 구국의 전공을 세웠다고 격려 편지와 함께 금일봉을 보내 주셨습니다. 제 고향이 합천 봉산면 술곡리 산골 동네입니다. 그 돈으로 동네 어르신네 모시고 잔치를 베풀었지요. 순식간에 소문이 동네에 퍼져 우리 동네 영웅 났다고 야단났습니다. 저를 보는 동네사람들 눈빛이 달라지더군요. 그런데 남해일 총장님께 인사 한번 드리지 못해 지금도 죄송하기 이를 데 없고요. 평생 잊을 수가 없습니다."

조경규 주계장의 '깡통' 이야기를 듣고 있던 조병호 3조가 벌떡 일어서더니 '적함을 처음 발견한 건 나야 나.' 내가 그때 '우현 견시보고, 우현 45도 수평선에 검은 연기 보임' 크게 외쳤지."

조병호 말이 끝나기가 무섭게 김주호가 "야, 너 참 재수 좋았다. 난 그때 좌현 견시였어. 내 눈에 보이는 건 동해안 산줄기뿐이었어. 조병호가 외치는 '견시 보고!' 소리를 듣고 오른편으로 눈을 돌리니까 수평선위로 검은 연기가 길게 흐르는 게 보이더군."

| 김주호 좌현 견시

박순서가 "그때 난 함교 근무 중이었는데 당직사관 최 소위님이 쌍안경으로 동쪽수평선을 유심히 보시더니 전화로 함장님께 보고 하시더군. 함장님과 부장님이 함교로 올라오셔서 쌍안경으로 동쪽수평선을 보시고 세 분이 무엇인가 의논하시더니 함장님이 '알았다, 가보자' 하시더군. 최 소위가 '야~ 박순서, 512정에 우리 배는 저 수평선 연기 뿜는 배를 확인하고 다시 올 터이니 귀정은 예정된 침로로 계속 묵호항으로 항해를 계속하라고 발광 쳐!' 하시더라고. 배는 속력을 올리고 수평선 쪽으로 달렸지."

이어서 최도기가 "9시가 조금 지났을 때 검은 연기를 뿜으며 남행하는 배가 눈에 들어오더군. 배 전체를 새까맣게 칠하고 모양은 우리 해군 FS형인데 크기는 FS 두 배쯤 되는 배였어. 그런데 국기도 안 달고 선명도 없어. 꼭 유령선 같더라고. 최 소위님이 '신호사, 국제통신부에서 국적, 출항지, 목적지가 어딘지 부호 찾아내' 하시더군. 우린 그럴 줄 알고 미리 부호를 찾아놨거든. '찾아놨습니다' 하니까 부장님이 '벌써, 너희들 눈치 하나 빠르구나! 발광 쳐.' '기류신호도 올릴까요?' 했더니 '날이 어두워졌는데, 하지만 기류도 올려' 하시더군. 발광신호는 박순서가 치기 시작했는데 상대방 대답이 전혀 없었지.

발광신호 부호는 JF(귀선의 국기를 보이라), NHIJPO(재차 요구한다. 귀선 국기를 올리라), IJG(언제, 어느 항구에서 출항했는가?), LDO(목적지는 어디인가?) 네 가지를 보냈지. 박순서가 한 15분가량 치더니 '야! 최도기 교대하자. 팔이 아파 더 못 치겠다' 그래서 내가 치기 시작했는데 괴선박은 들은 체도 안 하고 속력을 더 내더라구. 나도 한참 치다 팔이 아파 김세현과 교대했지. 아마 셋이서 한 시간쯤 쳤을 거야. 박순서, 그렇지?"

| 신만균 기관장

박순서가 말을 이어갔다. "그때 우리 셋이서 한 시간쯤 쳤을 거야. 함장님이 부장, 기관장, 포술장, 갑판사관과 한참 무엇인지 의논하시더니 최 소위님이 '야! 신호사 '정지하라' '정지하지 않으면 사격한다' 두 가지 부호 빨리 찾아' 하셔서 우리는 국제신호부를 뒤져 'K' 그리고 'OL'입니다 보고했더니 '빨리 쳐' 하시더구만. 이때 함장님께서 포술장에게 3인치 주포와 기관총 사격 준비 하라고 명하시면서 괴선박을 향해 달렸지."

이 대목에서 신만균 기관장께서 "참 오랜만에 만나니 반갑구먼. 그때가 엊그제 같은데 벌써 38년이란 세월이 흘렀군. 20대 청년들이 모두 머리가 희끗희끗해졌군. 지금 여러 전우들의 이야기를 듣고 있으니 나도 그 당시 상황이 생생하게 떠오르는군. 해군본부에 괴선박이 수상한 동태를 계속 보고해도 그 배의 정체를 알아보라고만 하니까 몹시 답답했지. 사실 작전명령은 동해안에 상륙하고 있는 괴뢰군을 격멸하라는 것이었다구. 그래서 해군본부에서는 우리가 추적하고 있는 괴선박에 대해서는 별 관심이 없나보다 생각이 되어서, 이를 내버려 두고 묵호로 올라갈까 생각도 했지. 그러나 함장을 비롯한 장교 모두가 괴선박의 행태가 아주 수상하다고 느꼈어. 국기도 안 달고 선명도 없지, 수하 신호를 계속 보내도 묵묵부답이지. 함장께서 괴선박에 바짝 다가가서 살펴보자고 하시더군. 만일을 위해 3인치 주포와

황상영 탄약수(대한해협해전
전우회 회장)

기관총은 사격준비를 하고 접근했지. 300야
드쯤 가까이 가서 쌍안경으로 보니까 선수
에 큰 대포가 있고 브리지 뒤편 갑판 양현
에는 기관포가 달려 있더라구. 갑판에는 완
전무장한 군대가 빈틈없이 꽉 차 있었지.
얼굴을 살펴보니까 다 동양 사람들이야. 괴
뢰군이지. 전속력으로 괴선박에서 이탈하
고 함장께서 함교에 있던 장교들에게 저 배

정체가 뭐 같으냐고 묻더군. 모두들 저 배는 괴뢰군 함정이 틀림없고
갑판에 타고 있는 무장 군인은 오늘 새벽 동해안으로 쳐들어온 것같
이 부산 인근으로 침공하려는 괴뢰군으로 생각된다고 대답했지. 본
부에 우리가 본 상황을 보고하고 우리 배는 전투에 돌입하겠다고 했
지. 함장께서 전 장교를 사관실로 집합시키고, '자, 전투에 돌입한다.
죽기를 각오하고 싸우자. 전투를 하면 다시 만날 수 없을지도 모른
다. 냉수로 건배하자' 하셨지. 아! 저기 황상영 군, 그때 사관실 당번
병이었지."

황상영이 "네, 함장님이 전투명령을 내릴 때 장교님들의 긴장된 모
습이 눈에 선합니다. 함장님이 저보고 컵에 물을 따라 놓으라 하실 때
손이 떨려 물을 흘리면서 여덟 개 컵에 물을 따라 식탁에 올려놓았죠.
장교님들이 '싸우자!' 외치시면서 건배하실 때 가슴이 막히고 눈물을
떨구었습니다. 어린 나이에도 생사의 경계를 넘나드는 게 전쟁이로구
나. 싸우는 것이 군인의 책무로구나라는 생각이 가슴에 박혔습니다.
함장님은 아무 말씀도 없이 장교 한분 한분의 손을 꽉 잡으시더군요.
이때 장교님들의 의연한 모습이 지금도 잊혀지지 않습니다." 이어서

| 김종명 부산지역 재향군인회장(앞줄 우측에서 2번째)

윤자호, 오일수, 김동식, 유병화, 유재헌, 김수겸, 김성기, 고영성, 김남순, 이상숙, 김학순, 김수복 전우들의 이야기가 끝없이 이어졌다.

신만균 기관장님이 "그때 모두 죽을 각오로 참 잘 싸웠어. 여러분들이 나라를 구한 참 용사들이요. 오늘 다 모이지 못해 아쉽구면. 내년 6.25 때는 다른 전우들을 수소문해 많이 모였으면 좋겠구면. 김종호 참모총장께서 잊지 않고 기념비를 세웠으니 전사한 전우들도 기뻐할 거요. 모두 건강하시고 내년 또 만납시다."

아쉬움을 남기고 각자 침실로 향했다.

1988년 전승비 제막식 이후부터 매년 6월 25일 제3함대에서 참전 전우들이 참석하여 전승기념행사를 거행했다. 1989년 행사 때에는 부산지구 재향군인회 김종명 회장께서 백두산함이 싸운 수평선이 아스라이 보이는 영도 태종대 산 중턱에 있는 '목원장 가든'에서 만찬을 베풀어 주셨다. 만찬이 끝나자 김종명 회장께서 참전용사들에게 선물을 주셨다. 이때부터 20여 년이 지난 지금까지도 기념행사 때마다 부산재향군인회에서 참전용사들에게 선물을 보내 주시고 있다. 참으로 고맙기 그지없다.

그 후 부산시장께서 참전용사와 부산시 유지 그리고 3함대 지휘부 장교를 초청하여 만찬을 주최해 왔으나 김대중 정부가 들어선 후부터 부산시장 주최만찬이 중단되어 제3함대사령관이 주최하고 있다. 부산은 6.25전쟁 최후의 보루로 수많은 UN군과 군수물자를 받아들여 나라를 구해낸 자랑스러운 구국의 도시다. 그 부산항을 지켜낸 참전용사들에게 밥 한 끼 먹이는 게 아까워서인지 아니면 그 전투의 역사적 의의를 마땅찮게 생각해서인지 이유를 알 수 없다.

김종명 회장에 대하여 몇 자 적고자 한다. 김 회장은 중국 우리 교포 중 가장 높은 지위에 오른 조남기 대장의 초등학교 친구다. 조남기 대장은 2000년 남북 정상회담 사전조절을 위해 한국에 와 청와대에서 회담을 마치자 옛 친구 김종명 회장을 만나기 위해 부산으로 떠나고자 했다. 경호부서는 조남기 대장의 갑작스런 제안을 듣고 몹시 당황했다고 한다. 오랜만에 만난 두 사람은 동래의 조용한 온천장에서 밤이 새도록 쌓이고 쌓인 회포를 풀었다.

(2) 6.25전쟁 60주년 기념행사

정부는 2009년 초 거국적인 6.25전쟁 60주년 기념행사 방침을 세웠다. 국방부도 육·해·공군별로 행사지침을 시달했다.

해군은 정옥근 총장 지시로 TF조직을 발족했다. 주요행사는 대한해협전승해전과 인천상륙작전으로 정했다. 대한해협전승행사는

첫째, 전승비 건립구역의 정비

둘째, 전사자 흉상을 제작하여 기념비가 세워진 곳에 안치

셋째, 해군위상을 현시하기 위한 시가행진

넷째, 전투해상에서의 전승기념행사와 전투 재현

다섯째, 부산시장 주최 누리마루에서의 만찬 등이었다.

2010년 3월 김성찬 총장이 취임하여 계획된 행사준비를 깔끔하게 마무리하고 알차게 집행했다.

전승비 건립 구역 정비

3월 1일 노병은 이종석 대령(해사 38기) 안내로 전승비 건립 구역정비를 자문하기 위하여 부산으로 갔다. 서울에서 떠날 때 참전전우회 황상영 회장에게 부산에 거주하는 전우를 만날 수 있게 해달라고 연락했다. 중앙공원에 올라가니 황 회장, 장학룡, 최도기 전우가 미리와 있었다. 전승비가 세워져 있는 곳에 이르니 작전사 그리고 진해 시설대 장교 몇 명이 기다리고 있었다. 그분들과 전승비 건립구역 정비에 관하여 의견을 나누었다.

○ 진입로와 계단이 좁아 행사 때마다 애로가 많았음을 설명하고 이를 넓히는 일.

○ 기념행사 장소가 협소하여 매년 행사 때마다 참석한 내빈 들을 수용하지 못해 어려움을 겪어 왔었음을 설명하고 뒤쪽(남쪽)으로 공간을 넓히는 일.

기념비를 처음 건립할 때는 전투가 벌어졌던 바다를 훤히 내다볼 수 있었는데 지금은 수목이 우거져 바다를 볼 수 없게 됐다. 행사 장소를 뒤편으로 넓힐 때 그 끝 부분에 계단을 몇 단 쌓아 올리면 행사 때나 이곳을 찾아오는 시민들도 대한해협이 있었던 바다를 조망하며 해전의 의의를 가슴으로 되새기게 될 것이라고 의견을 제시했다.

그리고 전사자 흉상을 세울 장소에 대하여 노병의 생각을 전했다.

6월 24일 흉상제막식에 참석하여 보니 관계관들의 노력으로 계획대로 잘 정비되었는데 내빈 좌석을 마련하기 위해 뒤편을 넓혔지만 바다를 조망할 수 있는 계단은 보이지 않았다. 아마도 예산문제가 아닌가 생각되었다. 이후에라도 만들어지길 기대한다.

전사자 흉상 제작

전사자 흉상 제작은 참전 전우들의 오랜 염원이었다. 매년 6.25기념행사에 군악대의 구슬픈 조곡이 흐르는 가운데 전사자에 대한 묵념을 올리고 헌화했다. 전우들은 그때마다 그 바다에서 목숨을 던져 싸운 전우의 모습을 눈으로 보고 싶었다. 노병은 정옥근 총장에게 동상 제작 의의를 간곡히 말씀드렸다.

김성찬 총장은 3월 19일 취임하자 일주일 후인 3월 26일 이종석 대령에게 노병을 찾게 했다. 노병은 이 대령의 안내로 전병익 전우의 유가족과 같이 남양주에 있는 '유미안' 흉상 제작소를 찾았다. 이재용 사장과 고재춘 작가가 우리 일행을 맞이했다. 전병익 전우의 점토 원형이 만들어져 있었다. 점토원형을 본 누이동생 전광월이 "선생님, 저희 오빠 모습과 같습니까?" 이어서 막내 동생 전월선이 "우리 오빠 멋있게 잘생겼네요". 두 누이동생은 어릴 때라 오빠 모습이 기억에 남지 않았다. 노병이 그들을 만났을 때 준 사진으로 오빠 모습을 처음 봤다.

노병은 점토원형을 찬찬히 뜯어보았다. 원형모습은 60년 전 전병익 전우와 흡사했다. 그러나 군모, 깃 줄 그리고 계급장과 계급장을 단 위치가 그때 것과 달랐다. 이 사장과 고 작가에게 수정할 곳을 자세하게 설명했다. 4월 8일 이종석 대령과 같이 김창학 전우의 점토 원형을 보려고 남양주 유미안 제작소로 다시 찾아갔다. 우선 전날 전병익 점토 흉상을 살펴보니 노병이 부탁한 대로 잘 고쳐져 있었다.

김창학 전우의 점토 흉상을 보니 노병이 기억하는 모습과 차이가 많았다. 고재춘 작가에게 사진과 대조해 보이며 차이나는 곳을 하나하나 지적하고 다시 만들어 달라고 부탁했다. 그 후 고재춘 작가가 e-mail로 수정한 점토원형의 전, 후, 좌, 우 모습을 보내왔다. 4월 28일 다시 남양주 제작소를 찾아가 마지막 점검을 했다.

5월 초, 해군사관학교 최윤희 교장으로부터 5월 18일 해군학술세미나를 개최할 예정인데 대주제는 '6.25전쟁과 해군의 역할'로 정했으며 이때 기조강연 요청을 받고 해군사관학교로 갔다. 다음날 19일 아침 진해공창에 들러 막 작업이 끝난 전사전우의 청동주물 흉상을 보았다. 창장이 주물제작 과정을 설명하며 정성을 들여 만들었다 했다.

위에 기술한 과정을 거쳐 전우들의 숙원인 흉상이 만들어져 6월 24일 황기철 작전사령관을 비롯한 해군장병, 부산시 유지와 참전 전우 및 유가족이 참석한 가운데 새로 정비한 행사장에서 뜻 깊은 전사전우 흉상 제막식을 거행했다. 행사 마지막에 군악대의 주악에 맞추어 '대한해협 해전가' 합창으로 제막식이 끝났다.

김창학 전우의 누이동생 김인숙과 전병익 전우의 누이동생 전광월, 전월선은 오빠 흉상을 끌어안고 볼을 비비며 대답 없는 오빠의 이름을

| 용사 전병익 흉상과 유가족 | 용사 김창학 흉상과 유가족

부르고 또 불렀다. 그들의 하염없이 흐르는 눈물로 오빠의 얼굴은 흠뻑 젖어 들었다. 전우들도 흉상 앞으로 다가가서 거수경례를 했다. 기념비 좌, 우에 세운 흉상 앞에 선 노병은 그때의 상념에 잠겼다. 가쁜 숨을 내쉬며 '적함은요?' 묻고 '대한민국…' 말을 맺지 못하고 숨져간 전우의 마지막 모습이 스쳐 가슴이 애잔해졌다. 그들의 흉상을 세우려고 애태운 지난 세월의 무거웠던 가슴의 짐을 내려놓은 가벼움을 느꼈다.

전사 전우들은 흉상으로 다시 우뚝 일어서 60년 전에 싸웠던 대한 해협 수평선을 바라본다. "나는 죽어서 다시 살아났노라. 나의 죽음으로 민족학살의 역적 김일성 침략을 물리쳤노라. 나의 동포들은 전쟁의 잿더미를 딛고 결연히 일어서 단군 이래 최대의 풍요를 일구어내 세계 선진국 문턱을 넘어섰구나. 나의 조국 나의 동포여! 나의 죽음을 잊지 않고 또 기억하고 나의 해군은 내가 몸 바쳐 싸운 그 바다가 보이는 이곳에 나를 다시 태어나게 했구나. 조국이여! 동포여! 나의 해군이여! 이제 하늘에서 자랑스러운 나의 조국 대한민국을 지켜보며

나 편히 쉬리라."

하늘에서 보내는 두 전우의 음성이 노병의 귓전을 울린다.

전승기념 시가행진, 누리마루 만찬

오전에 흉상 제막식을 끝내고 오후 시가행진 행사가 있었다. 연산동 로터리에서 출발하여 시청 앞을 지나 서면로터리에 이르는 대로에서 펼쳐졌다. 참가부대는 헌병 사이카 부대가 선두에서 행진을 인도하고 해군군악대, 해군 및 해병대 의장대, 참전용사 차량대, 해군특전대, 조선시대 군장부대, 학군단, 그리고 헌병 및 구급차량으로 구성했다. 도로 양편에는 부산시민과 학생들이 태극기를 흔들며 '대한민국 만세', '참전용사 만세'를 부르며 열렬히 환영하는 인파로 가득 메워졌다.

시민들은 참전용사들에게 뜨거운 박수를 보내며 꽃다발을 안겼다.

| 대한해협해전 60주년 시가행진 장면

김성찬 전 참모총장
(왼쪽)과 필자

시청 앞 사열대에 이르자 고향을 생각하는 주부들 모임의 박정숙 회장이 노병의 목에 화환을 걸어 주었다. 노병들은 시민들의 힘찬 박수와 따뜻한 환영에 눈시울을 붉혔다. 그날의 부산거리는 시민, 학생, 군 그리고 참전용사들의 나라사랑으로 불타올랐다.

그날 저녁, 허남식 부산시장 주최로 2005년 11월 아시아 태평양 연안 21개국 정상회의가 열렸던 해운대 누리마루 APEC하우스에서 만찬이 있었다. 허남식 시장께서 6.25전쟁 60주년을 기념하는 만찬사가 있었고 이어서 김성찬 해군참모총장의 건배사가 있었다. 식사가 끝날 무렵 허남식 시장의 권유로 노병은 대한해협 전투와 부산이 구국(救國)의 도시임을 강조하고 전우와 유족들을 소개했다.

(3) 대한해협해전 승전 기념식

해군은 6월 25일 독도함에 부산시민과 학생 약 2,000여 명을 태우고 60년 전의 전투해역으로 항진하며 기념행사를 거행했다. 기념식

| 해상 헌화

은 이종석 대령 사회로 국민의례에 이어 김성찬 참모총장의 기념사 그리고 허남식 부산시장의 승전축사, 노병의 회고사가 있었다. 노병은 2,000여 명의 부산시민과 장병들에게 그날 이 바다에서 벌어졌던 치열한 전투상황을 회고했다.(회고사 내용은 부록2에 있음)

기념식이 끝난 후 군악대의 구슬픈 진혼곡이 흐르는 가운데 전사자에 대한 해상헌화를 했다. 일렁이는 파도 위에 떨어진 국화꽃잎은 이 바다에 목숨을 바친 전우의 넋을 위로하고 그때의 바다로 흘러갔다.

끝으로 그날의 해전을 재현하는 행사가 있었다. 초계함이 가상 적함(대형어선)에 대하여 집중사격을 가하여 침몰시켰다. 모든 행사가 끝나고 참전전우들과 유가족들은 작전사령부 장병들의 환송을 받으며 고향으로 향했다. 이 행사를 위해 1년 넘게 수고한 모든 분들께 감사드린다.

이 외에도 국방부를 비롯해 각 군에서 다양한 행사가 있었다. 그중 특별히 기억나는 것이 있다. 노병은 6.25 60주년을 기념하는 것도 있지만, 전쟁 참전자들이 저 세상으로 돌아가기 전에 중요한 전투

T玉根參謀長님,

歷史記錄團을 創設하심은 매우 뜻깊은 일입니다.
建國 建軍과 6.25 戰爭史를 치른 1~3期生도 이제
몇분 남지 않았습니다. 海軍戰史에 남겨둘만한
戰鬪가 아직 많이 남아 있습니다. 여분들이
군소리나면 하나씩 사라져 버릴 것입니다.
'海軍 6.25 戰史'를 편찬함이 必要가 있을 것입니다.
이분들은 國防部 戰史編纂室에가서 6.25戰爭
初期海戰의 海戰에대한 証言을하여 戰史에
남겼습니다.

▎2009년 9월 10일 정옥근 참모총장에게 보낸 서한 내용 일부

기록을 하나라도 더 남기기 위해 2009년 9월 10일 정옥근 참모총장에게 『해군 6.25전사』편찬을 아래와 같은 서한으로 건의했다. 전쟁이 발발한 지 60년이 다 되도록 우리 해군에 의해 실시되었던 '전투 역사'를 수록한 책자가 없다는 것이 부끄러웠다.

마침 2010년 1월 1일부로 해군역사기록단 군사편찬과장으로 임명된 임성채 박사(해사 33기)가 주축이 되어 2010년 11월 11일 초판을 거쳐 2012년 6월 25일 『6.25전쟁과 한국해군작전』이라는 책자를 발간했다. 최윤희 참모총장은 해군·해병 참전용사들을 초청하여 서울 해군회관에서 발간보고회를 개최했다. 매우

뜻 깊고 역사적인 일이다.

　1997년 11월 28일, 대전 현충원에서 해병대 군악대의 구슬픈 장송곡과 의장대의 조총이 울리는 가운데 최용남 함장님의 영결식을 거행했다. 노병은 영결식에서 함장님을 떠나보내는 슬픔을 담아 조사를 올렸다.

　이 해전에서 적탄을 맞은 대원들을 살리려고 정성을 다해 치료한 군의관 김인현 중위는 2009년 5월 별세했다. 김 군의관은 미국 미네소타주 인디애나 의과대학에서 한국 최초의 마취 전문의 학위를 취득했으며, 장남 김두연은 육군장교로, 차남은 군의관으로, 3남은 해병대 장교로 복무하고 손자 4명은 모두 군복무를 했다. 2008년 군복무 명문가족으로 국무총리상을 받았다.

┃ 최윤희 해사교장(현 참모총장)이 백두산함 마스트를 정비하고 국기 게양식을 하는 장면(2010.2.1)

백두산함의 주포 사수로 적함을 격침시킨 홍양식 상사는 2003년 8월 1일(음) 별세했다. 홍양식은 2001년 6월 11일 KBS '내무반 신고합니다' 촬영을 위해 전우들과 같이 양만춘함을 타고 부산항을 출항하여 진해항에 입항할 때 환영 나온 군악대장이 "용사님들, 좋아하시는 노래 한 곡 연주하겠습니다. 말씀해 주십시오." 요청에 홍양식은 기다렸다는 듯이 "네 박자요, 네 박자"라고 외쳤다. 참전전우, 함내 장병 그리고 부두에 나온 환영 장병들의 '네 박자' 합창이 진해만에 울려 퍼졌다.

갑판사 정준환은 2006년, 내연사 김수복은 2008년 4월 10일 별세하였고 '우현 45도 수평선에 검은 연기 보임'이라고 보고한 우현 견시 조병호는 2009년 9월 25일 별세했다. 내연사 류재현은 2010년 1월 21일 별세했다. 전투가 끝날 무렵 고장 난 3인치 주포 격발장치를 재빨리 수리한 전기사 김생룡 병조장은 2011년 5월 21일 세상을 떠났다. 주계사 김동식 동지는 2013년 4월 타계했다. 지금 노환으로 투병 중인 전우는 조경규, 오일수, 류병화, 이상숙, 최효충 등 5명이다.

전우 모두 80세를 넘기고 90세를 바라보는 나이다. 세월이 흐르면 대한해협해전 전투 이야기를 전할 사람도 이 세상에 남아 있지 않을 것이다. 글재주도 없고 붓대도 무딘 이 노병이 돋보기를 쓰고 그 전투에서 전우 소식을 한자 한자 적고 있음도 이 때문이다. 먼 훗날, 군 후배 그리고 전우 자손들이 한국 역사를 읽으면서 6.25 전쟁사를 대할 것이다. 그들이 이 글을 접할 때 6.25 그날 그 바다에서 싸운 할아버지를 얼마나 자랑스럽게 회상할 것인가? 비록 전우들의 육신은 흙으로 되돌아갈지라도 대한민국에 대한 짙디짙은 사랑은 조국과 더불어 길이길이 살아서 숨 쉴 것이다.

| 전병익 전우의 흉상제막식

(4) 출신모교에 흉상건립

노병은 대한해협해전 60주년인 2010년, 두 전사전우 출신학교에
흉상건립을 구상했다.

기념행사에 전병익 전우의 모교 충북 음성군 소이초등학교, 김창학
전우의 모교 평택시 부용초등학교의 학생, 교직원 및 학부모 약 200명
을 초대했다. 해군은 이분들을 LST함에 모셨다. 6월 25일, 부산시민
약 2,000명과 함께 독도함을 타고 60년 전 해전이 전개됐던 그 바다로
나갔다. 치열한 해전이 재연됐다.

기념행사를 마치고 귀교한 학생들은 자랑스런 선배의 흉상건립 모
금운동을 시작했다. 학부모 그리고 동창생들이 나섰다. 지역기관과
유지들이 동참했다.

| 김창학 전우의 흉상제막식

2013년 10월 3일, 소이초등학교 유진국 총동창회장 주관으로 전병익 전우의 흉상제막식이 성대하게 거행됐다. 해군은 군악대와 의장대를 차출했다.

2014년 9월 28일, 부용초등학교에서 유인석 총동창회장 주관으로 김창학 전우의 흉상제막식이 거행됐다. 해군은 군악대와 의장대를 참가시켰다.

제2장

—

서해 봉쇄작전과 여수 철수작전

서해 출동

1950년 7월 1일 작전명령이 떨어졌다. 인천해역으로 출동하여 인천기지 철수작전을 지원하고 적의 해상침투를 봉쇄하라는 것이다. 전사자와 전상자로 인한 결원을 보충하는 한편 연료, 식량, 식수 등을 적재하였으나 가장 긴요한 3인치 포탄은 재고가 없어 보충할 수 없었다. 출동은 곧 전쟁이요, 전쟁은 곧 포격인데 포탄 없이 어떻게 싸워야 하나?

최용남 함장은 대한해협해전이 끝난 즉시 본부에 포탄공급을 긴급히 요청했다. 백두산함이 대한해협전투에서 죽을 각오로 공격적 접근 전투를 택한 것은 100발밖에 없는 포탄 수량 때문이었다. 본부는 이 사정을 잘 알고 있어 미 해군당국에 3인치 포탄을 요청했다. 출동직전인 7월 3일 자정을 넘어 포탄이 공급됐다. 백두산함 전 장병은 백만 지원군이 온 것 같은 기쁨으로 포탄을 적재하고 새벽 동틀 무렵 인천으로 출항했다.

7월 4일 11시경 인천 팔미도 해역에 이르러 유해거 인천경비부사령관을 만났다. 그는 인천시가 7월 4일 적에 점령됐으며 그전에 모든 장병과 물자를 철수시켰노라 하며 LST-801함을 타고 어청도로 갈 예정이라 했다. 이 말을 들은 최용남 함장은 사령관이 너무 멀리 후방으로 가는 것 아니냐고 반대의사를 내비쳤다.

701함은 7월 5일 낮에 적의 반응을 떠보려고 월미도에 주포 수발을 쏘았으나 아무런 반응도 없었다. 해군본부는 제1정대사령관에게 백두산함을 기함으로 하여 제1정대에 배치된 함정 9척을 지휘하여 서해안 봉쇄작전을 시행하라고 명령했다. 701함은 팔미도, 영홍도, 자월도, 덕적도를 잇는 해역을 경비하며 약 60여 척의 선박을 검색했다.

인민군 제6사단

여기서 전쟁초기 백두산함의 서해 및 남해 작전에 관련이 많았던 적 인민군 제6사단에 대하여 짚어 보고자 한다. 적 제6사단은 원래 중국 공산당 8로군 제166사단으로 장개석 국부군과의 전투에서 뛰어난 전투력을 발휘한 조선족으로 구성된 정예부대다.

중공군 제166사단은 1949년 7월 25일부터 10월 사이에 완전무장을 하고 신의주로 들어왔다. 그 후 인민군 800여 명을 보충받아 인민군 제6사단으로 변신했다. 사단장은 8로군 출신 방호산(方虎山)으로 주둔지는 신의주에 사령부를 두고 제13연대는 재령, 제14연대는 사리원, 제15연대는 신의주, 포병연대는 양시에 두었다.

1949년 후반기에 사단을 38선에 가까운 사리원으로 이동했다. 이때 제13연대는 사리원, 제14연대는 해주, 제15연대는 재령으로 재배치했다.

1950년 3월, 김일성은 제6사단을 방문하고, "동무들, 인민군대는 자랑스러운 해방군대가 될 것이오. 이제 우리들은 항일무장투쟁으로 연마된 전술전기로 조국을 통일하는 길로 이끌어 가야만 할 것이오"라고 말했다.[18]

| 인민군 군관시절의 최태환

즉 6.25 남침전쟁 도발을 시사했다. 1950년 6월 9일, 제6사단에 출동명령이 하달됐다. 개성 북방 남천으로 이동하여 제13연대는 개성 바로 북방 송악산 주능선, 제14연대는 송악산 우측, 제15연대는 옹진반도로 전진배치 했다. 6월 23일, 정치국원(김일성, 박헌영, 허가이, 김책, 김두봉)의 한 사람인 김두봉이 사단사령부에 와서 대대장급 이상의 간부를 모아놓고 남침전쟁 개시에 대하여 다음과 같은 요지로 명령했다.

"최고인민회의 상임간부회의에서 민족통일 결의를 채택했다. 이제부터 조국통일 해방전쟁을 개시한다. 서울을 해방시키고 남조선 국회를 소집해 대통령을 선출하고 거기서 인민공화국과 대한민국이 통일됐음을 세계만방에 알린다. 그리하여 8월 15일 서울에서 통일된 조선인민공화국이 수립된 것을 선포한다. 군관동무들 해방전쟁에서 맡은 임무에 충실하라."

18_ 최태환·박혜강 공저, 『젊은 혁명가의 초상』, 도서출판 공동체, 1989, p.99.

다음날 6월 24일, "6월 25일 새벽 남침공격을 감행하라"는 명령이 떨어졌다. 제6사단은 제206 기계화연대를 배속받고 25일 새벽 4시 침략전쟁에 돌입했다. 송악산을 탈취하고 개성을 점령했다. 26일 한강을 도하하여 28일 행주산성 맞은편에 있는 개화산에 이르렀다.

7월 3일 영등포를 점령하고 그날 밤은 맥주공장에서 맥주를 마시면서 일박하고 다음날 4일 소사를 경유하여 인천을 점령했다. 방향을 틀어 안양을 거쳐 수원에 이르러 농과대학에서 일박하고 10일에는 평택에 도착했다. 적 제6사단은 탱크를 선두에 앞세워 행진하고 대포는 자동차와 말이 끌었다. 11일은 온양, 13일에는 예산을 지나 홍성에서 일박하고 사단은 2개 제대로 나누어 제13연대는 광천, 보령, 서천, 장항, 군산으로 진격했다.

또 다른 부대는 금강을 도하하여 17일 강경을 지나 이리 전주로 남진했다. 7월 11일, 701함은 적 제6사단의 남진을 저지 지연시키기 위하여 대천천(大川川)에 가설된 철교와 교량 포격명령을 받았다.

제13연대는 7월 17일 서천을 떠나 장항에 이르러 일박하고 다음날 아침 군산으로 향했다. 19일 군산을 점령하고 시내에서 5km 가량 떨어진 미면국민학교에서 전부대가 합류했다. 20일 전주를 점령하고 여기서 2개 제대로 나누어 한 부대는 정읍, 광주, 목포로 진격하고 또 한 부대는 임실, 남원, 구례, 순천 방향으로 진격했다. 23일 영광 삼학리에서 한국 경찰부대의 저항을 물리치고 나주를 거쳐 광주를 점령했다. 국방부 유해발굴단은 2014년 10월 삼학리전투에서 전사한 손봉석 경사 유해를 발굴했다. 손경사는 64년 만에 누이동생 손봉단 품으로 돌아왔다. 그 후 계속 남진하여 24일 목포를 점령했다. 또 한 부대는 임실, 남원, 구례를 거쳐 25일 하동을 점령했다.

목포를 점령한 부대는 동쪽으로 방향을 돌려 보성을 거쳐 순천으로 향했다. 적은 북쪽 구례와 서쪽 보성 양방향에서 순천을 공격하여 26일 순천을 점령하고 이어서 남진하여 27일 아침 여수를 점령했다. 적 제6사단은 하동에서 재결집한 후 동쪽으로 진격하여 7월 31일 진주를 점령했다. 6.25 발발 당시 육군참모총장이었던 채병덕 소장(7월 24일 영남편성관구사령관 보직)은 7월 27일, 진주방어전투에서 전사했다. 적 제6사단의 공격목표는 부산이다. 적은 마산에 대한 전면공격을 감행했다.

적 제6사단은 김일성이 간직한 비장의 기동병기였다. 김일성은 이 '비장의 기동병기'를 이용해 순식간에 서해안 일대와 호남을 장악하고 남해안을 동진하여 진주와 마산을 거쳐 부산을 공략하려고 했다. 김일성은 제6사단에 '근위사단'이란 호칭을 수여했다. 미군과 국군은 적 제6사단의 존재를 파악하지 못하고 있다가 이 부대가 하동을 점령하고 진주를 공격할 때에 이르러 비로소 이러한 부대가 있음을 알게 되어 미 제24사단과 미해병대 제5연대를 마산방어에 투입했다.

적은 마산-진해-김해를 경유하여 부산을 점령하려고 제7사단을 투입하여 2개 사단으로 증강했다. 이무렵 김일성은 "부산은 함락 직전이다. 제6사단은 부산 진출을 위하여 마산에 교두보를 확보하라" 명령했다. 적 7사단의 증강된 대대가 통영을 점령했으나 우리 해군과 해병대의 단독 통영상륙작전으로 통영을 탈환하여 적의 예봉을 꺾었다.

서남해안 경비작전과 여수철수작전

701함은 7월 4일 인천해역으로 출동하여 인천기지 철수를 지원하고 인천에서 군산해역에 이르는 연안 봉쇄작전에 임했다. 7월 11일 해군본부로부터 적군의 남진을 저지 지연시키기 위해 대천 철교 및 교량을 포격하라는 명령을 받고 인천 동수로를 통과하여 외연열도 남쪽을 돌아 다음날 12일 아침 대천 앞 해역에 이르렀다. 이 무렵 적 제6사단은 13일 예산을 지나 대천교를 건너 서천, 장항을 경유하여 군산을 공략하고자 남하 중이었다.

701함은 대천 앞 약 3마일 떨어진 해상에 이르러 쌍안경으로 관찰했으나 철교와 교량을 관찰할 수 없었다. 탄착지점을 관찰 통제할 수단 없이 어림잡아 포격할 경우 정확하게 교량을 적중시키기 어려울뿐더러 민간인에 대한 피해가 우려되어 이런 정황을 본부에 보고했다. 본부로부터 새로운 작전지침이 하달됐다. 즉, 대천에 있는 육군 공병대와 협조하여 교량을 파괴하고 포격하라는 지시였다. 함장 지시를 받은 갑판사관 최 소위는 하사관 2명을 대동하여 인근에 있는 어선을 불러 타고 대천에 상륙했다. 대천천 인근에 있는 대천중학교에서 육군공병대를 만나 다이너마이트로 철교와 대천교를 폭파했다. 701함은 최 소위가 귀함한 후 정확한 철교와 교량위치를 파악하고 함포 수십 발을 쏘아 대천천 교량을 완전히 파괴했다. 701함은 12일 대천천 교량파괴 임무를 끝내고 대천-고군산군도-변산반도 앞 위도를 잇는 해상에서 경비에 임했다.

7월 17일, 해군본부로부터 여수로 직행하여 YMS-504 및 512정을 지휘하여 여수해안경비에 임하라는 명령을 받고 18일 아침 여수항에 도착했다. 항만부두에는 새로 건립한 수십 동의 창고가 있었고 거기에 식량을 비롯한 수많은 물자가 쌓여 있었다. 함장은 장병들을 동원해 창고에 쌓여 있는 물자의 종류와 수량을 조사하고 본부에 이 물자를 후송할 수송선 차출을 요청했다.

함장은 여수에서 편성한 육군 제15연대 제3대대장으로부터 순천, 남원, 구례, 벌교, 보성지역의 전투상황을 청취하여 해군본부에 보고했다. 18일부터 육군 부상병이 여수로 밀려오기 시작하고 호남지역의 은행에 보관 중이던 화폐를 적재한 차량이 여수부두에 도착했다. 22일 오전 대전지역 전투에서 후퇴한 미 제24사단 400여 명 병사들이 햇볕에 새까맣게 그을린 얼굴에 군복은 너덜너덜 찢겨 맨살이 들어나고 흙 묻은 손으로 감자, 오이를 씹어 먹으며 질서 없이 걸어서 부두로 들어왔다. 2차 대전에서 전승을 거둔 용맹한 미군 모습은 어디에서도 찾아볼 수 없었다. 20세 안팎의 앳된 초년병들이다. 왜 이 어린 미군이 누구를 위해 이역만리 한국 땅에 와서 목숨 걸고 싸워야 했던가? 그들에게도 사랑하는 어머니와 가족이 있지 않겠는가? 애처로운 마음에 가슴이 미어졌다. 우선 마실 물과 설탕물을 타주고 밥을 지어 식사를 제공했다. YMS-504정과 512정에 태워 부산으로 후송했다.

해군본부에서 차출한 LST와 FS가 들어오기 시작했다. 22일, FS영등포호는 M1소총과 박격포를 싣고 왔다. 제주도에 주둔 중인 해병대 김성은 부대가 22일 여수로 들어와 99식 소총을 M1소총으로 바꾸어 메고 전선으로 떠났다. YMS로 후송 후 도착한 미군과 한국은행권을 FS영등포호에 실어 부산으로 후송했다. 부두창고에는 물자가 산처럼 쌓여 있는데 수송선에 옮겨 실을 작업인원이 없었다. 처음에는 육군 병력으로 적재 작업을 시작했으나 곧 순천방면 전선으로 떠났다. 적 제6사단은 파죽지세로 호남일대를 석권하고 순천, 하동을 향해 접근하고 있었다. 이 무렵 전라남도 경찰관 약 500여 명이 여수로 후퇴했다. 701함장은 경찰관이 소지한 경기관총과 칼빈소총을 거두어들이고 물자 적재작업에 동원했다. 선적작업 총지휘는 갑판사관 최 소위가 담당하고 선적 독려반장은 갑판장 김종영 병조장이 맡았다. 반장 밑에 창고별 선적 독려를 위해 다음 3개조를 구성했다.

> 제1조, 김종수 1조, 박승만, 김호민, 최도기
> 제2조, 권진택 1조, 김조호, 유봉화, 조삼재
> 제3조, 정인화 1조, 장학룡, 안종경, 정준환

| 이응준 장군

선적작업은 밤낮없이 진행됐다. 701함은 작업을 하는 경찰관에게 주먹밥을 제공했다. 작업이 한창 진행되고 있는 25일 정오가 지나 서남지구 전투사령관 이응준 소장과 참모장 이형근 준장이 701함이 계류하고 있는 부두로 철수해 왔다. 최용남 함장이 맞이하여 사관실로 안내하려 하자 이응준 장군은 사양하면서 부두에 의자를 갖다 주면 고맙겠다고 했다. 부두에 의자를 갖다드리고 차 한 잔을 대접했다. 해가 저물 무렵 최 함장은 이 장군에게

"오늘밤은 배에서 주무실 수 있도록 준비했습니다. 날이 저물었으니 배에 들어가 쉬시지요" 권했다.

이 장군은 "함장님 고맙습니다만 지금 내 부하들이 목숨 걸고 적과 싸우고 있습니다. 제가 어찌 안전한 배 안에서 편하게 잘 수 있겠습니까? 저는 오늘밤 여기 있겠습니다." 정중히 사양했다. 이 장군은 의자에 앉아 일본도(日本刀)를 곧추세워 두 손으로 꼭 잡고 부두에서 밤을

새웠다.

"시졸여애자고 가여지구사(視卒如愛子故 可與之俱死), 즉 장수가 병사를 사랑하는 아들을 돌보듯 한다면 가히 생사를 같이 할 수 있다"라는 손자병법 진형편이 떠올랐다.

갖은 악조건 하에서 싸워야 하는 장군의 비통한 마음과 부하를 생각하는 지휘관의 애틋한 심정이 밤하늘의 달빛같이 애잔히 비추었다. 이형근 장군이 경찰관이 몇 명쯤 되느냐고 묻기에 약 500명쯤 된다고 대답했다. 이형근 장군은 적의 선두가 순천에 들어왔으므로 경찰관을 무장시켜 육군 전투부대를 지원하기 위해 순천으로 출동시켜야겠다며 해군이 거두어들인 무기를 되돌려 주었으면 좋겠다고 했다. 701함이 경찰관으로부터 거두어 보관하고 있는 무기는 경기관총 수 정과 칼빈소총 약 200정이었다.

이형근 장군은 칼빈 소총으로 무장한 경찰관 약 200명을 집합시키고 선임자가 누구냐고 물었다. 그중 한 사람이 번쩍 손을 들고 "이〇〇 경위입니다." 대답했다. 이장군은 "본 부대를 이〇〇 부대라고 명한다. 이〇〇 부대는 지금 곧 순천방향으로 출동하여 육군과 협동작전으로 적을 격멸하라" 명령했다.

경찰부대는 순천으로 떠났다.

남은 경찰관 약 300명은 적재작업을 밤새도록 계속했다. 해군본부에서 여수로 차출한 수송선은 LST 조치원, 안동, 문산호이며 FS는 충주, 여주, 제천, 원주, 천광, 영등포호 등 모두 9척이었다. 먼저 선적이 끝난 LST 조치원 및 안동호와 FS 여주호는 마산, 진해, 부산으로 떠나보내고 나머지 배는 27일 새벽까지 선적작업을 끝낸 후 오동도 남쪽 외항에 정박시켰다.

이 무렵 적 제6사단은 26일 순천을 점령하고 여수로 남진해왔다. 26일 밤늦게 여수 북쪽에서 포성이 들려왔다. 오동도 외항에 정박 중인 수송선은 진해, 마산, 부산을 향해 출발시켰다. 이날 26일 오전, 최용남 함장은 LST 문산호 선장을 만나

"선장님, 어려운 일을 맡아 주셔야겠습니다. 지금 적군이 순천에 들어와 우리 육군과 싸우고 있습니다. 우리 육군은 병력도 적고 무기도 부족해 힘겨운 전투를 하고 있습니다. 아마도 적과 싸우면서 이곳으로 후퇴해 올 것입니다. 선장님은 후퇴하는 우리 장병들을 수용해 후송하는 막중한 임무를 맡아 주셔야겠습니다. 지금처럼 램프를 부두에 대놓고 대기해 주십시오. 701함 지시가 있기 전에는 절대 배를 떼지 마십시오. 마지막 남은 한 명의 병사라도 살려야 하지 않겠습니까. 우리 701함은 화력으로 문산호를 엄호하겠습니다." 간곡히 부탁했다.

선장은 "함장님 지시하신 바를 잘 알겠습니다. 명심하고 지시하신 대로 하겠습니다. 우리도 대한민국 국민으로서 국가 위해 싸워야 할 책무가 있습니다. 염려 마십시오." 결의에 찬 묵직한 목소리로 대답했다.

함장은 "고맙습니다. 오늘밤 이응준 장군과 이형근 장군이 문산호에 타실 겁니다. 잘 모셔 주십시오" 부탁하였다.

선장은 "네, 잘 모시겠습니다." 최 함장과 문산호 선장은 악수하며 눈빛으로 서로의 신의를 다짐했다.

그날 밤 이응준 장군과 이형근 장군은 문산호에 승조하여 후퇴하는 부하들을 기다렸다. 27일 새벽 우리 육군과 경찰 혼성부대는 여수역 서북쪽 약 5,000m에 있는 석천사 능선에서 적을 저지했으나 적 제6사단 제1연대는 0600시경 시내로 진입했다. 후퇴하는 육군부대는 속속

문산호로 들어왔다.

0630시경, 부두 앞 약 300m 전방 언덕에서 격전이 벌어졌다. 박격포탄이 부두에 떨어지고 기관총탄은 불꽃을 날리며 하늘에 피어올랐다.

701함은 부두를 떠나 약 500m 남쪽 장군도 부근에서 후퇴부대와 문산호에 대한 엄호 사격을 했다. 아군 병사들은 포복으로 사격을 하며 문산호 램프로 들어왔다. 적탄에 맞아 피흘리는 전우를 끌고 들어오는 병사도 보였다. 적 소총과 기관총탄이 문산호에 집중됐다. 선체에 맞아 불꽃이 튀었다. 문산호는 적탄을 맞으면서도 최후의 병사 한 명까지 구출하려고 버티고 서 있었다. 마지막 병사가 뒷걸음으로 미끄러지며 문산호 램프를 밟았다.

701함장은 문산호에 출항명령을 내렸다. 문산호는 램프를 걷어 올리고 앵커체인을 감았다. 701함은 언덕 위에 포진해 있는 적군에게 기관총과 함포를 퍼부었다. 이때 적 야포탄이 바다에 떨어져 물기둥이 솟아올랐다. 함장과 갑판사관은 함교에 있었고 부장은 조타실에서 조함하고 있었다. 함장과 부장이 같은 장소에 있어 한꺼번에 전사할 경우 지휘에 공백이 생길까 염려되어 지휘 장소를 별도로 했다. 갑판사관 최 소위는 보이스튜브로 조타실에 있는 송석호 부장에게 "적탄이 좌현에 떨어집니다." "이번에는 우현에 떨어집니다." "전방 우현 45도에도 떨어집니다." 외쳤다. 부장은 "어디로 가란 말이야!" 고함쳤다. 그러면서도 유유히 돌산도 북단을 돌아 문산호를 호위하며 무슬포 해역에 이르렀다. 문산호에 투묘지시를 하고 701함이 계류했다.

이응준 장군이 701함으로 건너왔다. 사관실에서 최용남 함장이 "이 장군님, 고생 많으셨습니다. 어디 다치신 데는 없습니까?"

이응준 장군은 "고맙습니다. 우리 부대를 구하시려고 너무 수고 많으셨습니다. 이 은혜 두고두고 잊지 못하겠습니다." 이 장군은 주위에 있는 701함 장교 한 사람 한 사람에게 감사 인사를 하고 "저는 오랫동안 군생활을 해 왔습니다만 이런 전쟁은 처음입니다. 도대체 싸울 방도가 없었습니다. 변변한 부대가 있습니까, 훈련된 병력이 있습니까, 충분한 탄약이 있습니까, 병참지원은 생각조차 기대할 수조차 없군요." 긴 한숨을 푹 내쉬었다.

최 함장은 "이 장군님 제가 무엇을 도와드릴 수 있겠습니까. 말씀하시지요. 그리고 문산호를 어디로 보낼까요?" 물었다.

이 장군은 "육군참모총장과 국방부장관에게 전보를 쳐 주실 수 있습니까?"

함장이 "네~ 그동안 계속 전황을 보고하고 있습니다. 말씀하시지요. 최 소위, 이 장군님 말씀을 받아 적어 본부를 경유해서 국방부와 육군본부에 타전해요."

최 소위는 서류판에 전보 기안용지를 받쳐 들고 "이 장군님 무엇이라고 전보를 칠까요?" 이 장군은 눈을 잠시 감았다 뜨더니 다음과 같이 구술했다.

육군참모총장 각하,

절대적인 병력, 무기, 탄약부족으로 전투를 더 계속할 수 없어 여수에서 철수하여 정처 없는 해상의 몸이 되었습니다. 일루의 희망을 품고 마산으로 회항하려 합니다. 지시 앙망하나이다. 해군 백두산함의 전공이 지대하였음을 보고하나이다.

서남지구 전투사령관 육군소장 이응준

최 소위는 전보 발송지에 받아 적어 이 장군의 확인을 받고 본부에 타전했다. 이 자리에서 이응준 장군은 마산으로 보내줄 것을 요청하며 "최용남 함장님, 저의 감사 표징으로 제가 오랫동안 간직했던 권총을 드리겠으니 받아주십시오. 이 권총은 제가 1914년 일본육사를 졸업할 때 일본 천황으로부터 받은 것입니다" 하며 허리띠에 찬 권총을 풀어 최 함장에게 건넸다.

최 함장은 권총을 받아들고 "감사합니다. 소중히 간직하겠습니다. 문산호를 마산으로 보내겠습니다. 무운장구하시기를 기원합니다." 두 분은 전쟁터에서의 끈끈한 전우애를 나누고 반격의 승리를 다지며 헤어졌다.

이응준(李應俊) 장군은 일본 육군사관학교 제26기생 460명 중 32위, 외국인 생도 중 최우수 성적으로 졸업했다. 광복군사령관 이청천 장군, 국방부장관을 지낸 신태영 장군과 일본육사 동기생이다.

701함은 여수철수작전 임무를 끝내고 진해로 귀항했다. 여수에서 후송한 물자는 다음과 같다.

○ 여수에서 후송한 물자(1950.7.24.-7.27.)

- 해상 수송선박

· LST(3): 조치원호, 안동호, 문산호

· FS(6): 충주호, 여주호, 제천호, 원주호, 천광호, 평택호

특히 LST문산호는 여러 작전에 참가하여 해군함정 못지않은 임무를 수행했다. 문산호는 1950년 9월 13일, 인천상륙작전의 양동작전과 적 제2군단의 후방을 교란하기 위하여 학도병으로 조직된 육군 특임 제1유격대를 탑재하고 부산을 떠나 9월 15일

0500시 포항 북쪽 장사동 해안에 접안했다. 태풍 '키지어(Kezia)'로 인한 파고 3m를 넘는 심한 풍랑으로 앵카 체인이 끊어져 좌초되었다. 이 전투에서 선장과 선원 11명이 전사했다.

- 물자내역

구분	수량	구분	수량
백미	18,380가마	피복	2화차
벼	3,500가마	군복	4,000점
보리	280가마	연초	2화차
김	1,460상자	차량	47대
식용유	12드럼	휘발유	130드럼
광목	18,030필 + 8화차	병력	2,344명 + 15연대병력
설탕	67포	탄약	1화차+2톤
국고금	5억 원	타이어	60개

정호섭 해군참모총장을 필두로 해군은 문산호 전사선원을 기리기 위해 2016년 9월 12일, 부산 영도 태종대에 기념비를 세웠다. 기념비에는 전사선원 이름과 전투상황이 새겨져 있다. 그리고 기념비 후면에는 기념비 건립을 건의한 노병의 헌사를 새겼다.

황재중, 이찬석, 이수용, 권수헌, 부동숙
박시열, 윤은현, 안수용, 이영용, 한시택, 김일수

| 문산호 전사선원 기념비 제막식

문산호 영웅들이여

1950년 9월,
조국 대한민국 존망의 위기에서
피를 뿌려 나라 구한
문산호 영웅들이여!

태풍 '케지아' 노도를 뚫고
빗발치는 적의 초연타우 속에서
당신들의 장사해변 헌신
당신들의 장사작전 조국애가
대한민국을 지켜냈습니다.

긴긴 세월이 흘렀습니다.
1950년 7월 26일 아침, 포성 울리는 여수항.
황재중 선장의 결연한 목소리가 귓전을 울립니다.
"우리 문산호 선원들도 대한민국 국민으로서
나라위해 싸울 책무가 있습니다."

장사바다에 뿌린 그대들의 붉은피
우리 가슴을 적시고 적시어
조국과 함께 역사와 함께
찬란히 피어 날 것입니다.
조국수호의 꽃으로, 통일의 꽃으로.

2016. 9. 12.
여수전선의 전우 해군소위 최영섭

제3장

인천상륙작전과 서해 도서 수복작전

진동리 정찰작전

701함은 7월 27일 여수철수작전을 끝내고 진해로 귀항했다. 여수에서 후송한 백미와 식량이 해군사관학교 항공기 격납고에 가득 쌓여 있어 보기에 흡족했다. 장기간 출동으로 피로가 쌓인 장병들은 휴식할 사이도 없이 기기와 장비 정비에 여념이 없었다.

7월 30일, 진동리 해역으로 출동하여 적정을 정찰보고 하라는 작전명령을 받았다. 이때 전황은 대한민국 최후 보루인 낙동강 전선의 공방전이 처절하게 전개되고 있었다. 적 제6사단은 7월 31일 진주를 점령했다. 제105기갑사단 전차 25대와 제83기계화 연대를 배속받은 막강한 전력으로 일거에 부산을 점령해 전쟁을 끝낼 작정으로 마산에 대한 전면공격에 돌입했다. 진주를 점령한 적 제6사단은 문촌-봉암-진동리-마산을 주공격로로 잡았다. 진동리에서 마산으로 접근하는 길은 태봉, 동전리를 잇는 길과 남해안을 따라 마전리와 덕동을 잇는 두 갈래 길이 있다. 또한 구산면에서 약 25km의 바다를 건너 모도를 통해 곧바로 진해에 돌입할 수 있다.

701함은 7월 31일 진해를 떠나 부도-잠도-거제도 북단을 돌아 진동리 동남쪽 약 2마일 거리 해상에 닻을 내렸다. 최용남 함장 지시로 갑판사관 최영섭 소위 이하 갑판사 김종수 1조, 권진택 1조, 조타사 김세현 3조 그리고 통신사(성명미상) 4명으로 정찰대를 구성했다. 최 소위는 권총, 김종수, 권진택, 김세현은 칼빈소총 그리고 통신사는 통신기를 메고 기관단총으로 무장했다. 어선을 타고 진동리에서 약 3km 동쪽에 있는 다구리 해안에 배를 대고 올라갔다. 이날은 아무 징조도 발견하지 못하고 배로 돌아왔다. 8월 3일 아침 진동리 쪽에서 총격전 소리가 들려왔다.

정찰대는 서둘러 육지로 올라갔다. 보따리를 짊어진 노인 한분을 만났다. 그는 진동리에 사는데 오늘 아침 7시경 인민군이 진동리 국민학교로 쳐들어와서 전투가 벌어졌다면서 마산으로 피난 가는 길이라고 했다. 좀 더 자세한 정보를 들으려 했으나 식구들이 먼저 떠나 기다린다면서 달리듯이 떠나 버렸다.

이때 마산 쪽에서 요란한 소리를 내며 탱크가 오고 있었다. 쌍안경으로 보니 미군이었다. 선두 지프차에 탄 대위가 다가오면서 누구냐고 묻기에 한국해군인데 적정을 정찰 중이라 했다. 손을 내밀며 반갑게 악수하고 탱크에 다가갔다. 그립고 그리던 님을 만난 듯이 무쇳덩어리 탱크를 쓰다듬으며 '이 탱크가 없어 우리가 여기까지 밀려왔다.'는 생각에 눈물이 핑 돌았다. 오늘 아침 적이 기습한 진동국민학교는 해안도로와 마산으로 가는 도로가 교차하는 곳에 있으며 바로 뒤에는 255고지가 있다. 이 학교에 미 제27연대본부와 체크 정찰대대가 야영 중이며 운동장에는 155미리 A포대가 있었다. 적 제6사단 제14연대의 1개 대대가 이날 아침 255고지에서 기관총을 쏘며 기습했다. 교정은 순식간에 아비규환의 아수라장이 됐다. 웨스튼 중대가 255고지를 점령하고 난 얼마 후 적은 20-30대의 차량에 증원부대를 싣고 왔다. 적 부대가 하차하는 순간 미 제8야전포병 대대는 맹렬한 포격을 가했다. 이 전투에서 적은 400여 구의 시체를 남기고 산속으로 도망쳤다. 아군 피해는 전사 13명, 전상 40명이었다. 무패를 자랑하던 적 제6근위사단 최초의 패전이었다.

최 소위는 통신하사관으로부터 무전기를 받아들고 함장에게 진동리 전투상황과 미 탱크부대의 진동리 진격상황을 보고했다. 곧 귀함하라는 지시로 배로 돌아갔다. 701함은 본부지시로 진해로 귀항하니 서해로 출동하라는 명령이 기다리고 있었다. 8월 5일, 진해를 출항하여 7일 서해에 이르러 인천 서수로 남단과 격렬비열도를 잇는 태안반도 서해안 봉쇄작전에 임했다.

덕적도 및 영흥도 상륙작전

적은 인천항으로 접근하는 항로 인근 도서를 점령하고 덕적도, 영흥도, 자월도, 이작도에 소부대를 주둔시켰다. 8월 8일, 701함은 YMS-502, 505정을 지휘하여 인천 해상봉쇄를 강화하라는 지시를 받았다. 701함은 8월 9일 덕적도 앞 문갑도 해역에서 선박 검문 중 덕적도에서 피난 온 사람을 만났다.

그는 덕적도에 인민군 약 30여 명이 주둔하여 인민위원회를 만들고 청·장년을 강제로 끌어들여 공산주의 교육과 김일성 장군 노래를 가르치고 있으며 인민의용대를 조직하여 섬을 지키게 하고 있다고 말했다. 그에게 인민군이 주둔하고 있는 곳을 물으니 본부가 진리에 있다 했다. 701함은 다음날 10일 새벽 동틀 무렵 진리에 있는 적 주둔지에 함포사격을 퍼부었다. 사흘 후인 14일, 본부에서 다음과 같은 작전명령을 받았다. 그 내용은 다음과 같다.

"서해안 일대가 적의 점령 하에 놓여 있어 식수 등을 보급받기 위해서는 먼 거리 진해까지 귀항해야 하니 덕적도에서 급수할 수 있는지 급수량을 조사 보고하라."

이 전보를 받고 함장 이하 모든 장교들은 난감한 표정을 지으면서 한마디씩 했다. 송석호 부장은 "덕적도에 수돗물이 없을 터이니 여기저기 우물을 모두 뒤져야겠구면." 신만균 기관장은 "우물물 급수량을 어떻게 측정하란 말인지 참 알 수 없군." 최영섭 갑판사관은 "도대체 본부 장교들의 정신이 어떻게 된 것 아닙니까?" 부장이 "후방에 편안히 앉아서 탁상공론하다 문득 생각나는 대로 보낸 전보 아냐?"

이런저런 장교들의 오가는 대화를 듣고 있던 함장이 장교들에게 지시사항을 하달했다. "본부대로 무슨 생각이 있어 보낸 것 아니겠소. 하여간 명령이니 할 수 있는 대로 해봅시다. 다행히 적정은 대충 파악했으니 진리에 있는 적 지휘부를 공격하고 소탕해야 하지 않겠소. 그러기 위해 상륙부대를 편성해야겠소. 부장은 우리 배는 물론 다른 배에서도 약 50명쯤 모집해 보시오. 공격날짜는 17일쯤 잡읍시다. 갑판사관은 상륙부대를 태울 대형어선 3척을 준비하시오." 부장은 병사들을 집합시키고 작전목적을 설명한 후 기관부와 포술부 요원을 제외하고 상륙지원자는 손을 들라 했다. 모든 사병들이 손을 힘차게 들었다.

부장은 감격어린 목소리로 "우리 백두산함의 역전의 용사답다. 목숨을 내걸고 싸울 각오를 하니 대견하다." 이 광경을 지켜보던 모든 장교들의 눈에 감동의 이슬이 맺혔다. 부장은 "상륙군 선발은 내가 할 것이다. 약 20명쯤 선발하겠으니 그리 알아라." 사병들은 이구동성으로 "제가 올라갑니다." 외치며 해산했다.

최석린 장포장은 경찰로부터 압수한 칼빈 소총 20정을 손질하고 탄약을 준비했다. 서순억 통신장은 휴대용 통신기를 점검했다.

701함은 선갑도, 백아도, 울도 해역을 항해하여 대형어선 찾기에 나섰다. 8월 16일 702함을 만났다. 702함으로부터 귀함에 계류하겠으니 묘박해 달라는 발광신호를 받고 닻을 내렸다. 702함이 계류하고 이희정 함장이 701함으로 건너왔다. 이희정 함장은 최용남 함장에게 본부명령으로 덕적도 탈환 작전을 하고자 하니 협력해 달라고 말했다. 최 함장은 그렇지 않아도 본부지시로 덕적도 상륙작전을 준비 중이라고 대답하고 8월 10일 덕적도 진리에 함포사격을 했으며 적군은 약 30명 정도이고 강제로 징집된 50명 가량의 의용방위대가 있다고 알렸다. 이 전투에 참가한 함정은 702함을 기함으로 701함을 비롯한 8척이었다.

두 함장은 상륙일자를 8월 18일 0600시로 정하고 부대편성과 작전계획을 짰다. 상륙부대는 각 함정에서 차출한 100여 명으로 1개 중대 3개 소대로 편성했다. 중대장은 702함 항해장 장근섭 중위(해사2기) 제1소대장은 오윤경 소위(해사3기), 제2소대장은 이계호 소위(해사3기), 제3소대장은 서영일 소위(해사3기)를 임명했다.

18일 0600시, PC-701함과 702함의 함포사격으로 상륙작전이 전개됐다. 701함은 진리해안에서 약 1,500m 떨어진 소야도와 먹도 사이

해상에서 함포를 쐈다. 상륙부대는 어선을 타고 진리해안에 상륙했다. 적의 가벼운 저항을 제압하고 진리 마을로 공격해 들어갔다. 적은 진리 북쪽 쑥개 방향으로 모두 도망쳐 달아났다. 상륙부대는 쑥개로 적을 추격했으나 적은 314고지 국수봉으로 숨어 들어갔다.

최용남 함장은 갑판사관 최 소위에게 진리에 들어가 우물 수량(水量)을 조사하라고 지시했다. 최 소위는 하사관 2명과 통신사를 대동하고 진리에 있는 우물을 찾아가 들여다보았으나 하루에 얼마나 물을 빼낼 수 있는지 도무지 계측할 수가 없었다. 배에 돌아가 함장에게 "하루 100드럼쯤 취수할 수 있겠습니다." 보고하니 최 함장은 싱긋이 웃으며 "수고했네" 하면서 어깨를 다독였다. 함장은 최 소위가 어림잡아 보고했음을 모를 리가 없었으나 그냥 모르는 체 넘어갔다. 전보 기안지에 "덕적도 우물에서 1일 취수량은 약 100드럼임"이라고 적어 함장 결재를 받으러 사관실로 갔다. 함장은 "100드럼이라" 말하면서 사인했다. 송 부장이 "최 소위! 우물 측정 도사로군" 하니까 옆에 있던 장교들이 "하루 100드럼" 하면서 한바탕 웃었다.

덕적도 수복작전이 끝나자 본부에서 이작도, 영흥도를 탈환하라는 명령이 떨어졌다. 701함은 18일 오후 영흥도 해역으로 떠나려고 닻을 올리는데 소야도 서쪽에서 덕적도로 들어오는 배가 보였다. 그 배는 안테나, 통신기 등을 실은 미해군 LCU였다. 701함을 향해 손을 흔들며 덕적도로 들어갔다. 우리는 그 LCU가 어떻게 여기 왔는지 무엇 때문에 덕적도로 들어가는지 알 수가 없었다. 그 후 영흥도 작전이 끝나서야 그 LCU가 미군 첩보대 선박임을 알았다.

영흥도는 물이 빠지면 대부도와 땅이 연결되는 큰 섬으로 적이 점령 후의 서울 인민위원장인 이승엽의 생가가 있는 곳이다. 적은 영흥도를 인민군 1개 소대 병력과 주민으로 조직한 의용방위대 수십 명으로 지키고 있었다. 영흥도 상륙부대는 덕적도 상륙작전에 참가한 조직과 인원을 그대로 편성했다.

8월 20일 0600시 PC함정의 함포지원 하에 영흥도 북쪽 진여와 뒷매를 잇는 심리포 해안으로 상륙작전을 감행했다. 해안 중앙에는 제1소대, 동쪽에 제2소대, 서쪽에 제3소대를 배치했다. 해안선에서 총격전이 벌어졌다. 아군의 함포사격과 상륙군의 맹렬한 공격으로 적은 국사봉으로 후퇴하며 저항했다. 제1소대장, 301정 갑판사관 오윤경 소위는 적의 산발적인 저항을 물리치며 국사봉 정상을 점령했다. 적은 외리와 내리 쪽 양 방향으로 도주했다. 오윤경 제1소대장은 적군을 추격하며 뒷말을 지나 개천을 따라 붉은노리에 이르렀다. 정오경, 중대본부 요원과 주먹밥으로 점심을 때우고 선재도쪽 진두로 이동하려던 차에 외곽경비를 하던 초병이 달려와 영흥쪽 뒷산에 적군이 잠복하고 있다고 보고했다.

오윤경 소대장은 척후병 2명을 약 50m 앞에 세우고 소대를 지휘하여 수색전을 폈다. 적이 잠복해 있다는 야산으로 접근 중 묘지 부근에 있던 척후병 박동진 2등병조(301갑판부)와 이삼재 3등병조가 "적이다!" 소리치는 순간 묘지를 둘러싼 곡장(曲墻)에 숨어 있던 적이 곡장 활개 뒤에서 사격을 가해왔다. 오윤경 소대장은 "엎드려!" 소리쳤다. 사격전이 벌어졌다. 박동진과 이삼재가 포복으로 산소를 향해 접근하며 사격했다. 이 순간 박동진 2조와 이삼재 3조가 적의 집중사격을 받고 쓰러지면서 "총 가져가" 외치며 총을 뒤쪽으로 내던졌다. 오윤경 소위가 달려갔으나 그들은 이미 숨을 거두었다.

교전하는 총소리를 듣고 장근섭 중대장이 인근에 있던 제2소대를 이끌고 달려왔다. 적은 아군에 의해 사살된 시체 1구를 버리고 계곡을 통해 도주했다. 제1소대는 전사자를 수습하고 이계호 제2소대장이 소대를 이끌고 적을 추격했다. 해군 상륙부대는 영흥도의 적을 완전히 소탕했다.

이 전투에서 적 사살 6명, 국사봉에서 생포한 인민군 중위를 포함한 적 33명을 생포하고 각종무기와 탄약을 노획했다. 아군은 전사 4명 전상 7명의 고귀한 희생자를 냈다. 오윤경 소위는 사로잡은 인민군 중위를 추궁하며 그가 국사봉에 은닉해 놓은 따발총을 찾아냈다. 이 과정에서 인민군 중위는 숨겨놓은 따발총으로 아군을 살해할 계략이었으나 제1소대원에 의한 기민한 제압으로 실패했다. 오윤경 소위는 영흥도에 있는 서울 인민위원장 이승엽 생가를 불태워 버렸다. 또한 진두 인근 개천에서 인민군이 생매장해 무참히 죽인 경찰관 시신을 파 올려 동네 주민들에게 정중히 장례를 치르게 했다.

22일 701함에서 차출해 싸운 병사들이 배로 돌아왔다. 용사들의 무용담을 듣고 최용남 함장과 최 소위는 영흥도에 올라가 서울인민위원장 이승엽 생가와 물이 빠지면 선재도와 맞닿는 영흥도 동쪽 끝 진두리를 돌아보았다. 간조 시에 대비해 방어진지 구축이 시급했다. 박동진 2조가 적탄을 맞고 "총 가져가!" 외치며 뒤로 던진 그 총은 일본군이 버리고 간 99식 소총이다. 그 낡은 99식 소총이 적군 손에 들어갈까 염려하며 숨을 거두면서도 뒤로 던졌다.

함정 승조원으로 편성된 상륙부대는 육전경험도 없었다. 변변한 소총도 없었다. 가진 탄약도 몇 발 안 됐다. 그러면서도 상륙전투에 자원했다. 맨주먹, 맨몸을 던져서라도 내 나라를 지켜야겠다는 불타는 '애국정신' 하나로 싸웠다.

인천상륙작전과 군산양동작전

701함은 해군본부 명령으로 8월 28일 영흥도 해역을 떠나 30일 진해항에 입항해 공창부두에서 수리 및 정비를 했다. 병사들은 육상근무 전우들과 덕적도, 영흥도 전투 무용담으로 꽃피웠다.

해군본부 지시로 9월 10일 부산에 입항했다. 제1부두에는 제주도에서 부대편성을 하고 온 우리 해병대로 가득했다. 11일 아침, 최용남 함장은 부산 제1부두에 있는 해군본부에 들러 작전지시를 받고 배에 돌아와 곧 출항했다.

함장이 갖고 온 작전명령은 봉투에 봉함되어 있었다. 함장은 해군본부로부터 '이 봉투에 들어 있는 작전명령은 거제도 남단을 통과한 후 개봉해야 한다'는 지시를 받았다고 했다.[19] 모든 장교들은 그 봉투 안에 어떤 작전명령이 들어 있는지 몹시 궁금했다. 함장은 거제도 남단을 돌자 봉투를 개봉했다. 모든 장교들의 시선은 그 봉투에서 꺼낸 종이에 쏠렸다. 작전명령은 "군산앞바다에 가서 영국함정의 지시를 받으라"는 내용이었다.

9월 12일 오전, 군산앞바다에 도착하니 영국함정 수 척이 묘박하고 있었다. 그중 한 척의 군함에서 자기 배에 계류하라는 발광신호가 왔다. 영국 구축함에 계류하고 최용남 함장과 최 소위가 영국배에 올라갔다.

영국배 함장은 다음과 같이 말했다.

---

19. 일본 해군에서는 '봉함명령(封緘命令)'이라 칭함.

"오늘밤 미국과 영국 정찰대가 군산으로 상륙한다. 상륙하기 직전에 군산서쪽 해안에 대해 함포사격을 한다. 701함은 이때 함포사격을 하라. 사격시각은 그때 발광신호로 알리겠다. 그때 여기 있는 모든 영국함정이 일제히 사격할 것이다."

영국함을 떠나 지정된 곳에 묘박했다. 1900시경 영국함으로부터 사격지시 발광신호가 왔다. 이와 동시에 모든 영국군함에서 일제히 함포사격이 시작됐다. 701함도 함포사격을 했다. 하늘에서는 항공기가 해안을 폭격했다. 약 1시간 후 함포사격이 끝났다. 13일에도 간헐적으로 군산에 대한 함포사격이 계속됐다. 미·영 혼성정찰대는 12일 밤 군산항에 상륙했다가 다음날 13일 새벽 철수했다. 14일 영국함으로부터 인천으로 항진하겠으니 뒤따라오라는 지시를 받고 닻을 올렸다. 이때 비로소 최용남 함장은 "인천상륙작전이 개시됐다. 군산항 포격은 양동작전이었다"고 털어놨다.

어청도 근해에 이르니 수많은 함정이 줄지어 북상하고 있었다. 701함은 영국함 지시로 영흥도 동북 해상에 묘박했다. 월미도와 인천의 적 방어진지에 대한 항공 및 함포사격으로 하늘이 검게 물들었다. 15일 0630시, 6.25전쟁의 전세를 반전시킨 역사적인 인천상륙작전이 전개됐다. 15척의 한국 해군함정이 이 작전에 참전했으며 주임무는 인천항에 이르는 동·서 수로를 확보하는 것이었다. 수로에 접근하는 민간선박(주로 어선)의 수로 진입을 차단하고 부유장애물을 제거했다. 701함은 UN군 해군함정간의 연락임무를 수행했다.

맥아더 원수의 영단으로 단행된 인천상륙작전은 포항, 영천, 대구 팔공산, 합천, 고성까지 밀려 국토의 90% 이상을 적에게 유린당한 국가존망의 전세를 극적으로 반전시켰다. 우리 국군장병은 이날의 반격을 위한 시간의 싸움에서 총·칼이 없어도, 탄알이 없어도, 수류탄 한발 들고 적진에 뛰어들었다. 피를 뿌려 적탄을 막고 몸뚱이로 방어벽을 쌓아 올렸다.

중앙청의 태극기

9월 22일, 서울시장과 인천시장이 환도준비 선발대로 부산을 떠나 김포로 향했다. 이날 이승만 대통령은 신성모 국방장관에게 "서울 중앙청만은 꼭 우리 국군이 먼저 탈환하여 태극기를 꽂도록 하라" 지시했다.

한국해병대 제1연대 제2대대장 김종기 소령(해사 1기)은 9월 10일 부산에 도착하여 미 해병대로부터 M1소총 등 새로운 장비를 받고 동래에 있는 육군 사격장에서 실탄 사격훈련을 했다. 9월 11일, 미해군 파카웨이함(APA-222)에서 상륙작전회의를 하고 다음날인 12일 미해군 함정을 타고 인천으로 향했다. 15일 1920시, 만조 때 적색해안(만석동)으로 상륙했다. 20일 0900시, 한강도하작전을 감행하여 행주산성나루에 상륙하고 23일 서울로 진격했다. 24일 1600시경, 용강동을 경유 마포나루에 도착, 미해병 제1연대에 배속되어 시가전에 돌입했다. 25일 대대본부를 청파동(전 내무장관 공관)으로 옮기고 적의 완강한 저항을 물리치며 진격해 들어갔다. 26일 아침 제5중대장(박성철)을 이끌고 6.25 발발 당시의 해군본부(광복 전에 일본인이 경영하던 미나카이(三中井)백화점 건물)를 경유하여 조선호텔을 점령하고 지하에 대대본부를 설치했다. 명동일대는 불길에 휩싸이고 야포와 박격포 소리가 시내를 진동했다. 김종기 대대장은 대형 태극기를 구해 그 위에라고 썼다.

다음날인 27일 0300시 제6중대(심포학) 제1소대장 박정모 소위에게 중앙청 진격명령을 내렸다. 박정모 소대는 적의 강력한 저항을 제압하고 중앙청으로 돌입했다. 박정모 소대장은 27일 0610시 양병수 2등병조와 최국방 견습수병을 대동하여 중앙청 상층 돔 돌기둥에 올라가 김종기 대대장으로부터 받은 태극기를 12개 돌기둥 중앙에 높이 올려 달았다. 서울이 대한민국 품으로 다시 돌아왔다.[20]

일본 작가 고지마 노보루는 중앙청 탈환전투에 대하여 다음과 같이 기술했다.

26일 아침 김종기 소령이 지휘하는 제2대대(제5중대장 박성철, 제6중대장 심포학, 제7중대장 정광호, 제8중대장 서정남)는 서울시 경찰서, 남대문시장, 해군본부(미나카이 빌딩)을 확보하고 제6중대 제1소대(소대장 박정모 소위)는 서울 시청을 공격했다. 적은 시청 정면에 방어벽을 치고 맹렬히 사격했다. 박 소대장은 옆으로 돌아들어가 화염방사기로 적을 불태워 죽이며 쳐들어갔다. 시청 홀에 걸려 있는 소련 스탈린과 김일성 초상화를 뜯어내려 짓밟아 부수고 불태워 버렸다. 시청 옥상에 걸려 있는 인공기를 끌어내려 찢어 버리고 태극기를 올렸다.

9월 26일 밤, 해병대 제2대대는 조선호텔에 본부를 설치하고 김종기 대대장은 중대장과 소대장을 소집하여 내일 공격작전을 하달했다.

---

[20]- 김종기, '나와 9.28 서울수복', 옥포지 제43호(2000년 7월호), 2000.

작전지시를 끝낸 후 '커피'를 마시고 있을 때 박성환(朴聖煥) 종군기자가 들어와 "중앙청은 미해병대 제5연대의 공격목표지만 우리 해병대가 태극기를 올려야 하지 않겠는가, 이승만 대통령도 꼭 그러기를 바라고 있고 상금도 3천만 원이나 된다고 한다" 면서 옆에 있는 박정모 소위를 주목했다.

박정모 소위는 훗날 "그때 박성환 기자의 말을 듣고 꼭 내가 중앙청에 태극기를 올려야겠다고 결심했다. 나 이외 그 어느 누구에게도 그 일을 맡겨서는 안 된다고 생각했다"고 그때 일을 회고했다.

박 소위는 김종기 대대장에게 "내일 중앙청 공격에 제가 앞장서 돌격하게 해주십시오"라고 결의에 찬 목소리로 건의했다. 대대장은 "알았다. 잘해!" 하며 격려했다. 김종기 대대장은 조선호텔 직원들과 중대장들에게 대형 태극기를 구하라고 지시했다. 그들이 구해온 태극기에 '대한민국만세, 해병대 제2대대'라고 썼다. 그리고 태극기를 달아맬 약 2m쯤 되는 깃대를 준비했다.

다음날 27일 0300시, 박정모 소대는 세종로로 진격했다. 적은 약 20m 간격으로 모래주머니로 방어진지를 구축해 놓고 있었다. 소총사격을 받으며 날쌔게 접근해 수류탄을 투척 돌격해 들어가 적병을 해치우고 적 진지를 돌파했다. 중앙청 안은 화염과 연기에 휩싸여 적의 동향을 알 수 없었다. 수류탄을 던지고 쳐들어갔다. 소대원 3분의 2를 주위 경비에 배치하고 양병수 2등병조와 최국방 수병을 이끌고 계단으로 올라갔다.

중앙돔으로 올라가는 쇠사다리를 발견했으나 포격으로 사다리가 절단되어 있었다. 박 소위는 인근에 있는 쇠줄을 사다리 꼭대기에 걸고 올라갔으나 쇠줄이 낡아 도중에 끊어져 아래로 떨어졌다. 소대원

허리띠를 풀어 연결해 돔 맨 꼭대기에 올라갔다. 창밖으로 나가려 했으나 폭이 너무 좁아 나갈 수가 없어 최 수병이 들고 온 깃대에 태극기를 붙들어 매고 창밖으로 내걸었다.

때는 0600시!

> **"대한민국 수도 서울이 대한민국으로 다시 돌아왔다!!"**

이 뉴스는 대한통신사 박상기(朴相基) 해군종군기자를 통해 전세계에 전파됐다.[21]

맥아더 장군의 인천상륙작전 구상과 결단

나라의 존망이 백척간두에 섰던 위기를 반전시킨 구국의 인천상륙작전은 누구에 의해 구상되고 집행되었던가?

맥아더 장군은 전쟁발발 사흘 만에 수도 서울이 적에게 함락된 다음날, 전용기 '바탄호'를 타고 6월 29일 11시경 수원비행장에 도착했다. 이승만 대통령, 무초 대사, 처치 준장 등의 영접을 받고 한국군과 미군 지휘부가 있는 수원농업시험장에서 전황브리핑이 끝나자 곧바로 전선시찰에 나섰다.

이때 이승만 대통령은 "장군, 장군 구두가 지금 한창 자라고 있는 모를 밟고 있소" 했더니, 맥아더 장군은 "각하, 몰랐습니다. 죄송합니다" 했다.

프란체스카 여사의 저서 「난중일기 이승만」에 쓰여 있는 내용이다.

21_ 고지마 노보루, 『조선전쟁 I』, 1986.7.25, pp.389-395.

맥아더 장군은 한강변 영등포의 동양맥주공장 언덕 위에 올라가 연기 자욱한 남산일대를 바라보며 공산주의 적화침략을 어떻게 극복할 것인가 생각했다. 불의의 침략을 당하고 일방적으로 우세한 적의 항공기, 전차 및 포병화력에 압도되어 후퇴하는 국군을 봤다. 시찰 후 언덕에서 내려온 맥아더 장군은 한강변에 개인호를 파고 진지를 지키고 있던 한 병사에게 다가가 물었다.

"병사, 자네는 언제까지 그 호 속에 있을 것인가?" 물었다.

"옛! 상관으로부터 철수하라고 명령이 있을 때까지 여기를 지킬 것입니다."

"명령이 없으면 어떻게 할 것인가?"

"옛! 죽을 때까지 여기를 지킬 것입니다."

"오! 장하다" 장군은 끄덕이면서 또 물었다.

"다른 병사들도 다 같은 생각인가?"

"옛! 그렇습니다."

"참 장하구나. 여기 와서 자네 같은 군인을 만날 줄은 몰랐네. 소원이 무엇인가?"

"옛! 우리는 맨주먹으로 싸우고 있습니다. 99식 소총뿐입니다. 탄약도 몇 발밖에 없습니다. 적의 탱크와 대포를 까부술 수 있게 무기와 탄약을 도와주십시오."

"음 그리고 또 없나?"

"옛, 그것뿐입니다."

"알았네. 여기까지 와서 자네 같은 병사를 만난 것이 보람이 있었군. 내가 동경으로 돌아가서 자네 소원을 풀어주겠네."

맥아더 장군과 병사와의 대담은 시흥지구 전투사령부 참모장 김

│ 영국군이 로렌스강을 거슬러 올라가 퀘벡남쪽 절벽으로 기습 상륙하는 그림.

종갑 대령이 통역했다. 맥아더 장군은 곧바로 총탄 248만 발을 탄약 수송선에 실어 부산으로 보내라고 지시했다. 맥아더 장군은 2200시 경 동경으로 돌아와 트루먼 대통령에게 "미 지상군의 지원 없이는 기 사회생이 불가능함을 현지시찰로 확인했습니다. 일본주둔 제8군 2개 사단을 급히 출동할 수 있도록 조속히 재가 바랍니다."

지급 전보를 보냈다. 곧 보병 1개 연대 규모를 급파하라는 대통령 지시가 나왔다.맥아더 장군은 동경의 숙소에 돌아오자마자 서재에서 책 한 권을 꺼내 읽었다. 191년 전, 캐나다의 퀘벡에서 영국과 프랑스 군이 싸울 때 영국군이 로렌스 강을 타고 올라가 프랑스군 배후로 상 륙하여 승리를 거둔 작전을 저술한 전쟁기록이다. 맥아더 장군의 회 상에 의하면 6월 29일 한강변 야산에서 불타는 서울을 바라볼 때 하 늘의 계시와 같은 영감으로 인천상륙작전 구상이 떠올라 집에 돌아 오자마자 퀘벡전사 기록을 다시 읽고 작전의 유효성을 확인했다고 한다.

즉, 미국 지상군이 전쟁에 참여했다는 것 자체로 적군사령관의 간담을 서늘케 하고 인천상륙작전으로 일시에 적을 격파한다는 구상이었다. 맥아더 장군은 퀘벡전기를 읽고 작전구상을 정리하여 '이 방법 이외에 한국을 구할 작전은 없다' 결심하고 잠자리에 들었다. 미국 육군 공간사에는 합동참모본부의장, 육군참모총장, 해군참모총장 등 군 수뇌부는 맥아더 장군의 인천상륙작전에 대하여 반대했다고 기록되어 있다.

8월 23일 1730시, 동경 UN군사령부에서 미군 수뇌부회의가 열렸다. 이 회의에서 상륙작전 지점으로 '인천보다는 군산을 택하자'는 의견이 우세했다. 참석자들의 발언이 모두 끝났다. 숨 막힐 듯한 침묵 속에 맥아더 장군의 연설이 시작됐다. 45분간의 연설 중 한 구절만을 따서 여기에 옮긴다.

"지금 여러분이 실행불가능하다고 거론한 내용은 기습의 효과가 크다는 것을 의미한다. 왜냐하면 적의 지휘관도 우리가 설마 이와 같은 무모한 작전을 감행하리라고는 생각지 않을 것이기 때문이다. 기습이야말로 전쟁에서 성공을 거두는 최대 요소다. 예를 들면, 1759년 몽캄 (Montcalm) 후작은 당시 성벽으로 둘러싸인 퀘벡 남쪽의 가파른 언덕으로는 어떠한 군대도 등반이 불가능한 것으로 생각하여 공격이 용이한 마을 북쪽에 강력한 방어진지를 구축했다. 그런데 제임스 울프(James Wolf) 장군은 소부대 5,000명을 이끌고 세인트 로렌스 강을 거슬러 남쪽으로 올라가 점령했다. 이리하여 울프(Wolf) 장군은 에이브러햄 평원을 무대로 한 기습작전으로 대승리를 거두어 퀘벡을 함락함으로써 사실상 영·불의 캐나다 전쟁에 종지부를 찍었다. 적은 몽캄(Montcalm) 후작처럼 인천상륙작전을 불가능하다고 생각할 것이다. 나는 울프처럼 기습으로 인천을 탈환해 보이겠다. (중간 생략) 인천상륙작전에 실패는 없다. 반드시 성공한다. 그리하여 10만여 명의 생명을 구출하게 될 것이다."

워커 장군의 명언 '지키느냐, 죽느냐'(Stand or Die!)의 낙동강전선 격전이 한창인 7월 27일, 맥아더장군이 예고도 없이 대구로 날아왔다. 이승만 대통령에게도 알리지 않은 비밀이었다. 맥아더 장군은 UN군 최고사령관 재임기간(1950.7.–1951.4.) 10개월 동안에 15번 전선시찰차 왔지만 이렇게 보안을 유지한 방문은 이때뿐이었다. 미 8군사령관 작전기밀실에서 전황브리핑을 듣고 나서 사령관실로 자리를 옮긴 뒤 "워커 장군과 정일권 참모총장에게 비밀스러운 이야기를 하기 위해 온 것이요" 하고 별명이 있을 때까지 아무도 방에 출입하지 말게 하라고 했다. 맥아더 장군은 다음과 같은 이야기를 했다.

'한국군은 빈약한 장비, 부족한 보급에도 불구하고 여기 낙동강까지 시간을 벌며 참으로 잘 싸웠다. 정 장군을 통해 한국군 모두에게 마음으로부터 경의와 감사를 드린다.

우리는 여기까지 공산군을 견제하면서 '시간'과 싸워 왔지만 이제부터는 '승리'를 위해 싸워야 한다.

내가 바라는 '승리'란 오직 '공산군 섬멸' 한마디뿐이다. 지난 6월 29일 한강시찰에서 이 결의를 굳히고 도쿄로 돌아가 알몬드 장군에게 계획을 지시했다. 바로 인천상륙작전이다. 전국(戰局)이 생각대로 되지 않아 작전결행을 늦추어 왔다.

이제 제2 사단과 해병여단 그리고 하와이의 제5연대 전투단 및 5개 전차대대가 8월 중순까지는 이곳으로 올 것이다.

인천상륙작전은 기필코 결행한다. 공산군을 깡그리 섬멸해 버릴 수 있는 유일한 작전이기 때문이다.

D-데이는 앞으로 1개월 후로 잡고자 한다. 전국의 고비도 이 1개월간에 결산될 것이다. 특히 한국군의 용전분투를 기대한다. 한국군은 장비와 보급을 충분히 받고 있지 못하지만 미국병사들에게는 바랄 수 없는 '반공 필승 투지'를 간직하고 있다. 나 역시 이 신념을 갖고 있다. (중간 생략) 마지막으로 다음과 같이 결론을 내렸다.'

"나는 여기 낙동강라인에 역사적인 이미지를 남기고자 합니다. 즉, 공산군을 막아낸 방어전라인이 아니라 민주주의의 결집력으로 공산침략을 섬멸해 나아가는 반공의 스타트라인으로서 역사에 장식하려는 것입니다. 왜냐하면, 스탈린은 지금 세계적화를 노리고 있습니다. 그 첫 시도가 이 6.25전쟁이며 북괴군은 그 스탈린의 용병인 것입니다."

그리고 정일권 장군에게

"이 대통령 각하에게 전해 주시오. 맥아더가 바빠 왔다가 뵙지 못하고 떠났다고, 그리고 맥아더는 대통령 각하의 변함없는 친구이고 반공트리오라고…." 이 말을 남기고 도쿄로 돌아갔다.[22]

인천상륙작전의 숨은 조역

인천상륙작전에서 가장 극적인 역할을 한 조역으로 두 사람을 꼽

22. 정일권, 『정일권 회고록』, 고려서적, 1996, pp.190-192.

을 수 있다. 즉 정보감 함명수 소령(제7대 해군참모총장, 국회의원)과 미 해군의 유진 클라크 대위다. 8월 13일, 맥아더 원수가 「크로마이트 100B」(인천상륙작전) 발동 준비를 하달한 다음날, 손원일 참모총장은 함명수 소령을 은밀히 불러 말했다.

"지금부터 내가 하는 이야기는 절대 비밀이다, 극비 중의 극비다."

"네."

"함 소령, 귀관의 목숨을 오늘 이 시간부터 내게 맡겨 줄 수 있겠는가?"

"필요하시다면 기꺼이 드리겠습니다."

이날은 손원일 총장이 덕적도를 인천상륙작전의 전초기지로 확보하기 위하여 701함에게 '덕적도의 수량조사'를 명령한 날이다. 손 총장은 701함이 덕적도에 주둔하고 있는 적을 소탕하고 섬을 점령할 것이라고 믿고 있었다.

"덕적도로 가야겠네."

"지금 당장입니까?"

"17일까지는 떠나야 해"

"네 알겠습니다."

"월미도, 인천항, 인천지역의 적군 방어상태 및 병력, 조석에 따른 부두, 안벽, 방파제의 높이와 길이 등을 조사하여 보고하기 바라네."

"네. 총장님의 뜻을 잘 알겠습니다. 신명을 다해 임무를 수행하겠습니다."

"첩보대 조직, 규모와 인원 선정은 귀관이 알아서 하게."

손원일 총장은 밀봉한 봉투를 건네주며

"9월 14일 천명 시에 개봉하게. 그전에는 절대로 열어보지 말게. 그리고 상황이 위태로울 때에는 반드시 소각해야 하네. 반드시!"

인천상륙 직전 피카웨이함 함교에서의 모습(좌로부터 손원일 총참모장, 피카웨이함 함장, 미 해병대 장교)

봉투에는 'D-Day'가 9월 15일이라는 것과 14일에는 섬을 떠나라는 지시가 들어 있었다. 함명수 소령은 부하인 김순기 중위, 장정택 소위 와 임병래 소위 세 사람을 불러

"너희들 생명은 내게 맡겨라" 하고 첩보대 조직에 착수했다.

8월 17일, 함명수 소령은 첩보대원 16명을 어선 '백구호'에 태우고 부산 자갈치 시장 부두를 떠나 덕적도로 향했다. 항해 중 우리 해군 이 18일 덕적도 그리고 20일에는 영흥도를 점령했다는 통보를 받고 목적지를 영흥도로 변경했다. 8월 24일 0130시, 백구호는 영흥도 북 쪽 해안에 닻을 내리고 함 소령은 16명의 첩보대를 이끌고 내리초등 학교에 지휘부를 설치했다. 함 소령은 섬의 치안확보를 위하여 섬주 민 약 50명을 소집하여 의용대를 조직하고 한봉규 병조장을 대장으 로 임명했다. 박중호 수병을 대장 보좌관으로 붙였다.

함 소령은 우선, 전쟁 전에 인천에서 공작원으로 활용했던 김모와 권모 두 사람에 대한 접촉을 시도했다. 공작원이라고 했지만 김, 권 두 사람은 인천에서 놀아난 '어깨'들이었다. 김 중위와 임 소위는 밤중에 조각배를 타고 송도해안으로 잠입해 권모 집으로 찾아가 두 부부를 데리고 영흥도로 돌아왔다. 권씨는 함 소령 앞에 무릎을 꿇고 "함 소령님, … 다시 만나 뵈올 날을 손꼽아 기다렸습니다." 눈물로 신고했다. 부인도 같이 흐느끼고 있었다. 함 소령은 권씨 부부를 철야 심문했다. 그들의 한국에 대한 충성심이 변치 않았음을 알고 다음날 권씨 부인을 인질로 잡아두고 김씨를 데려오도록 인천으로 보냈다. 그날 밤 권은 김씨를 데리고 영흥도로 돌아왔다. 김씨도 눈물을 흘리며 함 소령과의 재회를 반가워하고 어떤 일이라도 협력하겠노라고 맹세했다. 마침 김씨도 보안서원으로 일하고 있기 때문에 '통행증'을 입수할 수 있었다.

함 소령은 대원을 3개조로 나누어 김순기 중위는 인천에 상주시키고 박, 임 소위 2개 조는 수시로 인천을 왕복하며 정보수집에 나섰다. 함 소령이 지시한 정보대상은 적의 병력, 보급상황, 상륙지점의 지형과 안벽 높이, 적의 방어시설과 무기, 기뢰부설 상황 등이었다. 권, 김 두 어깨 두목은 자기들의 '꼬붕'(부하)도 동원하여 정보수집을 활기차게 진행했다. 인천상륙작전에서 가장 중요한 월미도에 대한 정보수집에 전력을 쏟았다. 해안포, 대공포의 종류와 수량 그리고 방어시설을 상세히 수집했다. 해안 암벽높이는 자신의 신장을 비교하여 계측했다.

미 해병제1사단장 스미스 소장은 함명수 첩보대의 정보를 기초로 인천항 암벽을 넘을 수 있는 사다리를 준비했다. 해병대는 일본 오사

카에 있는 '닛뽕 아루미 주식회사'에 17피트(4.3m)짜리 알루미늄 사다리 60대를 발주했다. 맥아더 사령부는 함명수 첩보대가 보낸 정보가 맥아더의 판단을 뒷받침할 수 있음에 고무되었다. 맥아더 사령부는 이를 확인하기 위하여 유진 클라크 대위를 파견했다.[23]

9월 1일 클라크 대위가 인솔하는 미해군 첩보부대가 영흥도에 왔다. 일본육전사연구보급회에 의해 저술된 『조선 전쟁』[24]과 John Toland가 저술한 『6.25전쟁』[25]에 의하면 클라크 대위는 미 해군 수병으로부터 승진한 사람으로 태평양전쟁 중 군용화물선의 항해장, 통신장, 포술장 등을 역임하여 선장경력을 가졌다. 괌(Guam) 전범재판소 수석통역관을 지내기도 했다. 16년간의 해군근무 중 8년 동안 동양에서 근무했으며 일본어, 중국어도 말할 수 있었다. 그는 세밀하고 냉철한 판단력의 소유자로 정보장교로서의 자질을 갖추고 있었다.

8월 26일, 클라크 대위는 맥아더 사령부 정보참모부의 피어스(Eddie Pierce) 해군대령으로부터 인천항 정찰임무를 받았다. 대구 제8군사령부로부터 영어를 잘하는 정력적인 한국인 통역 두 사람을 구했다. 이는 전 해군소령 연정과 전 육군대령 계인주다. 일본 사세보에서 그의 첩보활동을 지원할 영국해군사령부와 긴밀한 협조체제를 수립했다. 첩보작전에 필요한 C-레이션, 각종 총기, 통신기, 쌀, 건어물, 위스키 그리고 현금 100만 원 등을 준비하여 8월 31일, 영국 구축함 채리티

23- 정일권, 『정일권 회고록』, 고려서적 주식회사, 1986, pp.245-248; 고지마 노보루 저, 『조선전쟁 I 』, 문예춘추(일본), 1984, pp.265-266, p.297.
24- 일본육전사연구보급회, 『한국전쟁』, 일본육전사연구보급회, 제4권, 1986, p.97.
25- 김익희 역, John Toland 저, In Mortal Combat Korea 1950-1953, 도서출판 바움, 2010, p.270.

(Charity)함을 타고 서해로 떠났다.

9월 1일 덕적도 근해에서 영흥도에 상륙했다. 클라크 대위는 첫날, 통통선을 타고 인천 바로 근처에 있는 대무의도로 가서 어선 3척을 나포해 영흥도로 돌아왔다. 어부들로부터 가치 있는 정보를 얻어냈다.

그 후 14일 동안 첩보수집활동을 계속하며 함명수 소령과 상륙작전에 긴요한 정보제원 즉 조석 간만의 차이, 안벽높이, 월미도와 인천의 방어시설 등을 사령부에 보고했다. 특히 조석표는 미국 것보다 일본 것이 더 정확하다는 것이 확인됐다. 두 부대는 13일 영흥도를 철수했다.

클라크 대위팀이 수리한 팔미도 등대에서 인천상륙작전 승리를 예고하는 밝은 불빛을 비추었다.

대청도 및 소청도 탈환작전

인천상륙군이 부천, 영등포를 수복하고 한강에 이를 때인 9월 22일, 701함은 영국함대의 지시로 연평도와 옹진반도 서남단 순위도를 잇는 해안 봉쇄작전을 수행했다. 23일 소청도와 대청도 해역에 이르러 적정 탐색 중 소청도에서 어선 한 척이 다가왔다. 그 배에는 아비와 아들 두 사람이 타고 있었는데 군함에 태극기가 달려 있는 것을 보고 왔다면서 대한민국 군함이냐고 묻기에 그렇다고 대답했다. 이들은 식량이 떨어져 가족이 굶어죽게 됐는데 어디로 가면 식량을 구할 수 있느냐고 물었다. UN군이 인천에 상륙해 인천을 탈환하고 곧 서울을 수복한다고 알렸다. 그들은 인천에 있는 친척집에 가면 식량을 얻을 수 있다면서 기뻐했다. 그들에게 소청도와 대청도의 적정을 물으니 대청도에는 인민군 약 30명 정도가 들어와 인민위원회를 조직하고 청장년을 징집해 인민방위대를 만들었으며, 소청도에는 지난 7월 초 인민군 10명이 들어와 인민위원회를 조직하고 공산당 선전과 김일성노래를 가르쳤는데 인민군 상주부대는 없다고 했다. 대청도에 있는 인민군은 어디 있느냐고 물었더니 대청도 선착장 건너편 답동 해수욕장에 있는 국민학교에 본부가 있다고 했다.

701함장은 영국순양함 자메이카함 함장에게 대청도와 소청도의 적정을 알리고 대청도에 있는 인민군본부를 함포로 때려 부수는 한편 승조원으로 상륙부대를 구성해 적을 섬멸하겠다고 했다. 영국함장은 아주 좋은 아이디어라고 하면서 영국 순양함이 지원하겠노라 했다. 작전개시는 다음날인 24일 0500시로 정하고 덕적도와 영흥도 탈환전 투경험이 있는 승조원 20명을 선발하여 상륙부대를 편성했다. 24일 0500시, 701함은 대청도 선착장 동쪽 약 1,000m 해상으로 접근하여 약 1,500m 거리에 있는 인민군 본부에 함포사격을 가했다. 적군은 뒷산으로 도망쳤다.

0700시경 특공대 20명이 어선을 타고 선착장에 상륙해 인민군본부가 있는 국민학교로 쳐들어갔다. 적은 시체 2구를 남기고 모래로 뒤덮인 뒷산을 넘어 양지동 쪽으로 도주했다. 특공대가 양지동으로 추격했다. 주민들이 태극기를 들고 만세를 부르며 달려왔다. 적군은 섬의 서북쪽 농여 해안으로 도주하여 배를 타고 백령도로 도망쳤다. 특공대는 인민군본부 마당에 걸려 있는 '인공기'를 가지고 배로 돌아왔다. 최용남 함장은 영국 자메이카함에 가서 작전경과를 이야기하고 '인공기'를 증정했다. 사령관은 적군의 군기를 받아들고 무척 기뻐하며 최용남 함장과 축배를 했다. 영국 배에서 담배와 술을 보내왔다.

이 자리에서 최용남 함장은 사령관에게 백령도에는 적 1개 대대 병력이 주둔해 있어 701함 단독으로는 상륙작전을 할 수 없으니 대청도 인민위원장을 배에 태워 백령도 적군 부대장에게 항복 귀순하라는 문서를 보내겠다고 했다. 최용남 함장은 배에 돌아와 장교들을 사관실로 불러 영국사령관과 주고받은 이야기를 하고 최 소위에게 항복문서 작성을 지시했다. 다음과 같은 항복문서를 만들었다.

> 백령도 주둔 인민군부대장 귀하
> UN군은 9월 15일 인천상륙작전을 감행하여 인천을 점령하고 서울을 탈환했다. 모든 전선에서 인민군은 붕괴되어 패퇴하고 있다. 본관은 귀관에게 명예로운 항복을 권한다. 귀관은 어선을 타고 25일 오전까지 대청도 선착장으로 오라. 귀관은 물론 귀부대의 안전과 모든 편의를 제공하겠다.
>
> 1950년 9월 24일
> UN군 서해함대사령관 최용남

24일 1400시경, 대청도 인민위원장에게 항복문서를 주어 그를 어선에 태워 백령도로 보냈다. 25일 0400시경, 영국 순양함에서 백령도에 함포사격을 개시했다. 백령도 주둔 인민군이 배와 뗏목을 타고 육지로 철수하는 것이 영국함정의 레이더에 포착된 것이다.

제4장

함경도 동해진격작전과 성진철수작전

묵호, 원산, 성진 해상진격

701함은 해군본부에 대청도, 소청도 탈환 작전경과를 보고했다. 본부는 성공적인 작전수행을 치하하며 진해 귀항을 지시했다. 9월 26일 진해로 귀항하여 함 정비 및 보급물자 적재작업을 마치고 쉴 사이도 없이 30일 동해로 출동했다. 출동목적은 묵호기지 설치지원 업무였다.

이 무렵 동해안 전황을 보면, 동부전선 북위 38도 바로 남쪽에 있는 인구리까지 진출한 육군 제3사단은 10월 1일 0810시 원한의 38선을 돌파하여 기사문을 지나 양양 남쪽 3마일 지점인 손양면 상양혈까지 진격했다. 훗날 10월 1일, 이때 이날을 기념하여 '국군의 날'로 정했다. 제3사단은 10월 6일, 39도 선상의 통천을 거쳐 10월 10일 수도사단과 같이 원산을 점령했다. 701함은 묵호기지 설치 지원을 끝내고 동해 경비 중 10월 5일, 육군 HID부대로부터 화진포에서 만나자는 연락을 받았다. 최 소위는 통신하사관을 대동하고 화진포 해안에 올라갔다. 해안에서 약 100m쯤 들어가니 사방에 지뢰가 깔려 더 갈 수가 없어 HID부대에 이런 상황을 전했다. 얼마 후, 육군 공병대가 와서 지뢰를 제거하고 공병장교 안내로 김일성 별장에서 HID부대장을 만났다.

민족의 역적 김일성이 이 별장에 있었다고 생각하니 골수에 사무친 분노가 불길같이 솟아올랐다. HID부대장은 이곳 화진포는 김일성이 공산당 열성분자들을 격려하기 위해 만든 휴양지이며 새로 만든 유람보트가 100여 척 있는데 이 보트를 배에 실어 후방으로 보내는 게 어떻겠느냐고 말했다. 부대장을 따라 호숫가로 내려갔다. 호숫가에는 아름드리 해송이 눈부시게 반짝였다. 호수 계류장에 길이 2-3m쯤 되는 보트가 큰 밧줄에 즐비하게 매달려 있었다. 배에 돌아와 함장에게 결과보고를 했다. 함장은 보트 처리에 대하여 장교들의 의견을 물었다. 최 소위는 화진포에서 돌아오면서 생각한 바를 말씀드렸다.

"함장님 해군사관학교로 보내는 게 좋겠습니다. 진해 해군장병들과 생도들에게 김일성이 소련의 무기와 중공군을 끌어들여 동족을 죽이는 민족반역의 6.25 남침도발을 가슴에 깊이 새겨 멸공 구국정신을 고취함이 어떻겠습니까?"

함장은 "그래, 김일성이 만든 보트를 타고 김일성의 전쟁도발을 상기하면 김일성에 대한 적개심이 저절로 우러나겠군" 하고 해군본부에 FS 한 척을 요청했다.

며칠 후 FS수송선이 화진포로 왔다. 보트 50여 척을 실어 사관학교로 보냈다. 해군본부 명령을 받고 10월 15일 진해로 귀항했다. 21일, 본부로부터 해병대 제1대대(대대장 고길훈 소령)를 탑재한 LST-801함을 호송하라는 명령을 받고 진해를 출항하여 23일 울진에 이르러 해병부대를 상륙시켰다.

| YMS-516정이 원산 여도 근해에서 소해작전 중 기뢰 접촉으로 폭파되는 모습

육군이 10월 10일 원산을 점령하고 북진을 계속할 무렵 해군은 10월 14일 고성 장전항에 전진기지를 설치하고 10월 18일 장전기지 요원을 FS영등포호에 태워 원산으로 보내 기지건설에 착수했다.

원산기지는 규모가 넓고 길어서 많은 경비요원이 필요했다. 해군본부는 해병대 2개 중대를 증파하기로 결정했다. 701함은 본부명령으로 10월 26일 묵호에서 해병대를 탑재한 LST-801함을 호송하여 28일 원산만에 입항했다. 원산외항에 정박 중 704함장 현시학 소령(해사 1기)으로부터 YMS-516정(공주호)의 침몰소식을 들었다.

YMS-516정은(정장 전철웅 소령, 해사1기) 10월 18일 오전, PC-704함으로부터 미 해군과 소해작전에 임할 것이니 외항으로 나오라는 지시를 받았다. 510정과 같이 원산항을 떠나 갈마반도를 돌아서 대도 남쪽 약 14마일 해상에 이르렀을 때 적이 부설한 감응기뢰에 접촉되어 배가 두 동강이 되어 침몰했다. 갑판사관 홍순빈 소위(해사 3기)를 비롯한 15명이 전사하고 11명이 부상했다. 701함장은 704함장으로부터 원산항으로 들어가는 안전항로에 대한 설명을 들었다.

함장을 비롯한 몇몇 장교들이 발동선을 타고 원산항에 들어가 남상휘 사령관으로부터 기지설치 및 해군병원 개설에 대한 상황을 들은 후 원산시내를 돌아봤다. 인민군이 도망가면서 애국인사 수백 명을 끌어넣고 몰살한 시청 뒤 방공호를 찾았다. 시민들은 그때의 참혹했던 광경을 눈물을 글썽거리며 말했다. 그리고 시체더미 속에서 신부님과 수녀 두 분이 기적적으로 살아나왔다고 했다.

701함은 해군본부로부터 북진하는 육군부대와 병진하여 해상경비에 임하라는 명령을 받고 원산항을 떠났다. 주임무는 해상으로 탈출하는 적과 해상으로 우회 침투하는 적을 격멸하는 것이었다. 육군 제 3사단, 수도사단 그리고 UN해군과 통신망을 긴밀히 유지하며 북상했다. 함흥, 신포, 이원, 단천 해안을 거쳐 성진으로 향했다. 원산항 인근 해역에는 약 3,000개의 기뢰가 부설되어 있으니 항해 중에는 기뢰를 발견하기 위해 함수에도 견시 2명을 배치했다. 영흥만을 지날 때 부유기뢰를 발견하여 3인치 포로 폭파했다.

10월 30일, 수도사단 기갑연대가 성진을 점령했다. 701함은 11월 3일 성진항에 입항했다. 시내는 함포사격과 교전으로 거의 파괴되고 아직도 여기저기 연기가 피어오르고 있었다. 전방 길주 쪽에서는 포성이 울리고 있었다. 성진항 부두와 부두에 있는 건물은 온전하게 남아 있었다. 장차 해군기지로 쓰기 위해 문패만한 판자에 '대한민국해군기지 제○호'라고 써서 건물마다 달았다. 부두 남서쪽 반도 끝 봉우리에 등대가 있는데 불이 켜지지 않았다. 김생용 병조장이 기관부 요원을 데리고 가서 수리했다. 등대불이 동해북방 바다에 반짝였다. 오랜 해상생활로 지쳐 있는 승조원들을 북녘땅 흙냄새를 맡도록 상륙시켰다. 사병들은 우리나라 북쪽 함경도 땅을 밟으면서 '이제 통일이 다 됐구나!' 희희낙락하며 시내로 발걸음을 재촉했다.

한두 시간 후쯤 육군헌병이 우리 사병을 잡아갔다는 소식을 듣고 최영섭 소위는 급히 달려갔다. 가는 도중에 육군중령이 "아, 여기서 또 만났군요. 반갑습니다" 하며 지프차를 세우고 다가왔다. 얼떨결에 악수를 하고 "어디서 뵈었죠?" 했더니 "여수철수 때 신세 많았습니다." 다시 한 번 손을 맞잡고 여기 성진까지 오게 된 이야기를 나누었다. 그에게 헌병대 있는 곳을 묻고 헌병대를 찾아가는 사유를 이야기했다. 그는 "아 그래요. 저와 같이 갑시다." 지프차를 타고 그와 같이 헌병대로 갔다.

그는 헌병대장에게 "야! 너희들 뭐하는 짓이야. 육군은 땅에서 싸우고 해군은 바다에서 싸우다 항구에 들어오면 육지로 올라와 휴식을 하는 거야. 당장 해군 병사들을 풀어주고 이 분에게 사과해!"

육군중령에게 고맙다고 인사하고 사병들을 데리고 성진시내를 돌아보았다.

큰 거리를 지나가는데 어떤 모녀가 불탄 집 잿더미 속을 파헤치고 있었다. 무엇을 찾느냐고 물었다. 피난 갈 때 묻어놓은 쌀독을 찾고 있다 했다. 그들을 도와 쌀독을 파냈다. 독안의 쌀은 까맣게 불타 있었다. 모친은 난감한 표정을 짓고 딸을 붙잡고 흐느꼈다. 사유를 물었다. 남편은 인민군에 끌려가 죽었고 아들 하나도 군대에 갔는데 소식이 없다며 앞으로 살길이 막연하다 했다. 딸이 말을 이었다. 엊그제부터 사흘 동안 먹을 것이 없어 굶었다며 갸름한 예쁜 얼굴에 눈물이 흘렀다. 배에 돌아가 지프차에 쌀 한가마를 싣고 그 모녀에게 전했다. 모녀는 고맙다며 목이 메어 말을 잇지 못했다.

"대한민국 군인은 공산당 핍박에 시달리는 북한동포를 도와드리는 사명을 갖고 있다"고 말하고 이름을 물었다. 딸은 이옥련(李玉蓮)이라고 한자로 적었다.

성진 시민 몇 사람이 701함을 찾아왔다. 그중 한 사람이 함장에게 "저는 진해기지사령관 김성삼 대령의 동생이 되는 김철웅입니다." 자기 소개를 하고 해방 후 지금까지 살아온 이야기를 했다.

함장은 "여기 성진에서 김성삼 대령의 동생을 만날 줄은 꿈에도 생각 못 했습니다. 그동안 얼마나 고생이 많으셨습니까. 가족은 다 무사하시나요. 저희가 무엇을 도와 드릴까요?" 문안인사를 했다.

김철웅 씨는 "감사합니다. 저희 가족을 진해로 보내주십시오." 청했다.

함장은 "배편이 있을 때 연락하겠습니다." 그들은 함장대답을 듣고 공산당 질곡에서 해방된다는 희망을 안고 환한 얼굴로 떠났다.

UN군은 파죽지세로 북진하여 11월 25일, 수도사단은 청진을 점령하고 두만강에서 50km 거리인 부령에 진입했으며 11월 30일, 제3사단 선두는 혜산진에 돌입, 두만강 국경선에 이르렀다. 11월 11일, LST 홍천호가 육군병력과 군수물자를 싣고 성진으로 들어왔다.

11월 16일에는 PF-62함이 성진에 입항했다. 701함과 62함은 성진 앞바다를 경비하고 미 해군은 성진해역에서 소해작전을 전개했다.

이승만 대통령은 10월 26일 원산에서, 10월 29일에 평양에서, 11월 22일에는 함흥에서 열린 시민환영행사에 참석했다. 민족의 염원인 자유민주주의 대한민국 통일이 눈앞에 다가올 무렵 중공군 약 30만이 국경을 넘어 침공해 왔다.

10월 20일, 중공군 사령관 팽덕회는 압록강 어귀에서 김일성과 만나 "모택동 주석이 39개 사단을 파견하기로 결정했다. 첫 번째 39개 사단을 보내고 다음에 보낼 26만 명을 편성 중에 있다"고 말했다.

UN은 중공군 침입을 규탄하고 침략군으로 낙인 찍었다. 11월 말경, 중공군은 전면적 공세에 나섰다. UN군은 예기치 못한 중공군의 기습과 혹독한 추위에 고전을 면치 못하고 후퇴하기 시작했다. 수도사단과 제3사단 장병은 조국통일 일념으로 전우의 시체를 넘고 넘어 압록강, 두만강을 눈앞에 두고 찢어지는 한분(恨憤)을 머금으며 발걸음을 돌려야 했다.

수도사단과 제3사단은 12월 5일, 6일 성진에 집결하여 수개 제대로 나누어 철수했다. 수도사단 일부는 열차편으로 흥남으로 또 일부는 12월 6일 미해군 함정편으로 서호진을 경유하여 12월 17일 묵호로 철수했다. 제3사단 일부는 육로를 통해 흥남으로, 일부는 12월 9일 미해군 세인트 윈드(Saint Wind)호로 흥남 경유, 부산과 구룡포로 철수했다. 12월 19일 LST는 피난민을 가득 싣고 성진항을 떠났다.

701함은 철수작전 지원임무를 마치고 진해로 향했다. 성진에서 철수한 민간인은 약 1만 2000명가량이다. 김성삼 대령 동생 가족과 잿더미를 헤쳐 파던 모녀도 철수대열에 함께했다.

전사한 해사3기 동기생 전우들

여기서 원산해역 소해작전 중 감응기뢰 접촉으로 침몰한 YMS-516

(공주)정에서 전사한 해사 3기생 홍순빈 소위와 6월 29일 동해에서 전사한 박용희 소위에 대해 적고 넘어간다.

홍순빈 소위는 1927년 9월 17일 부친 홍종명, 모친 노세환의 4남으로 평안북도 의주군 의주읍 동부동에서 태어났다. 1940년 신의주 약죽심상소학교를 졸업하고 만주 봉천 동광중학교에 다니다가 해방이 되어 신의주 평안중학교로 전학, 1947년에 졸업했다. 공산당 폭정을 피해 월남하여 그해 9월 해군사관학교 3기생으로 입학했다. 1950년 졸업하여 YMS-516 갑판사관으로 승조했다.

박용희 동기생은 1927년 부친 박창덕 씨와 모친 이용년 여사의 차남으로 강원도 철원군 인목면 신현리에서 출생했다. 1943년 철원 심상소학교를 마치고 1947년 서울공립농업학교를 졸업하자마자 그해 9월 해군사관학교에 입교했다. 1950년 2월 졸업하여 JMS-305(두만강) 갑판사관으로 승조하고, 동해경비임무 수행 중 6.25전쟁이 발발하여 5일 만인 6월 29일 0200시경 묵호항 남동쪽 10마일 해상에서 미 순양함 주노의 오인사격으로 박용희 소위를 비롯하여 8명이 전사했다. 주노함은 한국함정은 모두 37도선 이남으로 철수한 것으로 알고 있었다. 37도 30분 인근에 있던 305정을 적함으로 판단 포격한 것이다.

해사 3기생은 2000년 임관 반백 년, 50주년 행사 초점을 전사동기생 추모와 그 유가족 찾기에 맞추었다.

○ 전사 동기생 모습은 길이길이 남기기 위하여 청동고부조초상을 제작하여 모교에 기증한다.
○ 전사자 유가족을 찾아 그 형제가 언제, 어디에서, 어떻게 싸우다 장렬히 전사하였는지 알려드리고 위로한다.

청동 고부조 초상
(좌측부터 박용희, 홍
순빈)

　문제는 두 전사 동기생의 고향이 38선 이북인 신의주와 철원으로
유가족 찾기가 모래사장에서 바늘 찾기보다 더 막막했다. 사람 찾기
는 경찰이 제일이라고 생각하고 있었는데 마침 동기생 서정권과 김용
선의 중학교 1년 후배인 홍세기 씨가 치안감이었다.

　서, 김 두 동기생이 홍 치안감에게 간곡히 부탁해 기적적으로 유가
족을 찾게 되었다. 박용희의 동생 박석기 씨와 제수 차정희 여사 그리
고 홍순빈의 형 홍순선 씨와 형수 김외순, 큰조카 홍용표, 부인 손한
숙 그 아들 홍성우, 작은조카 홍구표, 그 부인 오은주 등 아홉 분을 만
나게 되었다. 전사한 동기생 청동고부조초상(靑銅高浮彫肖像)을 홍익
대학교 김태연 교수께서 제작했다.

　임관 50주년 행사는 2000년 6월 1일부터 3일에 걸쳐 해군사관학교
에 머물며 서영길 교장의 치밀하고 알찬 계획으로 진행되었다. 함대
와 저도, 한산도를 순방하고 6월 3일, 전사동기생 추모행사를 엄숙히
거행했다. 청동고부조초상을 학교장에게 기증하고 동기생 추모사와

유가족 인사가 있었다.

　그 후 연병장에서 유가족의 열병, 생도들의 분열행사로 행사를 마쳤다. 진해로 내려올 때 수심에 잠겼던 유가족들의 모습이 옥포만을 떠날 때에는 수평선에 떠오르는 보름달같이 환히 밝게 피어올랐다. (① 초상 기증서, ② 추도사, ③ 유가족 인사문은 부록4에서 부록6까지를 참조하기 바람.)

제5장

제2차 인천상륙작전

상륙작전 이전 전황

1950년 10월 24일, 맥아더 원수는 전 UN군에게 국경선을 향해 총 진군명령을 내렸다.

우리 군은 민족의 숙원인 조국통일을 위해 적의 격렬한 저항을 격파하며 압록강, 두만강을 향해 진격해 들어갔다. 육군 제6사단 제7연대 제1대대는 10월 26일 초산에 진입하여 압록강 물을 수통에 담았다. 수도 사단 제18연대는 11월 24일 소련과의 접경지역인 나남에 진격했으며 제3사단 22연대는 백두산 기슭 혜산진에 돌입했다.

남·북으로 갈라진 한반도에 대한민국 주도의 통일이 눈앞에 다가왔다. 맥아더 원수의 진격 명령이 내려진 그 다음날인 10월 25일, 중공군 30만이 국경을 넘어 침입했다. 중공군은 11월 25일부터 제2차 공세를 개시했다. UN군은 영하 30도의 강추위와 예기치 않은 중공군의 포위공격으로 도처에서 악전고투했다.

1950년 12월 6일, 중공군은 평양에 진입하고 UN군은 12월 20일 전후해 38도선으로 일제히 후퇴했다. 중공군은 일요일인 12월 31일을 기해 임진강을 향해 제3차 공세(1950.12.31.～1951.1.10.)를 개시하여 1월 4일 서울에 진입했다. 팽덕회 중공군 사령관은 예하부대의 전력이 소진되어 더 이상 공세를 취할 수 없어 추격중지 명령을 내렸다. 중공군의 제3차 공세가 끝났다. 서울시민 120만과 북에서 남하한 피난민 약50만 명은 또 다시 한강을 건너 정처 없는 피난길에 올랐다. 미8군은 제1기병사단 부사단장 파머 준장에게 한강에 부교를 가설하고 수많은 병력과 장비 그리고 피난민철수를 통제하게 했다. 미8군 사령관 리지웨이 장군은 그의 회고록(*The Korean War*)에 1.4후퇴 때 한강을 넘어 피난하는 한국 사람에 대하여 이렇게 기록했다.

"겁에 질린 수십만의 피난민들이 한강을 넘을 길은 단 하나의 부교뿐이다. 나는 그 많은 피난민들이 하나밖에 없는 부교를 어떻게 넘을 것인지 큰 관심이었다. (중간 생략) 그러나 한국인들은 지시하는 대로 순순히 따라주어 군이 나서서 통제할 필요가 없었다. (중간 생략) 피난민, 그들은 중공군으로부터 멀리 벗어나는 것 이외에는 목적지도 없이 머리에 이고 등에 짊어진 식량과 가재도구 외에는 아무것도 없이 얼어붙은 추위 속에서 묵묵히 자기 차례만을 기다리고 있었다.

모든 것을 다 빼앗기고서도 유순하기만 한 사람들이 단 하나, 공산주의의 공포에서 벗어나기 위해 도강(渡江) 차례를 기다리고 있었다. (중간 생략) 눈물짓거나 울부짖는 사람도 없었다. 그들은 눈 밟는 발자국 소리만 남기며, 문자 그대로 묵묵히 강을 건너고 있었다. (중간 생략) 인간이 살고 있는 지구의 일각에서 부당한 공산침략으로 인해 빚어지고 있는 이 비극적인 사실을 미국 국민들에게 알려주기 바란다. 이들이 고난 속에서 바라는 것은 자유 외에는 아무것도 없다."

    한국해군은 1951년 1월 중 황해도민 약 6만 2000명을 해군 함정으로 구출했다. 해군본부는 1월 3일, LST홍천호로 인천을 떠나고 인천 경비부는 1월 4일 철수했다. 적군이 1월 5일 인천에 진입하기 전에 해상으로 철수한 인원과 물자는 다음과 같다.

병력	민간인	차량	화물
3만 7000명	약 9만 6000명	약 1,100대	약 5,500톤

    UN군은 1월 1일, 한강-양평-홍천선 으로 후퇴하고 1월 8일에는 37도선인 평택-안성-제천-삼척선까지 철수했다.

    8군사령관 리지웨이 장군은 1월 24일 '선더볼트'(Thunder bolt) 반격작전을 명령했다. 맥아더 원수는 그의 71회 생일(1월 26일) 이틀 후인 28일 전선시찰차 내한했다. 그는 리지웨이 장군에게 "귀관은 나의 생일 기념으로 최상의 선물을 보냈다"고 선더볼트 반격작전을 치하했다.

    UN군은 1월 25일을 기해 일제히 반격에 나섰다. 2월 초순에는 안양-양수리-지평리-횡성-하진부를 연결하는 선까지 진출했다. 이때 중공군은 제4차 공세(1951.2.11.-2.18.)에 나섰다. 국군 제1사단은 서울을 재탈환하기 위해 1월 31일부터 2월 9일 간에 군포, 안양에 있는 수리산, 모락산, 청계산과 관악산 일대에서 중공군과 격전을 벌였다. 제15연대는 2월 4일 모락산을 탈환하고 미 제35연대는 2월 6일 수리산을 탈환했다. 공산군은 2월 6일 주력을 한강으로 철수하고 관악산 중심으로 방어지점을 강화하기 위해 인천에 있는 인민군 제17사단 예하 병력을 이 지역으로 증원하였다.[26]

국군 제1사단 제15연대는 2월 9일 1030시 관악산을 점령하고 노량진-영등포로 이어지는 한강선으로 진출했다. UN군은 3월 1일 서울을 재탈환했다. 맥아더 원수는 2월 4일, 리지웨이 장군에게 보낸 전문 중에는 다음 구절이 있다.

"김포비행장과 인천항 탈환은 작전상 지대한 가치가 있다. 양자의 확보는 보급문제를 획기적으로 해결할 것이다. 또한 귀군에 대한 항공지원을 증대시킬 수 있을 것이다."

한국해군은 인천상륙작전을 감행하여 인천항을 확보함으로써 맥아더 원수의 소망을 이루게 했다.

제2차 인천상륙작전

701함은 성진 철수작전을 마치고 400마일의 긴 항해 끝에 1950년 12월 12일 진해기지로 돌아왔다. 북풍한설 몰아치는 동지설달, 함경도 창망한 바다에서 진해에 돌아오니 봄날같이 포근했다. 인사명령이 기다리고 있었다. 6.25전쟁이 터진 첫날, 부산으로 쳐 내려오는 적함과 맞닥뜨려 치열한 포격전 끝에 전승을 거두고, 해군에 한 척뿐인 전투함인 까닭에 동·서·남해를 쉴 새 없이 누비며 싸운 백두산함(PC-701)의 지휘관 최용남 함장이 해사 1기생 노명호 소령에게 지휘봉을

26_ 국방부전사편찬 연구소, 『6.25 전쟁사』, 제8권, 국방부, p.249.

넘겼다. 701함은 중공군이 서울을 점령한 1951년 1월 4일 다음날, 서해로 출동했다. 이때, UN군은 한강-양평-홍천 선으로 후퇴하고 또다시 37도선으로 철수 중이었다. 701함은 황해도 지역에서 공산당을 피해 자유를 찾으려고 바다를 통해 남하하는 피난민을 호송하고 적군의 해상침투를 봉쇄하기 위하여 인천에서 옹진반도에 이르는 해역을 경비했다. 약 2주 후 부산으로 회항하여 병참물자를 보충하고 또다시 서해로 출동했다.

701함은 제95.1기동전대사령관 스코트 몽크리프 해군소장 지시로 YMS-510정(정장: 함덕창 대위), JMS-301정(정장: 박기정 대위), 302정(정장: 홍원표 대위), 306정(정장: 최병기 중위), 310정(정장: 모예진 대위) 다섯 척을 지휘하여 인천 팔미도, 무의도, 영흥도, 덕적도, 연평도 해역의 경비임무를 수행했다.

2월 2일 오전 덕적도 진리 앞 해상에서 덕적도 주둔 사령관 김종기 소령(해사 1기생)을 만나 서해도서의 적정에 대한 상황을 듣고 인천으로 향했다. 그날, 오후 3시경 팔미도 해역에 이르니 TU95.1.4 서해기동분대에 속해 있는 미국 순양함 CA-75 헬레나함(Helena)에서 계류하라는 발광신호를 받았다. 계류 후 노명호 함장과 최 소위가 헬레나함에 올라가 사관실에서 그 배 함장을 만났다. 그 배에는 영국 순양함 벨파스트(Belfast) 작전장교도 있었다. 헬레나함 함장 및 참모들과 인사를 끝내자 헬레나 함장은 노명호 함장에게 "지금 육지에서는 UN군이 한강선으로 진격하기 위하여 수원 북쪽에서 격전을 벌이고 있습니다. 우리 해군 서해기동분대는 적 측방 인천에 압력을 가해 UN지상군에 대한 짐을 덜어 주려 합니다." 머리말을 마치고 우리에게 커피를 권했다.

미 함장은 탁상 위에 해도를 펴 놓고 손가락으로 월미도를 짚으며 작전계획을 설명했다. "여기 월미도에 있는 적의 포대 위치를 파악하고 싶습니다. 귀함이 월미도에 가까이 들어가 포격을 가했으면 합니다. 가까이 들어갈수록 적의 많은 포대 위치가 노출될 것입니다. 물론 우리는 사격 준비를 하고 있다가 적이 응사해 오면 즉시 전포로 귀함을 엄호할 것입니다."

노명호 함장 : "월미도에 접근해 3인치포로 포격을 하겠습니다. 언제 포격을 하면 좋겠습니까?"

미 함장 : "내일(2월 3일) 관측하기 좋은 정오경이 좋겠습니다."

노명호 함장 : "귀관이 파악하고 있는 월미도의 적 포대 위치는 어디인가요?"

미 함장은 작전장교에게 확대한 월미도 해도를 가지고 오라고 지시했다. 작전장교가 월미도 해도를 탁상 위에 펴놓자, 함장은 이미 파악하고 있는 적의 포대 위치를 연필로 표시했다.

노명호 함장 : "이 해도를 카피해 줄 수 있겠습니까?"

미 함장은 작전장교로 하여금 투명지에 월미도 해도를 그려 노명호 함장에게 건넸다.

노명호 함장 : "내일 1100시에 팔미도 근해에서 출발하여 월미도로 최대한 접근해 포격하겠으니 엄호사격을 부탁합니다."

미 함장 : "영국 순양함 벨파스트(Belfast)함도 가세 해 전포사격을 준비하겠습니다." 두 함장은 서로 악수하며 내일의 승전을 다짐했다.

노명호 함장은 배에 돌아와 장교들을 사관실에 집합시키고 헬레나함에서 계획한 월미도 포격작전에 대한 설명을 한 후 만반의 준비를 지시했다. 최 소위는 최석린 포장과 3인치 포요원, 사수 홍양식 2조,

선회수 이유택 3조, 척도수 정인화 2조, 전화수 박승조 3조 그리고 기관총 사수 조경규, 권진택 1조를 함교에 집합시켰다.

내일 정오경 월미도에 접근하여 적 포대를 포격한다는 작전 개요를 설명했다. 그리고 미 순양함 헬레나에서 갖고 온 월미도 해도를 펴놓고 사격목표 1, 2, 3을 확인시켰다. 최석린 포장과 3인치포 사수, 선회수, 척도수 그리고 기관총 사수에게 "거리 2,000에서 사격을 개시한다. 1,000까지 들어간다. 첫째 목표 '1'을 쏴라. 다음은 둘째 목표 '2'를 쏴라. 만일 적 포대에서 응사해 오면 그곳을 집중적으로 갈겨라."

사격지시를 끝내고 "그동안 중공군의 벌떼 같은 공격으로 평택-안성-제천-삼척선까지 밀렸던 UN군은 반격해 올라오고 있다. 지금 수원 북쪽까지 쳐 올라와 군포, 수리산 일대에서 격전 중이다. 우리가 내일 월미도를 포격하면 적이 작년 9월처럼 인천 상륙작전을 하는 줄 알고 병력을 인천으로 뺄 수 있다. 그러면 UN군의 짐이 한결 가벼워져 머지않아 서울을 되찾을 수 있을 것이다. 그런 목적이니 사격준비 잘하라." 내일의 작전목적을 설명하니 모두 고개를 끄덕였다. 병사들은 '우리의 내일 월미도 포격이 육지전투에 큰 도움이 되는구나. 우리는 바다만 지키는 것이 아니라 전쟁 전국에 큰 기여를 하는구나'라는 생각과 함께 보람 있는 전투를 머리에 그리며 얼굴들이 활짝 피어올랐다. 대원들은 "잘 준비하겠습니다." 큰 소리로 대답하며 헤어졌다.

701함은 그날 밤 영흥도-자월도-덕적도 해역을 경비하다 3일 1100시경 팔미도에 이르렀다. 미 순양함 CA-75 헬레나함, 영국순양함 벨파스트함 그리고 미 구축함 행크함(DD-702)이 묘박하고 있었다. 701함은 헬레나함에 "전투에 돌입함" 발광신호를 보내고 월미도로 항진했다. 미 구축함 행크함이 701함 뒤를 따랐다.

미 구축함은 월미도에서 약 5,000야드 거리에 이르자 항진을 멈추고 선회 기동했다. 701함은 소월미도를 동쪽으로 보며 월미도 약 2,000야드 거리에 이르자 최석린 포장의 우렁찬 구령이 하늘을 갈랐다. "목표 1번 포대, 거리 2,100. 쏴." CAL50기관총도 불을 뿜었다. 적 포대에서 검은 연기가 솟았다. 동시에 적은 야포와 기관포로 반격해왔다. 미 순양함 헬레나, 영국 순양함 벨파스트함 그리고 미 구축함 행크함에서 쏜 포탄이 적진지를 때렸다. 피·아간 포격전으로 월미도 능선은 초연과 흙먼지로 뒤덮였다. 701함은 계속 포격을 하며 월미도 거리 약 1,000야드에서 좌회전했다. 적 포탄이 701함 주변에 떨어져 여기저기 불기둥이 솟았다. 이때 적 포탄 한 발이 함수 캡스턴(앵커 감아올리는 장치) 근처에 떨어져 파편이 튀었다.

최석린 포장이 갑판에 주저앉으면서 "쏴, 쏴" 계속 구령했다. 레디박스(포탄 저장 상자)를 붙잡고 일어서서 포 지휘를 계속했다. 701함은 월미도에서 약 6,000야드 거리로 되돌아왔다. 피·아간의 포격이 멈추었다. 최석린 포장의 오른쪽 엉덩이에서 검붉은 피가 흘렀다. 대퇴부 관통상이다. 장전수 임인정 수병의 다리에 파편이 박혔다. 전투가 끝났다. 미 순양함 헬레나함에서 계류하라는 발광신호를 받고 접근했다. 그때 함교 근무 중인 신호사가 "갑판사관님 왼쪽 구두에 피가 고여 있어요." 최 소위는 왼쪽 구두를 내려다보았다. 발이 끈적였다. 작업복 왼쪽 무릎 아래에 구멍이 뚫려 있었다. 적 기관총탄이 뚫고 지나간 자리다. 바지를 걷어 올리니 왼쪽 무릎 아래에서 피가 흘렀다. 적탄이 피부를 스쳐지나간 것이다. 1센티만 안쪽으로 지나갔으면 다리뼈가 부서져 나갈 뻔했다. 701함은 헬레나함에 계류하고 최석린 병조장을 들것에 실어 올리고 이어서 임인정 수병을 올렸다. 미 함정에서 응급조치를 했다. 대퇴부를 관통한 중상이었다. 임 수병은 파편을 제거하고 곧 701함으로 돌아왔다.

노명호 함장은 최 소위를 대동하고 헬레나함에 올라가 함장을 만났다.

헬레나 함장은 "노 함장의 용감한 근접포격으로 적의 포대 위치와 적의 화력을 정확하게 파악할 수 있었습니다. 부상한 포장 최석린 병조장은 본함에서 당분간 치료하겠습니다. 군의관 말로는 약 1주일 후면 귀함으로 돌아갈 수 있을 것이라고 합니다. 오늘 작전경과를 CTF 스미스 제독에게 자세히 보고하겠습니다. 노 함장께서 수고 많으셨으며 701함 모든 장병의 분투에 대하여 찬사를 드립니다."

커피를 마시며 오늘 있었던 전투이야기를 나누고 귀함했다. 미 함정에서 담배 10보루와 닭고기를 보내왔다. 7일 아침, 헬레나함에서 만나자는 통신을 받고 노명호 함장은 헬레나함에 올랐다.

미 함장 : "월미도 포격작전 결과를 1기동함대사령관 및 기동전단 사령관에게 보고했습니다. 기동함대사령관 스미스 제독으로부터

'UN군은 서부전선(수원지역)에서 치열한 전투를 하며 한강을 향해 진격 중이다. 이 UN지상군에 대한 측면 지원을 위하여 한국해군과 해병대로 하여금 인천에 대한 소규모 상륙작전 가능성을 보고하라.'

는 지시를 받았습니다. 노명호 함장의 의견을 듣고 싶습니다."

노명호 함장 : "기동함대 사령관의 소망을 이루기 위해 최선을 다하겠습니다. 우선 덕적도에 가서 김종기 부대장을 만나 상의하겠습니다. 그럼 곧 덕적도로 떠나겠습니다."

701함은 곧 덕적도로 향했다. 김종기 소령에게 진리 앞 해상에서 만나 701함에서 점심을 같이하자고 전문을 띄웠다. 정오가 지나 김종기 소령이 701함으로 왔다. 노명호 함장과 김 소령은 해사1기 동기생으로 반갑게 만나 악수를 하고 점심 식사를 했다. 노명호 함장은 지난 3일 월미도에 대한 포격작전 이야기를 하고 오늘 오전 미 순양함 헬레나함장과 만나 논의한 인천상륙작전에 대하여 설명했다.

김 소령은 "그렇다면 나와 노명호 함장이 미 순양함 함장을 직접 만나 작전을 짜는 것이 좋다고 생각하는데 자네 생각은 어떤가?" 물었다.

노명호 함장은 "그렇게 하는 것이 좋겠구먼. 그럼 같이 인천으로 가세" 하니

김 소령은 "섬에 돌아가서 부재 중 업무지시를 하고 내일 새벽 0600시에 오겠네" 하며 곧 배에서 내려 대기하고 있던 어선을 타고 섬으로 돌아갔다. 8일 0600시, 김종기 소령이 어선을 타고 701함으로 왔다.

곧 701함은 인천 앞 팔미도를 향해 항진했다. 0900시경 미 순양함 헬레나함에 계류하고 노명호 함장, 김종기 해병대부대장 그리고 갑판사관 최 소위 세 사람이 미 순양함에 올랐다. 미 함장이 현문에서 영접하고 사관실로 안내했다. 사관실에는 미국과 영국작전장교가 대기하고 있었다. 6명이 테이블 위에 해도를 펴 놓고 작전계획을 세웠다. 약 한 시간 동안 상의한 끝에 도출한 상륙작전계획의 요점은 다음과 같다.

① D-day는 2월 10일, H-hour는 1800시로 한다.

② 상륙해안은 만석동 기계제작소 해안으로 한다.

　○ 제1공격목표는 기상대 고지이다.

　○ 상륙해안을 만석동 기계제작소로 정한 것은 김종기 소령이 제안했다. 그는 작년 9.15인천상륙작전 시 해병대 제1연대 제2대대장으로 그때 레드비치인 만석동 기계제작소해안으로 상륙한 경험이 있기 때문에 그 해안 상황을 잘 알고 있었다. 노명호 함장도 인천출신으로 김 소령의 제안에 동의했다.

③ 미·영 순양함과 구축함은 H-hour 한 시간 전인 1700시부터 상륙부대가 상륙할 때까지 월미도와 기상대고지에 대하여 함포사격을 한다.

④ 오늘밤(8일) 정찰요원을 인천에 침투시켜 만석동 일대의 적정을 탐지한다.

⑤ 부대편성은

　○ 덕적도에 주둔하는 해병대 1개 중대(약 100명)를 10일 1600시까지 팔미도 해역에 도착시킨다.

　○ 한국해군 701함과 예하 5척에서 약 70명을 차출하여 상륙부대를 편성한다.

⑥ 상륙군 부대장 김종기 소령은 상륙작전 감행 시 적이 막강한 병력과 강력한 화력으로 반격하여 아군에게 막대한 희생이 발생될 것으로 판단되면 지체 없이 본대로 철수한다.

작전회의를 끝내고 김종기 소령은 YMS-510정편으로 덕적도부대로 귀대했다. 노명호 함장은 예하함정 정장에게 9일 0800시까지 701함으로 출두하라는 명령을 내린 후, 부장에게 소형어선 한 척을 준비시켰다. 최 소위에게는 오늘 밤 인천 막석동과 기상대를 정찰할 인원

선발을 지시했다. 작전회의에 참석하여 그 정황을 알고 있는 최 소위는 이번 해군, 해병대에 의한 단독작전 성공은 그 무엇보다도 적정파악이 중요하다고 생각했다. 최 소위는 이 정찰임무를 수행하는 데 가장 적합한 인물이 떠올랐다. 그는 인천출신으로 몸집이 작고 다람쥐같이 날쌔며 영리한 김모 하사관이다. 최 소위는 그를 불렀다.

"김 하사관, 인천지역 적정을 정찰해야겠는데 해보겠는가?"

"갑판사관님, 그 일이라면 우리 배에 저 빼놓고 누가 있습니까? 갑판사관님 아시다시피 제가 인천출신 아닙니까. 제 친척과 친구들도 인천에 있고요."

"정말 해내겠는가?"

"나라를 위해 보람찬 일 아닙니까. 저에게 꼭 맡겨주십시오. 그런데 작년처럼 인천상륙작전 또 합니까?"

"그건 확실히 모르겠네. 언제 누가 할지는 잘 모르지만 하긴 할 것 같구먼."

"신나는 일이네요. 그런데 무엇을 탐지해 오면 됩니까?"

"만석동과 그 북쪽 기상대 고지 있지. 거기 적의 방어시설과 적 병력 그리고 될 수 있으면 월미도와 인천시내의 적 주둔지 및 병력 등을 알 수 있으면 좋겠네."

"갑판사관님 청이 있습니다."

"뭔데?"

"갑판부에 이모 수병 아시죠. 그놈 제 중학교 후배고요 똑똑해요. 그놈 같이 가게 해주세요."

"그렇지. 이 수병. 그 놈 참 똑똑하지. 같이 가게."

"예. 고맙습니다."

"그런데, 김 하사관, 침착하고 조심해야 해, 그리고 꼭 살아 돌아와야 해, 무리하지 마라. 중요한 일이야."

"네, 저를 믿어주세요. 백두산함 명예를 걸고 꼭 해내겠습니다."

그의 말에는 굳은 의지가 실려 있고 그의 눈은 자부심과 보람으로 빛났다.

노명호 함장은 JMS-302정(정장: 해사2기생 홍원표 대위)를 불러 정탐요원 수송 임무를 맡겼다. 302정은 2100시경 정탐요원 2명을 소형 어선에 태우고 월미도 서북쪽 약 5km 거리의 영종도 앞을 지나 자월도를 거쳐 만석동 북쪽 화수동 해안에 상륙시켰다. 그들은 적정 탐색을 위하여 동인천역-전동에 있는 제물포고등학교-송월동을 돌아 석동을 거쳐 화수동 상륙지점에서 기다리고 있던 어선을 타고 9일 0500시경 701함으로 귀함했다. 김 하사관은 다행히 제물포 고등학교 인근에 살고 있는 친척을 만나 중요한 정보를 얻을 수 있었다고 말하며 다음과 같은 요지의 정찰 보고를 했다.

① 인천에 있는 괴뢰군은 대부분 인민군 제17사단 소속의 연대병력이라고 한다. 사령부는 인천시청에 위치하고 있다.

② 주 방어 진지는 월미도에 있고 기상대 고지에도 진지를 구축하고 있다. 또한 수봉산에도 괴뢰군이 있는 것으로 보인다.

③ 그저께 즉, 6일, 괴뢰군은 월미도와 기상대에 일부 병력을 남기고 대부분 인천을 떠났다. 어디로 갔는지는 알 수 없다.

④ 인천부두와 해안을 괴뢰군 순찰대가 수시로 돌고 있다.

전사 기록에는 인천에 주둔하고 있던 인민군 제17사단 예하 연대가 2월 6일 관악산전투에 투입됐다고 쓰여 있다.[27]

2월 9일 0800시, 예하 함정 정장이 701함에 모였다. 함정과 정장은 다음과 같다.

YMS-510정(정장 : 함덕창 대위)

JMS-301정(정장 : 박기정 대위)

JMS-302정(정장 : 홍원표 대위)

JMS-306정(정장 : 최병기 중위)

JMS-310정(정장 : 모예진 대위)

노명호 함장은 익일(10일) 감행할 상륙작전에 대하여 설명하고 각 함정 정장에게 임무를 부여했다. 또한 인천 적정에 대하여 간략하게 설명하고, 이어서 작년 인천상륙작전 감행 전에 있었던 덕적도 및 영흥도 탈환작전을 상기시키며 그때 우리 함정 승조원들이 해낸 것같이 이번 작전에도 각 함정에서 전투지원 병력 차출을 부탁했다. 각 함정에서 선발된 인원은, PC-701함 20명을 비롯하여 YMS-510정, JMS-301, 302, 306에서 각 12명 그리고 JMS-310정에서 5명, 합계 73명이었다.

701함에서는 덕적도, 영흥도 전투에 참전했던 육전경험이 있는 사병을 선발하기로 했다. 그런데 3인치 주포요원들이 최 소위를 찾아와 "갑판사관님, 이번 상륙작전에는 저희들이 꼭 참전할 수 있게 해주십시오" 간청했다. 이들은 주포 사격수, 선회수, 척도수들로 키 멤버다.

"포는 누가 쏘고?"

27- 국방부전사편찬연구소, 『6.25전쟁사』, 제8권, 국방부, p.249.

"대체 인원을 훈련해 놓지 않았습니까. 걔들이 우리보다 더 잘 쏠 겁니다. 우린 이번엔 꼭 싸우러 나가겠습니다."

그들의 의지를 꺾을 수 없다고 생각한 최 소위는 함장 허락을 받고 이들을 상륙부대에 합류시켰다. 이때 장병들은 자기위험 따위는 돌보지 않고 자진해 싸움터에 나가 나라를 지켜야겠다는 의지에 불타고 있었다. 그들 마음속은 '싸우면 이긴다'는 신념에 차 있었다.

노명호 함장은 301정장 박기정 대위에게 지금 즉시 덕적도로 가서 부대장 김종기 소령을 대동하여 금일 중으로 701함으로 오라고 명했다. 310정장 모예진 대위에게는 지금 즉시 덕적도로 가서 해군, 해병대 상륙부대를 싣고 늦어도 내일, 즉 10일 1600시 이전에 이곳, 팔미도 인근해역에 도착하도록 명했다. 김종기 소령은 301정편으로 9일 1900시경 701함에 승조하여 701함장 및 장교들과 내일 거행할 상륙작전에 대하여 구체적 계획을 세웠다. 부대편성은 3개 소대로 구성된 연평도부대 1개 중대와 2개 소대로 구성된 함정해군 1개 중대로 편성하고 중대장과 소대장을 임명했다. 분대장은 내일 각 분대 선임하사관으로 정하기로 했다.

2월 10일 1400시경 310정장으로부터 전문이 왔다. '덕적도주둔 부대 병력이 섬 여러 곳에 분산 배치되어 있어 소집하는 데 많은 시간이 소요됨. 금일 1600시까지 팔미도 귀항이 불가능함. 병력이 승함하는 즉시 출항하겠음.' 1500시로 예정된 함포지원사격 시간이 점점 임박해왔다.

노명호 함장은 310정장에게 해병대부대 탑재 여부를 다급하게 물었다. 1530시경, 310정장으로부터 '해병부대를 싣고 출항함, 1800시경 팔미도해역에 도착예정' 보고가 왔다. 노명호, 김종기 소령은 상륙작전을 계획된 시간대로 감행할 것인가 또는 연평도부대 도착 후로 연기할 것인가를 상의 끝에 다음과 같이 결심했다.

첫째, 상륙작전을 계획된 시간에 함정편성부대로 감행한다.
둘째, 연평도부대는 도착 즉시 만석동 해안으로 상륙하여 선발부대와 합류한다.
셋째, 기상대고지 공격은 현장 상황에 따라 함정부대만으로 감행 할 것인가 또는 연평도부대 상륙 후 합동으로 감행할 것인가는 부대장이 판단한다.

1500시경, 미 순양함과 해군상륙부대 간의 통신연락을 위해 미 해군장교 1명과 통신병 2명이 701함에 왔다. 최 소위는 이들을 데리고 302정에 탔다. 1630시, 함정편성 상륙부대는 302정과 발동선 2척에 분승하여 701함, 301정 및 306정 호송 하에 팔미도 해역을 출발했다. 1700시 2척의 순양함과 한척의 구축함 함포가 일제히 불을 뿜었다. 상륙부대를 실은 302정과 발동선은 영종도 남쪽해안을 돌아 1800시경에 만석동 기계제작소 해안으로 상륙했다. 미 해군장교는 미 순양함에 보고하고 302정장도 701함장에게 보고했다.

곧이어 1900시경 310정편으로 도착한 덕적도부대가 상륙했다. 이때 월미도와 인천역 쪽에 있던 적이 소총사격을 가해왔다. 상륙부대의 상륙성공을 확인한 최 소위는 미 해군을 인솔하여 302정편으로 701함에 돌아왔다. 김종기 부대장은 작년 9.15 인천상륙작전 때에도 해병대 제2대대를 지휘하여 이곳 레드비치 만석동으로 상륙했었다. 따라서 김 부대장은 이곳 지형지물을 손바닥 보듯이 훤했다. 김 부대장은 덕적도부대 3개 소대를 선두에 세우고 함정부대를 그 좌편에 배치하여 기상대고지를 향해 공격했다. 덕적도부대 3개 소대는 고지 서측으로부터 공격하고 함정 2개 소대는 고지 북측으로 전개했다. 적은 소총, 따발총 그리고 경기관총으로 대항했다. 고지 정상 약 200m 거리에 접근하여 함성을 지르며 일제히 사격을 퍼부었다. 이때 각 소대장은 자기 '소대'를 큰소리로 '중대' 또는 '대대'로 부르며 지휘했다. 적은 대부대에 의해 포위된 줄 알고 혼비백산하여 도망쳤다. 2100시경 기상대고지를 점령했다. 이곳에는 상륙부대의 공격과 함포사격으로 죽은 시체가 널려 있었다. 야간이라 교통호에서 죽은 시체는 확인할 수 없었다. 김종기 부대장은 통신병을 불렀다.

> 해군, 해병대 합동특공대는 2100시 기상대 고지를 점령함.
> 확인된 적군 사살 11명.
> 아군피해 없음.

701함장은 즉시 미 순양함 헬레나 함장에게 보고했다. 상륙군을 떠나보낸 후, 상륙부대에 대한 안위와 작전의 성공여부에 대한 불안으로 701함 장교들의 분위기는 적막 속에 잠겨 있었다. 적정에 대해 아는 것은 김 하사관의 정찰보고와 월미도, 기상대고지에 대한 맹렬한 포격으로 적의 방어 전력에 심대한 타격을 가했을 것이라는 것이 전부였다.

2100시, 김종기 부대장의 '기상대고지점령' 보고는 적막 속의 함정 분위기를 단번에 바꾸었다. 모든 함정에서 '만세' 소리가 밤하늘에 울려 퍼졌다. 김종기 부대는 적의 산발적인 저항을 물리치고 적군 지휘본부가 있는 시청으로 진격했다.

2300시, 시청을 점령하고 부대본부를 설치했다. 사무실에 걸려 있는 '스탈린'과 '김일성' 사진을 뜯어내 짓밟아버렸다. 깃대에 올려 있는 '인공기'를 내리고 태극기를 올렸다.

11일 0600시, 부대는 월미도로 진격했다. 월미도를 수비하고 있던 적군은 상륙부대가 기상대 고지를 점령할 무렵 모두 도주했다. 월미도 남쪽능선 아래에는 엄폐된 참호에 야포 8문이 있었다. 섬 동남쪽 비탈에는 참호 속에 나뭇가지를 덮어씌워 위장한 탱크 한 대가 있었다. 김 부대장으로부터 보고를 받았다.

"0700시, 월미도 완전 점령함. 적 탱크 1대, 적 야포 8문 노획함"

701함에서는 또다시 새벽하늘을 가르는 '만세' 소리가 터졌다. 미 순양함 헬레나 함장에게 즉각 알렸다.

상륙부대는 적 야포와 탱크, 기타 무기가 더 있나 섬 주위를 수색했다. 또한 노획한 야포를 사용할 수 있나를 점검했다. 적군은 도망칠 때 야포의 사격장치를 뜯어내 땅속에 묻거나 숲속에 버렸다. 수색과정에서 적이 매설해 놓은 지뢰가 터져 부상자 3명이 발생했다. 부상자는 어선에 태워 701함으로 후송하여 치료했다. 군의관은 경상이라며 곧 회복한다고 했다.

노명호 함장은 기관장과 포술장에게 월미도에서 노획한 탱크와 야포를 수리해 우리가 쓸 수 있으면 어떻겠느냐 물었다. 기관사 강명혁 중위가 전기장 김생룡 병조장, 내연사 이종문, 이길선 및 조종래를 선발하고 포술부에서는 갑판사관 최 소위가 포술요원 3명을 선출하여 월미도에 상륙했다. 이때 미 순양함에서 파견한 5명의 미 해병이 동행했다.

최 소위는 김 부대장에게 "특공대에 참가한 3인치 포요원 홍양식과 이유택 그리고 정인화를 불러주십시오. 야포 수리에 필요합니다." 건의 드렸더니 곧 시청에 주둔하고 있던 세 사람을 월미도로 불렀다. 강명혁 중위는 우선 위장해 놓은 나뭇가지를 제거하고 참호 주위의 흙을 파헤쳤다. 기관부 요원들은 탱크 엔진과 전기회로를 점검하고 고장 난 곳을 수리했다. 강 중위가 운전석에 들어가 시동 스위치를 돌렸다. 엔진이 '부릉, 부릉' 소리를 내며 멋지게 시동이 걸렸다. 처음 타보는 탱크지만 기어를 넣으니 움직였다. 기어를 이쪽저쪽으로 돌리며 시운전을 했다. 기관부 요원과 구경하고 있던 부대원들이 손뼉을 치며 "적 탱크 잡았다!" 소리높이 외쳤다.

최 소위는 배에서 인솔해온 포 요원과 상륙특공대에 지원하여 용감히 싸운 3인치포 사수 홍양식, 선회수 이유택 그리고 척도수 정인화 하사관들에게

"적은 이곳 월미도에 야포 8문을 참호 속에 은폐해 놓았다. 적은 도망치면서 야포 사격장치를 뜯어내 땅속에 묻거나 숲속에 감추었다. 적이 숨긴 포 부품을 찾아내 조립해 보자. 잘되면 이것을 가지고 적을 추격해 쏘자. 이곳 월미도에는 사방이 지뢰가 깔려 있다. 조심하고 또 조심하라."

모두 야포 부품 찾기에 나섰다. 약 한 시간 동안 수색 끝에 '브리지 부록' 등 부품을 찾아 모았다. 포 요원들은 야포 한 문, 한 문씩 조립했다. 야포 4문을 복구했다.

홍양식 2조가 "갑판사관님, 4문은 완전히 복구했는데 나머지 4문은 부품이 없어 안 되겠습니다. 조립한 4문은 격발이 잘됩니다. 시험사격 해볼까요?" 물었다. 숲속에 숨겨놓은 탄약을 찾아냈다. 야포 1문에 탄약을 장전하고 방아쇠를 당겼다. '꽝' 소리와 함께 탄알이 날아갔다.

| 노획하여 복원시킨 야포(왼쪽부터 최영섭. 통역관 최병해)

모두 손뼉을 치며 "야포 잡았다"고 외쳤다.

정오경, 최 소위는 속히 귀함하라는 함장지시를 받고 배에 돌아오
자 미 순양함에서 LCVP(상륙정) 한 척이 701함에 와 계류했다. 제95기
동함대사령관 스미스 소장이 참모 일행과 통역을 맡은 해군 법무장교
최병해 대위를 대동하여 701함에 올랐다.

스미스 소장은 노명호 함장에게 한국해군과 해병대가 감행한 인천
상륙작전 성공으로 UN지상군 작전수행에 큰 도움이 되었다며 그 공
로를 치하했다. 노명호 함장과 최 소위는 스미스 소장 일행과 같이
LCVP를 타고 월미도로 향했다.

스미스 소장은 참모에게 어젯밤 한국해군과 해병대가 상륙한 만석
동에 접안하라고 지시했다. 기계제작소 안벽에 이르자 김종기 부대장
이 영접했다. 스미스 소장은 김 부대장의 손을 잡고 크나큰 전과를 올
렸다고 치하했다. 김 부대장은 최병해 대위의 통역으로 작전상황을

CTF 스미스 소장 일행(앞줄 5명 왼쪽부터 701함장 노명호 소령, 스미스 소장, CTF 통역관 최병해 대위, 상륙부대장 김종기 소령, 갑판사관 최영섭)

보고했다. 스미스 소장은 인천역 쪽으로 걸어가 월미도와 인천 시내를 한참동안 관찰하고 동행한 일행과 사진촬영을 했다. 스미스 소장은 참모에게 인천항 부두시설 상태를 속히 조사하라고 지시한 후 김 부대장에게 노획한 탱크와 야포는 지금 어디에 있느냐 물었다. 김 부대장이 월미도 남쪽에 있으며 지금 수리 중이라고 대답하니 참모에게 그곳으로 가자고 지시했다.

일행은 LCVP를 타고 월미도 남쪽으로 이동하여 해안에 닿았다. 탱크와 야포가 보였다. 강명혁 중위와 기관부 요원들이 탱크를 수리 중이었다. 김 부대장이 이곳 해안에는 적이 매설한 지뢰가 있어 위험하니 상륙하지 마시라고 권고했다. 이때 오전에 와 있던 미 해병대 대원이 내려와서 미 해군 참모와 통역장교 최병해 대위를 안내하여 탱크와 야포 있는 곳으로 안내했다. 그들은 탱크와 야포를 유심히 살펴본 후 사진을 찍고 내려갔다.

┃ 노획한 탱크(오른쪽부터 갑판사관 최영섭, 기관사 강명혁, 총 든 사람은 CTF 호위 미해병대원)

  스미스 소장 일행은 미 순양함으로 돌아갔다. 강명혁 중위는 기관부 요원을 탱크에 태우고 상륙부대 본부가 있는 시청으로 향했다. 최소위는 야포 4문을 이끌고 탱크 뒤를 따랐다.

  해군, 해병대특공대 상륙군이 인천을 점령했다는 소식을 듣고 피난민들이 시내로 들어오기 시작했다. 시민들은 태극기를 흔들며
  '해군 만세!', '해병대 만세!'
를 소리높이 외쳤다. 김생용 병조장이 시민들이 든 태극기를 받아 탱크 위에 높이 올렸다. 탱크와 야포가 시청에 이르자 상륙군들이 뛰어나와 어쩔 줄을 모르고 기뻐했다.

  오후에 강명혁 중위와 최 소위는 대원들과 같이 탱크에 야포 1문을 끌고 숭의동 쪽으로 갔다. 강 중위는 신나게 탱크를 몰았다. 길모퉁이를 돌 때 회전반경이 길어 부딪치기도 하며 애먹었지만 전진하는 것

인천시 탈환 특공대원(1951년 2월 10일)
이유택(좌측 상단), 뒷줄 왼쪽부터 권진택, 김종곤, 윤영록, 최갑식, 송흥기, 김호민, 알 수 없음, 홍양식, 김종수, 앞줄 왼쪽부터 이유태(반쪽 사진), 최석린, 최영섭, 노명호, 김종기, 강명혁, 서홍식, 이태기

은 트럭 운전하듯이 잘 몰았다.

인천시 동쪽 46번 도로와 남쪽의 42번 도로가 마주치는 지점에 탱크를 세우고 야포에 탄약을 장전하여 적군이 이동한 부평 쪽을 향해 쐈다.

이때 남쪽 42번 길에서 지프차 한 대가 달려왔다. 가까이 오더니 지프차를 세우고 미군 장교가 내려 "Hello, I am US Army." 하면서 손을 내밀었다. 중위 계급장을 단 미군 장교는 수색대원으로 한국 해군, 해병대가 상륙작전을 감행하여 인천시를 점령했다는 정보를 받고 상황을 확인하고자 왔노라고 했다. 강 중위와 최 소위는 그에게 상륙작전 전투와 인천시 현황을 설명했다. 그는 설명을 다 들은 후 '파인!' 하면서 곧 본대로 돌아가 보고하겠다고 했다.

미군 장교는 탱크에 가까이 가서 살펴보더니 "아니, 이 탱크 어디서 갖고 왔느냐?"고 물었다.

"적군이 인천방어를 위해 월미도에 구축한 방어진지에 있던 탱크를 노획해 이곳으로 몰고 왔다" 하니

"이 탱크는 영국군 탱크인데" 하며 고개를 갸우뚱거렸다.

미군 장교는 "내일 본대와 같이 인천으로 올 때 다시 만나자" 하며 지프차를 타고 되돌아갔다. 시청으로 돌아올 때는 최 소위가 탱크를 몰았다.

이날, 손원일 참모총장이 보낸 치하 전문을 받았다. 김종기 부대장은 인천지구 해군부대장 명의로 포고문을 공포했다. 내용은 '질서유지, 적군·무기·폭발물 발견 시 즉각 보고, 시민생활 안전보장' 등의 내용을 담았다.

2월 15일, 미 육군 제2특수공병여단이 미 해군 수송선을 타고 한국 해군이 수복한 인천항으로 들어왔다. 그들은 인천항에 들어오자 곧 항만과 부두 복구공사를 시작했다. 미 8군사령부는 부산에서 중부전선까지 험난한 도로를 통해 군수지원을 하는 데 크나큰 애로가 있었다. 인천항을 탈환함으로써 그 애로를 일시에 해소할 수 있게 되었다. 이런 의미에서 우리 해군, 해병대에 의한 제2차 인천상륙작전 성공은 전쟁수행에 있어 그 의의가 매우 컸다. 나중에 알게 된 일이지만 미 8군사령관은 2월 6일, 관악산공격 당시 적의 증원군을 차단하기 위해 인천에 대한 소규모 상륙작전을 요청했었다.[28]

---

[28]_ 국방부전사편찬연구소, 『6.25전쟁사』 제8권, 국방부, p.249.

제2차 인천상륙작전에서 우리 해군, 해병대 상륙부대가 노획한 전차에 얽힌 스토리는 이렇다. 영국군 제27여단은 UN군으로 1950년 8월 28일 6.25전쟁 초기에 참전했으며 제29여단은 증원군으로 1950년 11월 18일 부산으로 들어와 곧 개성지구전투에 참전했다. UN군은 중공군의 신정공세 때 한강 이남으로 철수명령을 내렸다.

서울지역의 7만 5000명 병력과 장비 그리고 수많은 서울시민과 북에서 내려온 피난민은 또 다시 서울을 떠나 임시로 부설한 부교를 통해 긴급히 한강을 넘어야 했다.

영국군 제29여단은 1월 3일, 임진강 남쪽 고양시 지역에서 밀려드는 중공군과 치열한 전투를 펼치며 UN군과 피난민이 철수할 시간을 벌어야 했다. 이때 제29여단과 제170박격포대대는 중공군 제115, 116, 117 3개 사단과 중공군 제45포병연대에 맞서 처절한 혈투를 벌였다. 이 전투에서 300여 명의 인명과 탱크 10여 대를 잃었다.[29]

1999년 4월, 영국 엘리자베스 여왕이 한국을 방문했을 때 여왕은 이곳 실마리 전적지를 찾아 추도 행사를 거행했다. 이 전투에서 살아남은 한 통신병은 귀국 후 임종을 맞이하면서 실마리전투에서 같이 싸운 전우에게

"나 죽은 후 내 뼈를
한국 실마리 전투에서 전사한
전우들이 잠들어 있는 곳에 묻어 달라."

---

[29]_ 국방부군사편찬연구소, 『6.25전쟁사』 제8권, 국방부, p.156.

엄현성 해군참모총장을 필두로 해군은 2017년 11월 15일, 제2차 인천상륙작전 전승비를 인천시 맥아더로 대한제분 부지에 세웠다.

유언했다. 그 유언을 들은 전우는 그의 유골함을 안고 김포공항에 내려 실마리 영국군 제29여단 클로스터서대대 전적비 옆에 묻었다.

6.25전쟁에 영국은 항공모함 1척을 포함하여 17척의 함정과 지상군 연병력 약 4만 4천 명을 파병했다. 이들 영국군은 우리 대한민국을 지키고 한국국민의 자유를 위해 공산 침략군과 격렬히 싸워 1,079명이 전사하고 2,674명이 전상을 입었다.

2차 인천상륙작전을 감행한 해군, 해병대 상륙부대가 월미도에서 노획한 탱크는 영국군 제29여단이 1951년 1월 3일 임진강 남쪽 고양시 지역 전투에서 중공군에게 빼앗긴 탱크 10대 중의 한 대로 추정된다. 지금 우리나라가 이만큼 성장 발전된 데는 6.25전쟁에서 UN군의 고귀한 희생이 있었음을 기억해야 할 것이다.

제6장

UN군 기동전대 연락장교

회오리바람 몰아치는 전국(戰局)과 휴전회담

동·서해에서 작전임무 수행 중 날씬하게 빠진 몸매에 백파를 가르며 비호같이 달리는 미해군 구축함을 볼 때마다 '우리 해군도 저런 멋진 군함을 가질 수 있을까? 아마도 불가능할 거야. 저런 군함은 강대국만의 것이야.' 이룰 수 없는 사랑의 서글픔 같은 상념에 잠겼다.

그런 구축함을 탈 수 있는 기회가 왔다. 1951년 12월, UN해군 동해 기동전대(TG 95.2)의 연락장교로 근무할 명령을 받고 원산만에 가서 미해군 구축함 로완(Rowan, DD-782)에 부임했다.

이때의 전황을 살펴보자. 1950년 9월, UN군은 낙동강까지 밀렸던 전세를 인천상륙작전으로 일시에 반전시켜 압록강 두만강 국경까지 진격했다. 민족의 염원인 통일이 바로 눈앞에 다가올 때 중공군의 대거 침공으로 후퇴에 후퇴를 거듭하여 또다시 서울을 내주고 1월 8일에는 북위 37도선인 평택, 안성, 제천, 삼척선까지 밀렸다. UN군은 1월 25일을 기해 반격에 나서 3월 15일 서울을 다시 회복하고 3월 말경에는 38도선에 이르렀다. 이 무렵 UN해군 제95기동부대는 UN지상군 작전을 지원하기 위하여 적 해안에 인접한 수송로인 도로와 철도를 포격하고 38도선 북쪽 도서점령작전을 감행했다.

1951년 2월 7일, 진해에 대기 중인 LST-801함(함장: 유해거 중령)은 해병대 제42중대(중대장 : 심희택 소위)를 탑재하고 묵호로 떠나 2월 10일 YMS-505정(정장 : 강기현 중위)과 합류했다.

2월 12일, LST-801함, LST삼랑진호 및 YMS-505정은 묵호항을 떠나 원산만에 이르러 상륙작전을 감행했다. 2월 14일, 여도를 점령하고 이어서 2월 24일에는 신도, 25일에는 대도를 점령했다. 3월 4일에는 원산 명사십리 백사장 바로 앞 2,000m 근거리에 있는 황토도를 점령했다.

1951년 3월 28일 LST-801함은 해병대 제41중대(중대장 : 이동호 중위)를 탑재하여 서해로 출동했다. 4월 2일 강화도 서쪽에 있는 교동도를 탈환하고 4월 23일에는 백령도를 확보했다. 이어서 5월 7일 대동강 인구에 있는 석도를 점령했다.

중공군은 2월 11일 중부전선(양평-저평리-평창)에서 2월공세를 개시하고 4월 22일에는 화천 서방 중부지역에서 제1차 춘계공세를, 5월 16일에는 화천동방 동부지역에서 제2차 춘계공세에 나섰다. UN지상군은 4월 9일 '러기드(Rugged)' 반격작전을 감행하여 5월 18일에는 적을 홍천-속사리-강릉 북방으로 격퇴하고 38도선을 돌파했다.

4월 11일 맥아더 원수는 UN군 최고사령관직에서 해임되고 리지웨이 중장이 부임했다. 4월 14일, 전투형 무인인 밴 플리트 장군이 미8군 사령관으로 부임했다. 세인의 이목이 세상을 떠들썩하게 한 맥아더의 해임사건에 집중되고 있는 동안에도 전선에서는 격전이 계속되고 있었다. 1951년 미국시간 6월 23일 2115시(한국시간으로는 24일 1115시)

UN안전보장이사회 소련대표 말리크가 '휴전'을 제안했다. 이어서 중공은 「인민일보」사설을 통해 말리크 성명을 지지했다. 미국 트루먼 대통령도 6.25 전쟁의 '평화적 해결' 용의가 있다고 성명했다.

이승만 대통령은 6월 27일 "침략자에게는 상을 주는 것이 아니라 벌을 주어야 한다. 한반도가 38도선으로 분할됨으로써 전쟁의 원인이 되었다. 또다시 한반도 분할을 고정시킨다는 것은 장차 전쟁을 재발시킬 것이다. 평화안이라면 그것은 한국국민에 대하여 재차 공산침략이 없을 것이라는 명백한 보증이 주어져야만 한다. 우리는 더욱 가공할 전쟁의 서곡이 될 휴전을 수락하지 않도록 전 세계에 경고한다"는 휴전 반대 성명을 냈다. 한국 국회도 휴전 반대 결의를 했다.

그러나 미국 정부와 소련 그리고 UN은 휴전협정 교섭을 진척시켜 나아갔다. UN군측은 6월 30일, 회담장소로 원산만에 정박 중인 덴마크 병원선 '유트란티아'를 제안했다. 이에 대하여 공산군측은 7월 1일 '개성'으로 역제안했다. UN군측의 '순진'한 동의로 7월 8일 개성 '내봉장(來鳳莊)'에서 예비회담이 열렸다.

6월 말경, 밴 플리트 제8군사령관, 리지웨이 UN군 최고사령관 그리고 워싱턴의 통합참모본부 간에 '평양-원산' 진격작전에 대한 논의가 오갔다. 이 작전이 이루어졌다면 지금 한반도 정세는 달라졌을 것이다. 아쉬움의 한이 남는다. 밴 플리트 장군은 전선의 안정을 위하여 38도선 약 40km 북방인 임진강-철원-김화-금성남쪽-해안분지-간성을 연결하는 선으로 진격명령을 내렸다. '파일 드라이브' 작전이다.

UN군은 6월 11일, 중부전선에서 철원, 김화까지 진격하였으며 동해안의 한국 수도사단은 6월 15일 간성을 점령하고 고성 남방까지 진격했다. 이 전투에서 가장 치열한 격전지는 도솔산전투였다.

해병대의 도솔산전투

미군이 펀치볼(Punch Bowl: 주발)이라고 부르는 해안분지(亥安盆地)는 적군의 전진 및 보급기지로 양구와 인제 북방에 있는 요충지다. 이 분지를 점령하기 위해서는 반드시 도솔산을 손에 넣어야만 한다. 도솔산 일대는 해발 1,148m의 험준한 고지가 중첩되어 있는 산악지대이다. 1951년 6월 8일, 미 제1해병사단은 해안분지(펀치볼)를 확보하기 위하여 양구 북쪽에 있는 대암산-도솔산-대우산을 향해 공격을 개시했다. 험준한 지형과 적의 완강한 저항으로 공격이 여의치 않았다. 사단장은 막대한 손실을 입은 미해병 제5연대를 소양강 쪽으로 이동시키고 국군 제1해병연대를 투입했다.

우리 제1해병연대는 6월 9일을 기해 공격을 개시하였으나 여의치 않자 연대장은 11일 새벽 02시를 기해 해병 특유의 맹렬한 공격정신으로 적의 허를 찌르는 야간공격을 감행했다. 공격개시 3시간 만인 6월 11일 05시에 적이 난공불락 요새라고 호언장담하던 대암산 적 주저항선을 돌파하며 대암산을 점령했다. 미해병 제1사단장은 '신 캔자스라인'까지 진출할 수 있게 한 한국해병대의 용전분투를 극구 치하하고 해안분지(펀치볼) 남쪽에 있는 도솔산 공략을 명령했다.

이때 도솔산은 적 인민군 제12사단 예하 1개 연대가 강력한 방어진지를 구축하고 있었다. 우리 제1해병연대는 6월 17일 도솔산 공격을 감행했다. 우리 해병대는 두더지처럼 교통로를 뚫으면서 적진지에 일제히 야간 돌격전을 감행하여 마침내 6월 19일 새벽 도솔산을 점령했다. 이제 아군은 해안분지 일대의 통제권을 장악할 수 있었다.

이 전투에서 적 사살 2263명, 생포 42명 그리고 다수의 무기를 노획하는 대전과를 올렸다. 아군은 전사 123명, 부상 582명의 손실을 입었다.

그 후 8월 31일 국군 제1해병연대는 미 제1해병사단장의 명령을 받고 924고지(김일성 고지)와 1026고지(모택동 고지) 공략임무를 받고 공격전투를 전개하여 9월 2일 924고지를 점령했다. 이어서 9월 3일 수류탄 공격을 감행 적진지에 돌진하여 치열한 백병전 끝에 13시 45분, 마침내 1026고지를 점령했다. 이 전투에서 적 사살 382명, 포로 44명 그리고 수많은 장비를 노획하는 큰 전과를 올렸다. 아군도 전사 103명, 부상 388명이란 희생을 치렀다.

아군은 해안분지(펀치볼) 일대를 완전히 장악했다.[30] 이승만 대통령은 해병대의 혁혁한 전공을 "무적 해병" 휘호로 칭송했다.

휴전회담의 서막

해병대가 도솔산을 점령한 4일 후인 6월 23일 소련 외무차관 말리크가 제안한 휴전협의는 7월 8일 개성에 있는 내봉장(來鳳莊)에서 예비회담으로 첫발을 내딛었다.

UN군측의 연락장교단인 키니 공군대령 일행은 회의장으로 들어서자마자 남쪽을 향하고 있는 의자에 먼저 앉았다. 이때 공산군측의 장춘산 대좌는 당황하고 곤혹스러운 표정을 지었다. 키니 대령은 강화회담을 할 때 승자가 남쪽을 향하고 패자가 북쪽을 향해서 앉는 것이 동양의 관습이라는 말을 듣고 있었다. 누구로부터 이런 말을 들었는지는 분명하지 않지만 아마도 휴전회담 한국대표던 백선엽 장군이 귀

30_ 국방부전사편찬연구소, 『6.25 전쟁사』 제9권, 국방부 전사편찬연구소, p.270, pp.375-383.

띔해 준 것으로 보인다.[31]

예비회담 주제는 ① 대표명단 교환, ② 본회담 개최일정, ③ 회담장 왕복 교통안전조치에 관한 사항 등이었다.

공산군측이 휴전 예비회담에서부터 꾸민 교활한 간계를 보자.

공산군의 교활한 간계

1.

7월 10일, 휴전회담 본회담이 개성에서 열렸다. 공산군측이 휴전회담 장소로 제안한 '개성'은 38도선 남방 3마일에 있고 당시 전선에서 약 20마일 거리에 위치한 공산군측 수중에 있는 유서 깊은 고도(古都)다. 옛 동양의 관습으로는 승자가 화평을 청하는 상대를 그의 세력권 안으로 불러들이게 되어 있었다. 공산군측은 전쟁 전 한국의 관할 하에 있던 38도선 이남 '개성'을 점령한 승자로서 UN군측이 화의를 간청하려고 머리 숙여 찾아 들어왔다는 인상을 세상 사람들에게 과시하려고 그러한 무대를 연출했다. 백선엽 장군은 "최초의 회담장으로 개성을 정하는 것에 동의한 것은 UN군측의 실수였다"고 술회했다.

2.

예비회담에서 본회의 날짜를 7월 10일로 정하고 개성회담장으로

---

[31] 일본육전사연구보급회, 한국전쟁 제9권, p.60.

들어가는 UN군측 차량에는 백기(白旗)를 달도록 합의했다. 7월 10일 아침, UN군측 대표단은 헬기로 문산을 떠나 개성 교외에 도착했다. 그들을 위하여 준비된 지프차에는 커다란 백기가 걸려 있었다. 수행원 일행은 차량마다 큰 백기를 달고 임진강을 건너 판문점에 이르렀다. 이때 인민군측 안내장교들은 새로 맞춘 정장차림으로 3대의 트럭에 분승하여 선두에서 천천히 개성시내로 안내했다. 그들은 백색 완장을 차고 백기를 단 UN군측 수행원 차량행렬 선두에서 V자 사인을 하며 '만세'를 부르는 시늉을 되풀이했다. 공산군측 사진반은 그 광경을 열심히 촬영했다. 공산군측은 그들이 찍은 사진에 「항복한 UN군」이라는 제목을 붙여 대대적으로 보도했다. 예비회담 때부터 계획한 교활한 간계였다.

3.

UN군측 대표단 일행은 '인삼장'에서 잠시 휴식한 후 본회의장인 '내봉장'에 들어갔다. 회의실에 들어서자 공산군측 대표들은 UN군측 대표들을 북향으로 앉게 하고 자기들은 남향의 높은 의자에 앉았다. 높은 의자에 앉은 공산군측 대표들은 승자의 거만한 자세로 UN군측 대표들을 눈 아래로 깔아보고 있었다. 공산군측은 자기들 의자를 UN군측보다 4인치 높게 만들어 놓았다. 공산군측 사진반은 이 '상하 관계' 광경을 카메라에 담았다. UN군측 항의로 의자는 높이가 같은 것으로 대체되었지만 공산군측의 유치한 계교다.

4.

UN군측이 자그마한 UN기를 회의 테이블에 놓았다. 이를 본 공산군측은 곧 UN기보다 크고 10센티미터 높은 인공기를 올려놨다. 다음날 UN군측은 인공기보다 높은 깃대를 올려놨다. 깃대높이 경쟁이 계속되어 천정까지 닿게 되자 양측은 같은 높이로 합의했다. 'UN군측의 백기 행진', '회담장의 높은 의자', '회담장 탁자의 높은 깃발' 등 공산군측은 이 휴전회담을 'UN군측의 항복회담'으로 연출하려는 간계를 꾸몄다.

5.

8월 10일, 제20회 회담 시 UN군측 대표 조이 중장은 "UN군 대표는 공산군측이 주장하는 38도선을 군사경계선으로 하자는 데 대한 토론은 하지 않겠다. 생각조차 할 수 없다"고 발언하자 공산군측 대표 남일 중장은 즉각 반발하고 나섰다. 조이 중장은 "나는 UN군이 결정한 바를 말했다. 귀측이 38도선에 대해 언급하는 것을 막고자 하는 것은 아니다." 발언하자 남일 중장은 어금니를 악물고 말문을 닫았다. 그는 조이 중장이 토의를 거부하면 자기들도 발언을 하지 않겠다는 태도였다. 쌍방은 상대방을 노려보며 2시간 11분 동안 침묵의 대치가 계속됐다. 세상에 유례가 없는 기이한 회담광경이 연출됐다. 그 후 UN군측 대표들은 공산군측의 '침묵 대치전술'에 대비하느라고 회담이 열리는 전날에는 물 한모금도 마시지 않았다는 일화도 있다.

군사적 압력

9월 8일 샌프란시스코에서 '대일 평화조약'이 조인되었다.

개성에서의 휴전회담은 시초부터 공산군측의 정치 선전장으로 이용되는 등 문제점이 대두되었다. 교섭이 진행됨에 따라 양측의 입장에 근본적이고도 명백한 차이가 드러났다. 군사분계선 문제에 있어 UN군측은 "현실적인 군사정세를 반영하여야 한다. UN군은 한반도의 제해권과 제공권을 완전히 장악하고 있다. 분계선을 현 접촉선보다 북쪽이고 압록강보다 남쪽 어느 선으로 해야 한다"고 주장했다. 이에 대해 공산군측은 "이 전쟁에서 승자도 패자도 없다. 전쟁이 38도선에서 시작되었으니 38도선으로 돌아가는 것이 가장 공정하다." 즉 원상복귀의 원칙이라고 주장했다.

회담은 설전만 계속될 뿐 아무런 진전이 없었다. 휴전회담이 진전되는 동안 UN군 부대 분위기에 이상 징조가 나타나기 시작했다.

'어차피 휴전한다는데 군이 죽도록 싸울 필요가 있겠는가?'라는 생각이 병사들 사이에 번져갔다.

'총성이 끊어진 전장에는 긴장감이 풀어지고 병사의 사기는 저하된다.'는 2차대전에서 경험한 리지웨이 장군은 '공격'으로 적의 공격준비를 교란하고 장병의 사기를 진작시키는 한편 휴전 시 유리한 방어지역을 확보하고 휴전회담을 진전시키는 효과를 거두기로 했다.

밴 플리트 장군도 '전승만이 교섭성공의 전제조건이며 합의는 전승에 의해서만이 획득된다'는 신념을 갖고 있었다.

휴전회담이 중단된 기간인 8월, UN군은 중·동부전선에서 산악지대 요점확보를 위한 공격작전을 전개했다. 동해안의 한국군 제1군단은 거진 북방 20km 북위 38도 37분에 있는 남강 남안지역을 탈환했다.

동해에서 작전임무를 수행하던 UN해군 기동함대의 전함과 순양함은 지상군에 함포 지원사격을 하고 항공모함은 함재기를 출동시켜 적 진지와 주둔지 및 병참기지에 대해 맹렬한 폭격과 기총소사를 감행했다.

피의 능선 전투

8월 하순, UN군은 캔자스-와이오밍 선으로 진출한 후 주저항선 전방의 전초기지를 확보하기 위하여 양구 북방의 피의 능선(983고지-940고지-773고지)에 대한 공격을 개시했다.

이 전투로 공산군은 펀치볼(해안분지) 북쪽으로 패퇴하고 UN군은 피의 능선 일대를 장악하여 백석산(1,142m)과 대우산(1,178m)의 측방도로를 확보했다. 지금의 해안분지(펀치볼)와 평화의 댐 사이의 방산면 일대지역이다.

1951년 9월 5일 피의 능선전투에서 승리했지만 산 정상은 아군과 적의 시체로 뒤덮였다. 이 처참한 광경을 본 종군기자는 '피의 능선'이라고 탄식했다.

피의 능선전투를 끝낼 무렵 제한된 공격작전의 한계를 절감한 밴 플리트 장군은 '맹조의 발톱(Talons)' 작전계획을 상신했다. 이 계획의 기본은 원산 남쪽 해안에 상륙 및 공수작전을 펴 공산군 배후를 포위 교란함과 동시에 전선을 동해안의 장전-금강산-금성-김화-평강으로 설정하여 중동부전선의 근본적 변화를 기하려는 것이었다.

그리하여 휴전회담을 진전시키는 한편 휴전협정 체결 후 방어선을 보다 견고하게 다져놓자는 것이었다. 밴 플리트 장군은 병사에서 대장으로 승진한 50만 대군의 사령관으로서 공세작전을 위해 타고난 전형적인 야전장군이었다.

이 계획을 받은 리지웨이 장군은 심사숙고 끝에 상부 상신을 포기했다. '판정승을 해야지 적을 녹아웃 시켜서는 안 된다'는 외신들의 기류에 눌려서인가?

이는 두고두고 아쉬운 일이다.

가칠봉 전투

9월 4일부터 약 40일간의 치열한 전투 끝에 UN군은 지금 제4땅굴 서쪽으로 휴전선의 지나가는 가칠봉(1,242m)을 점령하여 펀치볼 북쪽 주요고지를 확보했다.

단장(斷腸)의 능선 전투

UN군은 중동부 전선의 주저항선을 강화하기 위하여 9월 13일부터 약 한 달 동안의 끈질긴 격전 끝에 양구북쪽 피의 능선 북방의 단장의 능선(894고지-931고지-851고지)을 점령하여 가칠봉과 백석산(1,142m)을 잇는 전선을 조정할 수 있었다.

단장의 능선전투가 얼마나 치열했으면 창자가 끊어진다는 '단장의 능선'이라고 이름을 붙였을까!

이 시기에 수도사단은 동해안 간성북방의 최북단 전선에 위치한 월비산(459m)을 점령하여 적군을 남강 북쪽으로 몰아냈다.

금성천 전투에서 산화한 정문욱 소위

1951년 겨울에 접어들면서 전선의 윤곽이 확연히 들어났을 때 미 제9군단은 중동부 전선의 주저항선을 조정하고 철의 삼각지대(평강, 철원, 김화)에 대한 통제권을 강화하기 위하여 10월 13일, 금성천으로 공격 작전을 전개했다. 3일 동안 5km를 전진하여 1단계 목표선인 '노 네임선'을 점령하고 계속하여 금성천을 넘어 화천 북쪽 약 30km에 있 는 교암산으로 공격해 들어갔다.

국군 제6사단(사단장 장도영 준장)은 화천 북쪽 17km에 위치한 백암 산(1179고지) 인근에 진을 치고 있었다. 이 지역 서쪽에는 금성천이 남 으로 흐르다 동쪽으로 가로질러 북한강과 합류하고 북한강이 북으로 뻗쳐 양면이 강으로 둘려 있다. 국군 제6사단은 10월 13일 공격을 개 시하여 치열한 격전 끝에 14일 금성천 도하작전에 성공, 마침내 등대 리를 점령했다. 21일 등대리 북방 약 7km에 위치한 교암산(769m) 공 격을 감행 백병전을 벌여 탈취에 성공했다. 그 후 중공군 제67군 예하 의 제199사단 및 증강된 제201사단과의 치열한 공방전이 계속됐다.

제6사단은 적이 축성한 견고한 진지를 공격하면서 상당한 손실을 입었지만 적 중공군도 막대한 피해를 입어 적 제67군은 제12군과 교 체했다. 이 작전의 성공은 10월 25일 판문점에서의 휴전회담 재개에 기여했다. 한 치의 국토라도 더 확보하고 백병전을 벌이며 싸운 수많 은 꽃다운 젊은이들이 금성천 산과 들에서 스러져갔다.

그 기간에 갓 스무살 젊은 나이에 군번 21405 인식표를 목에 걸고 오랑캐 적진에 돌진하다 장렬히 전사한 소위가 있었다. 그는 제6사 단 제3대대 제9중대 소대장 정문욱 소위다. 정 소위는 경기중학교 제

48회생으로 6학년 재학 중 6.25전쟁이 터졌다. 그는 신생 대한민국을 지키겠노라고 교복을 입은 채 군문으로 달려갔다. 영어를 잘하는 것을 본 모병관은 그를 헌병으로 임명하여 제8군사령관 워커 중장의 통역으로 차출했다. 정문욱은 재학 중 미국 시사잡지 '타임'지를 자유롭게 해독할 정도였다.

1950년 12월 23일 워커 중장은 미 제24사단과 영국군 제29여단을 시찰하려고 사령부를 떠났다. 이때 미 제24사단에 근무 중인 아들 샘 워커 대위에 대한 표창장수여도 계획되어 있었다. 한국군 제6사단 제2연대 소속의 스리쿼터 6대가 의정부 남방 5km 지점의 도로에 정차하고 있었는데 이때 서울 쪽에서 지프차가 달려오고 있었다. 스리쿼터 한 대가 갑자기 대열에서 벗어나 길로 나가는 순간 달려오던 지프차 범퍼가 스리쿼터에 스치면서 진탕에 미끄러져 길옆으로 굴러 떨어졌다. 그 지프차는 워커 장군 전용차로 워커 장군은 지프차에 깔려 순직했다. 20일 전인 12월 3일은 워커 장군 제61회 생일이었다. 워커 장군은 제2차 세계대전 때 패튼 장군 지휘 하에서 '조니 워커'라는 애칭으로 불린 맹장이었다.

그 후임으로 미 육군참모차장 리지웨이 중장이 부임했다. 정문욱은 워커 장군 순직 후 가족이 있는 진해로 휴가차 왔다.

진해통제부 인사참모로 근무하는 형이 "경기중학교 출신이 해사 8기생으로 많이 들어왔다. 곧 9기생 모집이 있을 터이니 해사에 지원하려무나" 권했다.

정문욱은 "형님, 지금 중공군이 서울을 점령하고 남진 중입니다. 대한민국을 지켜야 합니다. 저는 전선에 나가 싸우겠습니다." 결연한 국가수호 의지가 넘쳤다.

그는 1951년 2월 동래에 있는 육군종합학교 제30기로 들어가 육군 보병 소위로 임관했다. 제6사단 제3대대 제9중대 소대장으로 부임하여 38도선을 넘어 화천 백암산으로 진격했다. 10월 금성천 도하작전을 감행하고 교암산 탈환전투에서 11월 3일 장렬히 전사했다.

지금 동작동 현충원 비림(碑林)속 제15지구 364호에 잠들어 있다. 2012년 8월, 정문욱 소위의 경기중학교 제48회 동기생인 박항배 박사는 그에 대하여 이렇게 회상했다.

"정군은 키가 나와 비슷해 교실에서 가까이 앉았습니다. 저의 집에도 몇 번 놀러왔지요. 6.25전쟁이 터진 직후에도 서울에서 만났습니다. 눈이 서글서글하고 문학, 음악 등 교양전반에 걸쳐 폭넓은 지식을 가지고 있었습니다. 정군이 전사한 1951년 11월 3일이면 제가 속한 제9사단이 금성천에서 불과 50km도 안 되는 철원 백마고지 쟁탈전을 할 때입니다. 생전에 한번 찾아가보지 못한 것이 새삼 한스럽습니다."

6.25전쟁이 발발하자 중학교 5, 6학년 또는 대학교 1, 2학년에 재학 중인 학생들이 펜 대신 총을 들고 위기에 놓인 조국을 지키겠다는 애국일념 하나로 자진해서 전선으로 내달렸다.

국방부는 3년 동안 조사 작업 끝에 2011년말 참전 소년병 29,603명, 전사자 2,573명이라는 공식 집계를 냈다. 군별로는 육군 22,849명, 해군 2,984명, 공군 1,197명이다. 여기에는 여성소년병 467명도 포함돼 있다. 6.25 전쟁 첫날 육군사관학교 생도 2기 333명 중 277명이 포천 전투에 투입되어 그날 86명이 전사했다.

국방부는 시급한 초급장교 양성을 위해 1950년 8월 15일 동래고등학교에 육군종합학교를 설립했다. 1950년 9월부터 1951년 8월까지 7,257명을 육군소위로 임관했다. 이들은 일선 소대장으로 싸웠다. 그

중 1,377명이 전사하고 2,556명이 부상했다. 육군종합학교에 지원한 사람들 대부분은 중학교 학생들이었다.

정문욱 소위도 그중 한 명이다. 젊은 학도들은 나라의 동량(棟梁)이고 민족의 정화(精華)다. 그들은 나라가 위급함을 보고 용약(勇躍) 초연(硝煙)이 자욱한 전선으로 내달렸다. 오늘의 대한민국은 그들의 고귀한 희생의 결정(結晶)이다.

요즘 군복무 의무가 없는 영주권을 소유한 나라 밖 젊은이들의 자원입대가 늘고 있다. 2012년 8월 현재 1,308명이다. 그 중에는 시력이 좋지 않아 4급 판정을 받고 시력교정 수술까지 하여 입대한 사람도 있다.

그들의 입대 이유가 한국인의 정체성을 찾고 대한민국 국민의 당당한 일원이 되겠다는 것이다. 이와 같은 젊은이가 있음으로 대한민국의 앞날이 창창하다.

지리산함(PC-704) 장병, 원산만에서 산화하다

1951년 12월의 원산만은 살을 에는 북서 계절풍이 눈발을 휘날리며 음산한 날씨가 이어졌다. 전대 기함인 로완(ROWAN, DD-782)함은 원산만 외해에서 북쪽 웅도와 남쪽 여도 사이를 지나 갈마반도를 잇는 적해안 일대를 감시하며 항해했다. 그 배에 타고 있는 연락장교 최영섭 대위의 주임무는 원산해역에 출동 중인 한국해군함정에 대하여 작전지시를 하달하고 그 함정들이 보내온 보고사항을 사령관에게 전달하는 일이었다.

이때 원산만에 출동 중인 PF, PC, YMS 등 한국함정의 주 임무는 해안경비, 아군이 주둔하고 있는 도서에 대한 외곽경비 및 병참지원 등이었다. 함체가 작은 PC와 YMS함정이 세찬 북서풍을 뚫고 백파를 뒤집어쓰며 경비하는 모습을 볼 때 안쓰러운 마음에 가슴이 아렸다.

12월 25일 크리스마스 날, 로완함의 사관실에는 크리스마스 트리가 장식되고 함내 방송에서는 '화이트 크리스마스', '징글벨' 등 크리스마스 캐럴이 흘렀다. 이날, 원산만 일대는 잔뜩 흐린 혹한의 날씨에 샛바람으로 높은 파도가 거세게 일었다.

26일 0400시, 미해군 장교가 침실에서 자고 있는 최 대위를 깨워 "함교로 올라가자"고 했다. 함교로 올라갔다.

함장이 "최 대위, 기동함대에서 PC-704함의 소재를 찾으라는 지시가 왔소. PC-704함을 불러보시오. 만일 회답이 없으면 원산만에서 작전 중인 한국함정에 물어 보시오." 함장 지시를 받고 곧바로 CIC로 내려가 무선전화로 PC-704함을 계속 호출했다. 응답이 없다.

원산만에서 작전임무를 수행 중인 PF-63함, PC-703함, YMS-518, 502, 515정을 무선으로 불러 PC-704함의 소재를 물었다. 모든 함정이 모른다 했다.

잠시 후 YMS-502정으로부터 "25일 1700시경 704함이 여도 동쪽에서 풍랑에 시달리며 경비 중인 것을 보았다"는 무전을 받았다. CIC에서 혹시 PC-704로 교신이 되나 싶어 레시버를 귀에 끼고 밤새 호출했다.

26일 0600시경 여도 주둔 해병대로부터 "여도 동남쪽 해안에 무수한 시체가 떠 밀려오고 있다."는 통신을 받았다. 곧 함교에 올라가 함장에게 보고했다. 함장은 부장에게 "배를 여도 서쪽해안으로 접근시킬 터이니 보트를 내려 여도 한국해병부대에 가서 떠밀려오는 시체의 국적을 확인하라. 연락장교 최 대위와 갑판사관 그리고 통신병에게 통신기를 휴대시켜 같이 가라" 지시했다.

0700시경 보트를 타고 여도 서쪽해안에 돌을 쌓아서 임시로 만든 간이부두에 대고 상륙했다. 한국 해병대장교의 안내를 받아 여도 동남쪽 끝 해안으로 갔다. 수많은 시체가 거센 파도에 밀려 해안에 닿아 떠있었다. 거의 나체 상태였으나 간혹 내의를 걸친 시체도 있었다. 피부가 새빨갛게 얼어 있고 외상을 입은 흔적은 보이지 않았다. 얼음같이 차가운 포말을 뒤집어쓰면서 바닷가로 내려가 시체를 살펴보았으나 적군인지 아군인지 분간할 수가 없었다. 로프와 국제신호 기류가 떠 밀려왔다. 선박이 조난한 것으로 생각됐다. 기류를 건져 올려봤다. 오랜 PC함 승조경력으로 그 기류가 PC함의 것이 틀림없었다. 라이프링이 해안으로 떠밀려 왔다. 페인트로 '704'라는 글씨가 분명히 보였다.

'아, PC-704함이 조난당했구나.'

'침몰됐구나.'

그 순간 몸도 얼어붙고 말문이 막혀 파도에 흐트러져 밀려오는 시체만 멍하니 바라보았다.

옆에 서 있던 미군장교가 "Lieutenant 최"라고 부르는 소리에 정신을 차렸다. "기류를 보니 선박이 조난된 것으로 보이는데 이 시체는 어느 나라 사람으로 생각됩니까?" 물었다.

"여기 라이프링에 PC-704라고 쓰여 있지요. 우리가 찾고 있던 PC-704함이 침몰된 것이 확실합니다. 여기 떠밀려온 시체는 704함의 승조원이 분명합니다" 대답했다.

우리를 안내한 해병대 장교에게 PC-704함이 침몰되어 승조원 시체가 여도 해안으로 떠밀려오고 있는 현황을 여도주둔 부대장에게 보고하라 했다.

급히 부두로 돌아와 보트를 타고 구축함 로완함으로 귀함하여 해군본부에 여도에서 목격한 상황을 보고했다. 보고를 끝내고 CIC에서 나와 사관실에 들어가 의자에 풀썩 주저앉았다. 여도 동남해안으로 떠밀려오는 PC-704함 전우들의 모습이 머릿속에 맴돌았다.

구조요청을 할 사이도, SOS를 칠 사이도 없이 순식간에 침몰됐구나. 승조원 중 살아남은 사람이 한 사람도 없겠구나. 풍파에 떠다니던 기뢰에 부딪히지 않고서야 이런 일이 일어나지 않을 거다. 순식간에 얼음장같이 차디찬 바다에 내던져졌을 때 얼마나 춥고 고통스러웠을까? 쉴 사이도 없이 숨가쁘게 동서남해를 누벼 달리고 작년 10월에는 바로 이 바다 원산만에서 작전임무를 수행한 후 육군 수도사단 및 제3사단과 병진하여 흥남, 신포, 단천을 거쳐 성진으로 진격하던 생각이 아련히 스쳤다.

뱃사람은 생년월일을 각기 달리해도 제삿날은 같다고 하지 않았는가. 이태영 함장 이하 57명 용사들은 그 고귀한 생명을 이곳 원산 앞바다에서 조국에 바쳤다. 지난 2010년 3월 26일, 천안함 48용사들도 백령도 앞바다에서 그 고귀한 생명을 조국에 바쳤다.

해군은 죽음을 같이하는 끈끈한 정으로 뭉친 공동체다.

2012년 8월 30일 이 글을 쓰면서 그때 원산만에서 작전임무를 수행한 YMS-502정 부장 김용선(해사 3기생, 1951.12.29.부터 518정장 수행) 동기생에게 전화를 걸었다. 그는 61년 전 그때의 원산만을 이렇게 회상했다.

"그때 PC-704함과 같이 여도 동남방 봉쇄구역에서 경비임무를 수행 중이었는데 동풍이 거세게 불고 파도가 너무 심해 도저히 항해할 수가 없었다. 25일 1700시경 여도 서쪽으로 피항하려고 여도 북쪽을 돌며 항해 중에 PC-704함을 봤다. 704함은 여도 동쪽 절벽아래 해상에서 투묘하며 파도에 몹시 흔들리며 경비임무를 하고 있었다. 그 광경을 보고 왜 여도 서쪽으로 피항하지 않는지 좀 의아하게 생각했다. 지금 되돌아보니 거센 풍파에 시달리면서도 경비해역을 떠나지 않으려고 안간힘을 다한 것으로 생각된다."

전화선을 타고 들려오는 그 노병의 목소리에 애재(哀哉)함이 묻어 있었다.

인민군 장교의 귀순과 포격전

PC-704함의 희생을 겪고 1951년이 저물어가는 섣달 그믐날인 12월 31일 자정쯤 기동전대에 비상경계령이 떨어졌다. 소형선박 한 척이 원산 앞 갈마반도 북쪽을 돌아 여도 쪽으로 향하고 있는 것이 포착됐다. 전대 산하 구축함 한 척이 그 선박에 접근해 나포했다.

인민군 고급장교가 배를 타고 귀순했다. 그 구축함이 전대 기함인 로완함으로 와서 계류했다.

연락장교 최 대위가 그 배로 건너가 인민군 장교를 심문했다. "귀관의 계급 성명 및 직책은?"

"인민군 상좌(대령)이며 원산방어사령부 작전부에서 근무한다."

"여기 온 목적은?"

"귀순하려고 왔다. 여기 방어계획서와 작전 도면을 갖고 왔다. 최고 사령관을 만나게 해 달라."

심문 내용은 전대사령관에게 실시간으로 즉각 보고되었다. 전대 사령관은 나포한 구축함 함장에게 귀순한 인민군 장교를 기동함대 기함으로 이송하라고 명령했다. 인민군 귀순장교는 곧바로 일본 동경에 있는 UN군 사령부로 이송됐다.

우수 경칩이 지나고 입춘을 넘으니 꽁꽁 얼어붙은 원산만의 산과 들에도 춘색이 완연하다. 봄기운이 잔설을 녹이고 갈마반도 명사십리 해변에는 하얀 안개가 퍼지고 있다. 4월 초 어느 날 오후 적군은 육지에서 약 2,000m 거리에 위치한 황토도를 탈환하려고 그 섬에 주둔하고 있는 아군진지에 포격을 가해왔다. 구축함 로완함(DD-782)은 즉각 전투배치를 하고 적 포대 진지에 함포를 퍼부었다.

적은 황토도 서쪽에 있는 갈마반도와 남쪽에 있는 연대산 포대에서 로완함에 대해 포격했다. 최 대위는 CIC에 있다가 미 해군이 어떻게 전투를 하는가를 보려고 함교로 올라갔다. 함장이 최 대위를 보고 "CIC에 있는 게 좀 안전할 것"이라 했다. 최 대위는 "전투지휘 현상을 배우고 싶습니다." 대답하고 함장의 전투지휘, 사격지휘 등 장교들의 전투임무수행을 관찰했다. 로완함 인근해상에 떨어진 적 포탄은 여기저기 물기둥을 뿜어 올렸다. 함장은 태연한 모습으로 포술장에게 사격표적을 지시하며 조함하고 있었다. 적 포탄이 로완함 중갑판에 떨어졌다. 어떻게 대처하는가 보려고 피탄 현장으로 갔다.

보수관 지휘로 소화반이 호스로 불길을 잡고 인근에 장착된 어뢰 등 폭발물을 뜯어내 이동하고 있었다. 대처작업을 하고 있는 병사들의 모습을 유심히 관찰했다. 어느 누구 하나 겁내거나 당황하는 기색

없이 침착하게 일상적으로 훈련해온 그대로 자기 맡은 임무를 묵묵히 처리하고 있었다. 휘파람을 불며 여유를 부리는 병사도 있었다. 포화가 교차하는 전쟁터에서 어쩌면 저렇게 여유작작 자기 책무에 충실할 수 있는지, 미군 병사들의 정신적 요인이 무엇인지 탐구할 생각을 했다. 현장상황이 종료됨을 보고 함교로 올라갔다.

함장은 파이프에 연기를 뿜으며 유유히 전투지휘를 하고 있었다. 약 한 시간가량 시간이 지나자 적 포격이 잠잠해졌다. 함장은 적 표적 몇 곳에 5인치 포탄 10여 발씩을 더 때리라고 지시한 후 전투배치를 해제했다.

이 전투가 끝난 후 함장은 최 대위에게

"원산만에서 4개월 동안이나 계속 근무했으니 고생이 많았소. 여기 실습차 이곳에 와 있는 사관생도 명단이 있소. 이 중에서 마땅한 생도를 선택해서 연락장교 임무를 맡기시오. 내일 사세보로 돌아가는 구축함이 있으니 그 편으로 돌아가 휴식을 하시오" 하며 명단을 보였다.

그 명단에 5기생 김영섭 생도 이름이 보였다. "함장님 이 김영섭 생도가 영어를 잘하고 성실한 생도입니다" 대답했다.

그 이튿날 김영섭 생도에게 임무를 맡기고 사세보로 떠났다. 함장은 최 대위에게 성실하게 근무했다는 찬사의 글을 로완함 사진에 담아서 주었다.

원산만을 떠나 일본 사세보를 향해 항해하는 동안 조국 대한민국을 수호하려고 혹한의 격랑 속에서 숨져간 PC-704함 57명 장병들의 모습이 가슴을 아프게 짓눌렀다.

제7장

———

휴전(休戰)

휴전회담 장소를 개성에서 판문점으로

1951년 7월 10일 휴전회담이 개성에서 개막된 후 UN군은 공산군에게 휴전회담 조건을 수락하도록 강압하는 한편 휴전 시 방어진지 구축에 유리한 지형을 확보하기 위하여 제한적인 공세작전을 폈다. UN군은 휴전회담이 시작된 20일 후인 7월 30일 450대의 전투기와 전투폭격기로 평양을 공습했다.

8월에서 10월에 이르는 동안에는 해안분지(편치볼) 확보작전을 전개하는 한편 피의 능선, 단장의 능선전투를 강행하고 도솔산, 가칠봉을 점령했다. 특히 백선엽 소장이 지휘하는 국군 제1군단은 한 치의 땅이라도 더 확보하기 위하여 동해안의 해금강 남쪽 고성에서 5km 남쪽에 위치한 월비산까지 쳐올라갔다.

지도를 보면 휴전선이 향로봉에서 곧장 동북쪽으로 치솟아 동해안의 해금강 아래로 빠지고 있다. 백선엽 장군은 "만약 그때 이곳을 UN군이 맡고 있었다면 결과는 달라졌을 것이다"고 회상했다.

동해의 미해군 기동함대는 항공모함에 탑재한 항공기와 함정의 함포로 지상군 전투를 지원했다.

9월 27일, UN군측은 회담장소를 개성 동남방 12.8km에 있는 송현리로 옮길 것을 제안했다. 이에 대해 공산군측은 10월 7일 새로운 회담장소로 판문점을 제안했다. 양측은 이에 합의했다. 2개월 동안 중단됐던 회담이 10월 25일부터 판문점 천막에서 재개되었다. UN군의 군사작전 압박에 굴복한 것이다. 한국군 대표는 백선엽 소장에 이어 이형근 소장으로 교체되었다.

회담이 개시되자마자 군사분계선 설정문제로 양측이 팽팽히 맞섰다. 그중 하나는 양측 모두 개성을 확보하려고 열띤 논쟁이 오갔다. 애초에 UN군측이 공산군측의 계교를 모르고 그들이 제안한 개성을 회담장소로 덥석 받아들인 데서 연유한다. UN군 수석대표의 심리전 고문으로 휴전회담의 책사였던 윌리엄 H. 피처 교수는 그의 저서 『판문점』에 다음과 같이 기술하고 있다.

"개성은 한국의 옛 수도였으며 현 전선으로부터 30km나 떨어져 있는 공산군의 후방에 위치하고 38도선으로부터 5km나 남쪽에 있다. 이 사실도 공산군측의 입장을 대단히 유리하게 했다. 개성에서 회담을 개최한 것은 UN군측 대표가 굴복하는 형식이 되어버렸고 공산군은 38도선 이남을 점령하고 있다는 인상, 즉 불패의 인상을 인민들에게 줄 수 있었으며 38도선을 분계선으로 하자는 주장을 정당화할 수가 있었다. 더욱이 개성을 중립화함에 따라 UN군의 공격이 불가능하였고 UN군의 압력을 현저하게 감소시키는 효과도 거두었다. 만일 회담이 다른 장소에서 진행되고 있었더라면 UN군은 군사행동에 적합한 서해안 방면으로 북진하여 좀 더 빨리 휴전에 동의하도록 했을 것으로 생각된다."[32]

이승만 대통령은 이형근 소장을 휴전회담 대표로 보내면서 "어떠한 일이 있더라도 개성은 꼭 찾아야 한다"고 강조했다. 북의 인민군측도 38도선 이남인 개성을 손에 넣어야 체면을 유지할 수 있는 입장이었다.

8군사령관 밴 플리트 대장은 10월 27일 '선 다이얼(해시계) 작전계획'을 상신했다. 이 계획은 철의 3각지대의 정점인 평강에서 동해안 통천에 이어지는 선으로 진격하는 작전이다. 리지웨이 UN군 사령관은 11월 11일 이 작전계획을 받아들이지 않고 밴 플리트 대장에게 '적극적 방어'를 작전지침으로 지시했다. 전선에서는 1개 사단 이하의 병력으로 고지쟁탈전과 진지방어전이 반복되었다. 공산군측이 그동안 38선을 군사분계선으로 하자던 완강한 고집을 포기함으로써 양측은 11월 27일 잠정 군사분계선에 합의했다. 리지웨이 UN군 사령관은 UN군에게 공격작전을 중지하고 공세적 방어로 전환할 것을 명했다.

전국(戰局)이 소강상태에 이르자 12월 2일 지리산 일대의 공비토벌작전을 개시했다. 인천상륙작전으로 퇴로가 막힌 인민군 패잔병들은 덕유산, 가야산, 지리산 등으로 잠입하여 영·호남 각 지역의 남로당 조직과 여순반란사건 잔존공비와 합세했다.

이현상(李鉉相)을 총사령관으로 하는 남부군단의 주력 약 3,800명은 지리산 일대에 출몰하고 있었다. 당시 대전 이남, 낙동강 이서 지역인 함양, 산청, 무주, 남원, 진안, 장수, 보성, 영암 등은 치안상태가 극도로 악화되어 이 지역 주민들은 공비의 만행과 살육으로 이루 말

32_ 일본 육전사 연구보급회, 육군본부 군사연구실 번역, 『한국전쟁』 제10권, 육군본부, 1986, p.45.

할 수 없이 처참했다.

토벌군 사령관으로는 1949년 여름부터 1950년 봄까지 지리산 토벌 작전과 여순반란사건 당시 참모장이었던 백선엽 소장이 임명됐다. 공비토벌작전은 백선엽 소장이 지휘하는 야전전투사령부가 담당했다. 이 부대는 수도사단과 제8사단으로 구성되었으며 수도사단은 속초에서 해군함정에 승함하여 여수로 입항하였고 제8사단은 양구에서 대전을 거쳐 합류했다. 공비토벌작전은 12월부터 개시하여 다음 해인 1953년 2월에 일단락되기까지 약 3개월 동안 전개되었다.

전과는 공비사살 5,800명, 포로 5,700명이었으며 포로는 대부분 인민군 정규군 출신이었다.[33]

1951년 11월, 군사분계선 문제가 잠정 합의되자 휴전회담은 의제 제4항인 포로문제에 집중됐다. 포로문제는 쌍방이 서로 인정하는 제네바 협정 제118조를 적용하면 쉽게 합의될 것으로 보았는데 시초부터 꼬이고 꼬여 최대의 쟁점이 되었다. 12월 18일, 포로명단 교환이 합의된 1주일 후 공산군측이 넘겨준 명단에는 11,559명밖에 등재되어 있지 않았다. UN군측은 포로가 약 10만 명에 가깝다고 생각했었는데 황당한 일이었다. UN군측이 넘긴 포로명단은 132,474명이었다. 공산군측은 그들이 제시한 11,559명하고 자기들 포로 132,474명을 통째로 맞교환하자고 제의했다. 억지다. '자유송환', '상이포로 이송' 문제 등 설전에 설전이 끊임없이 계속됐다.

5월 9일 UN군 최고사령관이 교체되었다. 북대서양 최고사령관이었던 아이젠하워 원수가 공화당 후보로 대통령선거에 출마함으로써

33_ 백선엽, 『군과 나』, 시대정신사, 2009, p.275.

그 후임에 리지웨이 대장이 임명되고 또 그 후임으로 웨스트포인트의 동기생인 클라크 대장이 UN군 최고사령관으로 임명됐다. 클라크 대장의 저서 「다뉴브강에서 압록강까지」에 그의 독자(獨子)인 클라크 대위는 6.25전쟁에 미 제2사단 제9연대 G중대장으로 '단장의 능선' 전투에서의 용전으로 십자훈장, 은성훈장, 상이기장 등 3개를 받았다고 썼다. 6.25전쟁에서 미국장성들의 자제는 142명이 참전하여 35명이 사상(死傷)을 당하였다. 밴 플리트 대장의 아들, 워커 장군의 아들도 그중 한 사람이다.

클라크 장군이 동경에 도착했을 때 거제도 포로수용소장 도드 장군이 공산군포로에게 납치되는 사건이 터졌다. 이때 거제도 포로수용소는 공산군포로들의 '치외법권' 구역이 된 기현상이었다. 수용소 안에서 수많은 반공포로들이 공산군포로에 의해 학살되는 비극이 벌어졌다.

아이젠하워의 방한

아이젠하워 원수는 대통령출마 공약의 하나로 '6.25전쟁의 명예로운 해결'을 내세워 당선됐다. 이때 미국국민과 클라크 UN군 최고사령관을 비롯한 전쟁지휘부는 2차대전의 영웅 '아이크'라면 전쟁을 승리로 매듭지을 수 있으리라는 벅찬 희망을 가졌다. 클라크 사령관은 6.25전쟁은 '말이 아닌 힘에 의한' 방법 이외는 해결할 길이 없다고 믿었다. 그는 평양과 원산선까지 북진하여 단번에 한반도를 제압하려는 구상을 갖고 있었다. 이 안을 통합참모본부에 제출했으나 반응이 없었다. 1952년 12월 2일, 아이젠하워 원수는 미국대통령 당선자 신분으로 서울에 왔다. 그는 동숭동 서울대학교 미 8군사령부에서 묵었다. 이튿날인 12월 3일 아침 미 제3사단 작전참모로 근무하는 아들 '존'을 만난 후 아이젠하워가 주재하는 지휘관 회의가 있었다. 이 자리에 참석한 백선엽 육군참모총장은 한국군 20개 사단 증편계획을 설명했다. 아이젠하워는 이 계획에 대해 원칙적으로 동의한다는 뜻을 밝혔다. 그 후 전선을 시찰했다. 그날 1730시경 이승만 대통령은 아이젠하워를 예방하여 UN군에 의한 한반도 통일, 한국군 증강, 중공군의 완전철수, 북괴 인민군 해제 및 경제원조 강화 등을 담은 친서를 전달했다.

12월 4일, 아이젠하워는 영연방 여단을 시발점으로 하여 미 제9군단을 시찰했다. 군단장은 젠킨스 장군이고, 부군단장은 정일권 장군이었다. 정 장군은 육군참모총장을 역임하고 국군 제2군단의 '3성 장군 사단장'으로서 1952년 11월 20일 '저격능선' 전투(김화지구)에서 전승한 후 미 제9군단 부군단장으로 부임한 것이다. 아이젠하워는 국군 수도사단의 대대 규모의 공격시범을 참관한 후 젠킨스 군단장에게

"한국군 지휘관들은 휴전협상에 대해 어떻게 생각하고 있는가?" 물었다.

젠킨스 장군이 "그 문제라면 여기 정 장군에게 직접 들어 보십시오" 하니

아이젠하워는 "참 그렇군요" 하며 정 장군에게

"휴전에 대한 한국군 지휘관들의 생각이 어떤지 알고 싶습니다."

정 장군은 힘주어 대답했다. "반대입니다."

"전체의 공통된 의견으로 봐도 됩니까?"

"물론입니다. 설사 불가피한 사정으로 휴전이 성립된다 해도 현재의 전선에서는 절대로 불가하다고 생각됩니다."

"군사적으로 말입니까?"

"그렇습니다. 휴전 후의 후유증이 심각할 것으로 예상됩니다. 지금 아군은 지형적으로 불리합니다. 공산군은 시간을 벌면서 휴전 후를 대비하고 있음이 분명합니다. 감제고지(瞰制高地)에 집착하고 있음은 그 때문입니다. 상황이 아군에게 조금이라도 유리해지면 판문점의 협상을 고의적으로 휘젓고 하는 작태를 주목해야 합니다."

"그렇다면 어떤 대비가 있어야 합니까?"

"아군이 능동적으로 전면적인 선수를 써야 합니다."

"먼저 공세를 취하자는 뜻인가요?"

"그렇습니다."

"휴전협상이 깨져도 말입니까?"

"그렇습니다."

"땡큐, 한국군 지휘관들의 의견을 대변한 것으로 알겠습니다."

아이젠하워 얼굴에 곤혹스런 그림자가 스쳤다.[34]

아이젠하워 원수가 대통령에 당선되어 한국을 방문했을 때 UN군 총사령관 클라크 대장을 비롯한 밴 플리트 대장 및 미 8군의 주요 지휘관 그리고 한국군 지휘관들은 제2차대전의 유럽전선을 승리로 이끈 연합군 최고사령관의 군력(軍歷)을 생각할 때 꽉 막힌 전국을 힘으로 몰아붙여 시원하게 풀어줄 것이라고 크게 기대했다. 그러나 그의 가슴속은 이미 휴전으로 종결하려는 생각으로 굳어 있었다. '명예로운 해결책'은 한낱 명분에 지나지 않았다. 그는 전쟁을 종식시키는 방법을 찾기 위해 한국을 방문한 것이다. 12월 5일 1745시 이승만 대통

34_ 정일권, 『정일권 회고록』, 광명출판사, 1996, pp.419~421.

령을 답방한 후 서울을 떠났다. 그를 떠나보낸 후 미국 장군들은 물론 한국군 장군들도 그에게 기대했던 꿈과 희망을 상실하고 낙담하는 표정이 역력했다.

"아이크는 무엇하러 왔는가?" 수군대는 소리가 여기저기서 들렸다. 우리 국군은 아이젠하워 미 대통령 당선자에 대해 예를 갖추려고 포천에서 3군이 열병, 분열 연습을 했다. 3군 부대는 12월 4일 아침 서울운동장으로 이동했다. 이때 필자는 해군부대 지휘부 요원으로 포천에서 야영을 하며 해군부대 훈련을 담당했다.

1953년 1월 20일, 아이젠하워 원수는 미국 제34대 대통령에 취임했다. 2월 21일, 미 제8군사령관 밴 플리트 대장은 정년이 만료되어 이임하고 미육군참모차장 테일러 중장이 취임했다. 밴 플리트 장군은 한국을 떠나면서 1951년 봄에 공산군을 괴멸시킬 수 있는 기회를 놓친 것을 몹시 아쉬워했다. 당시 병참(兵站) 한계에 직면한 중공군은 불시에 반격을 받고 궁지에 몰려 있었다. 밴 플리트 장군은 『라이프』지에 이렇게 썼다.

"우리는 쉽게 연승을 거둘 수 있었다. 그러나 워싱턴 당국은 다른 의도를 가지고 있었다. 국무부는 우리가 38도선에서 멈출 것임을 공산군에게 이미 통보한 상태였다. 우리는 공격명령을 받는 대신 시간이 갈수록 더 많은 행동의 제약을 받았다. 방어태세를 강화하기 위해 방어선을 가지런히 정돈하는 일조차 일본에 있는 극동군사령부가 궁극적으로는 워싱턴 당국의 명령에 의해 제한을 받았다. 그러나 우리의 정책결정자들이 허락만 한다면 신임 8군사령관인 테일러 장군은 나와 마찬가지로 쉽게 기회를 붙잡을 수 있을 것이다. 극동에서 한국문제가 정치적으로 해결될 가망은 없었다. 아시아에서 공산주의자들에게 밀리면 우리는 결국 패배한 것이다. 두려울 게 무엇이란 말인가?"[35]

이승만 대통령의 고뇌 어린 휴전전략

국제정치를 내다보는 혜안 그리고 대한민국 주권수호와 안보를 위한 이승만 대통령의 결연한 의지에 경탄을 금할 수 없다. 1952년 4월 대일본 강화조약이 발효되기 전인 1월 18일 「대한민국 인접해양에 대한 대통령의 주권선언」(평화선 또는 Lee Line)을 공표했다. 이로써 인접 해양의 어로활동 구역을 확정하고 독도 영유권을 재확인했다. 일본의 어로구역을 제한한 맥아더 라인의 소멸을 예상한 조치였다. 이 무렵 전선에서는 혈전이 계속되고 판문점 휴전회담에서는 설전이 이어져 갔다. 6.25전쟁에 연관된 소련과 중공 그리고 UN군측의 미국, 영국 등은 전쟁을 종결하는 방향으로 흘러가고 있었다.

전쟁 당사국인 대한민국은 휴전문제에 대한 정책결정과 협의과정에서 배제되어 있었다. 이런 냉혹한 국제정세의 흐름 속에 이승만 대통령은 휴전협정이 체결된 후 어떻게 국가안보와 경제를 일으켜 세워 통일을 이룰 것인가 고뇌에 고뇌를 거듭했다. 휴전회담의 마지막 단계인 제4의제 포로처리 문제를 다루고 있을 때인 1952년 4월 5일 이승만 대통령은 국군 제2군단 창설식전에서 "압록강까지 진격하여 완전 승리하라"며 휴전 반대를 역설했다. 4월 24일, 이승만 대통령은 아

---

[35]_ 존 톨랜드, 김익희 역, 『6.25전쟁』 제2권, 도서출판 바움, 1991, p.402.

이젠하워 대통령에게 보내는 메시지를 양유찬 대사를 통해 미국무성에 전달했다. 그 메시지 내용 중에

"미국이 압록강 이남에 중공군 주둔을 허락할 경우 대한민국 대통령은 UN군사령관 지휘하의 한국군을 이탈시켜 필요하다면 단독으로라도 싸우겠다"는 내용을 담았다.

4월 27일, 동경에 있는 클라크 UN군 최고사령관은 급거 서울로 달려와 이승만 대통령과 한 시간 넘게 회담했다. 클라크 대장은 이때의 정황을 그의 회고록에 "이 대통령은 시종 냉정하고 온화 침착했다"고 기술했다.

3일 후 이 대통령은 다음과 같은 서한을 클라크 대장에게 보냈다.

○ 휴전 후 한국의 안전보장을 위한 한미상호방위조약 체결
○ 한국군의 급속한 증강
○ 평화정착 시까지 미군의 해상봉쇄, 공군 지원 계속
○ 극동에 있어서 항구적인 평화가 확보될 때까지 한국국경 북쪽에 완충지대를 설치하고 UN군이 관할할 것

이 대통령이 말한 한국국경 북쪽은 소련과 중공 땅이다. 이 대통령은 한반도 전체가 대한민국 영토이며 휴전으로 인한 군사분계선은 일시적인 불행한 사태로 본 것이다. 5월 들어서 중공과 북한으로의 귀환을 거부하는 포로에 대한 조치가 난관에 봉착하자 UN군측은 서둘러 이들 귀환거부 포로들을 중립국위원회에 맡기기로 대폭 양보했다. 5월 25일, 클라크 대장으로부터 이러한 내용을 들은 이 대통령은 언짢은 표정으로 말했다.

"귀국 정부는 왜 입장을 자주 바꿉니까? 한국의 독립과 통일은 내 생애의 목표였으나 이제 그 목표는 내 생애보다도 먼 곳으로 밀려나 버리고 있군요."

무거운 침묵이 흘렀다. 노 대통령의 눈가에는 이슬이 맺혔다. 이 대통령은 눈물을 훔치고

"내 친구 아이젠하워 대통령에게 전해주시오. 한국국민은 결코 휴전을 수락할 수 없습니다. 그것은 우리의 죽음을 뜻하며 또한 민주주의의 죽음을 뜻합니다"라고 말했다. 이어서 이 대통령은 차분히 가라앉은 목소리로 "한국에서 내려오는 이야기가 있습니다."

옛날 황해(黃海)가 점점 말라가고 있었습니다. 점점 물이 줄어들자 바다 밑에 있던 두 마리 고기가 앞날 일을 주고받고 있었습니다. 그중 한 마리가 "걱정하지 말라. 이제 동해에서 물이 흘러올 거야." 이 말을 들은 다른 고기가 "그게 언제인지 모르지 않아, 그전에 우리는 건어물이 돼 어시장 좌판에서 팔려가고 있을 거다."

이 대통령은 세계 민주주의의 운명이 이 두 마리 고기의 대화로 표현되고 있다고 지적했다. 말은 계속 이어졌다.

"민주주의는 후퇴해서는 안 됩니다. 언젠가는 싸워야 할 것이라면 그날까지 기다릴 필요가 없습니다. 한국이 싸울 수 있도록 해주고 그 길만이 우리가 살 수 있는 유일한 길임을 귀국 대통령에게 전해주시오."[36]

---

[36]_ 고지마 노보루, 『조선전쟁 III』, 문예춘추, 1984, pp.438-439.

이승만 대통령은 5월 30일 아이젠하워 대통령에게 한미상호방위조약 체결, 한국방위 강화를 위한 한국군 증강과 경제원조, 미 해·공군의 한국 주둔을 촉구하는 서신을 보냈다. 6월 들어서 포로송환문제가 막바지에 이르렀다. 6월 4일, 이 대통령은 UN군과 공산군 양측이 반공포로에 대하여 UN총회가 아닌 중립국위원회와 인도적십자위원회에 위임하기로 합의하였다는 소식을 듣고 격노했다. 휴전회담 한국측 대표인 최덕신 소장을 철수시켰다. 이 대통령은 반공포로들이 중립국에 인계되어 공산당에게서 농락과 포섭당하는 것을 결코 방치하지 않을 작정이었다. 6월 5일 클라크 대장은 이 대통령이 아이젠하워 대통령에게 요구한 4개 조건을 토의하기 위해 브리그스(Ellis O. Briggs) 주한대사와 같이 이 대통령을 방문했다. 이 대통령은 클라크 대장의 인사를 받자마자

"휴전은 미국의 융화정책이다, 공산주의자의 승리다, 제3차 세계대전의 제1보다"라며 휴전반대 의사를 분명히 했다. 4개 조건 토의 같은 것은 안중에도 없었다.

아이젠하워 대통령은 이승만 대통령의 심리를 융화(融和)하고자 휴전 후 한국에 대한 원조를 약속한다는 친서를 보냈다. 6월 7일 클라크 대장은 아이젠하워 대통령이 보낸 친서를 가지고 이승만 대통령을 찾아 전달했다. 이 자리에서 이 대통령은 만일 미국이 전쟁을 계속하지 않겠다면 우선 '한미상호방위조약'을 먼저 체결하라며

"비록 내 주장이 자살행위라 할지라도 한국군은 싸울 것이다. 내가 직접 우리 군을 지휘하겠다. 이후 나는 내가 정당하다고 생각하는 모든 행동을 취할 것이다."라고 말했다.

당황한 클라크 대장은, "무슨 말씀이십니까? 한국군은 UN군 사령

관 지휘에서 이탈시키겠다는 말씀이십니까?" 물으니

이 대통령은 "오늘이 아니요. 내일도 아닙니다. 그때가 되면 사전에 알려 드리겠습니다."

클라크 대장이 돌아가자 이 대통령은 '전국 준(准)비상 계엄령'을 선포했다. 국군 장병의 외출 및 휴가 정지, 미국 유학중인 국군장교 귀국명령 등 차례차례 계엄조치를 발동했다. 그리고 국민에게 '생사를 걸고 국난극복에 대동단결하라'고 호소했다. 6월 8일, 판문점에서는 1년 반 동안 설전 끝에 포로교환협정이 조인됐다. 휴전협정의 중요한 문제는 모두 토의가 끝났다. 이제 현 전선에서 군사분계선 그을 일만 남았다.

6월 9일, 서울을 비롯한 전국에서 '통일 없이는 죽음을' 외치는 휴전 반대의 격렬한 데모가 일어나고 국회는 129대 0이란 만장일치로 휴전 반대 결의를 했다. 워싱턴은 곤혹(困惑)스러워 하고 우려했다. 아이젠하워 대통령은 이승만 대통령에게 국무장관 덜레스 명의로 워싱턴 방문을 초청했다. 이 대통령은 '바쁘다' 하며 거절했다. 그리고 '당신이 서울로 오라'고 회신했다. 미국 정부는 대통령과 국무장관 두 사람의 특사로 국무차관보 로버트슨을 한국에 보냈다. 로버트슨은 그때의 일에 대하여

"제2차 세계대전 후 미국에 대하여 이렇게 강경하고 미국을 곤경에 빠뜨리게 한 지도자는 아시아에서 이승만뿐이다"라고 회상했다.

이 대통령은 6월 17일 국군 제2군단을 방문하여 휴전반대와 국군 독자적인 항전을 강조했다. 이승만 대통령이 휴전 후 한국의 안전보장을 쟁취하기 위해 미국정부와 대결할 수 있는 '무기'는 오직 참혹한 전화(戰禍) 속에서 초근목피로 연명하면서도 나라를 위해 헌신하는

'국민'과 빈약한 장비에 보리 주먹밥으로 허기를 채우면서도 적진에 돌격하는 충용한 '국군'밖에 가진 것이 없었다. 이승만은 비장한 각오로 자신의 몸을 던져 최후의 저항을 결심했다.

휴전협상이 양측 간에 서명만을 남겨놓고 있을 때인 6월 17일 이승만 대통령은 대한민국의 생존과 보위를 위해 아이젠하워 대통령에게 피눈물로 쓴 한 통의 서한을 보냈다. 이 서한을 보낸 다음날 미국은 물론 공산주의자들과 전 세계를 깜짝 놀라게 하는 구국의 결단을 단행했다. 즉 반공포로석방이다.

1954년 공보처가 발간한 이승만 대통령 영문 연설집 *Korea Flaming High*에 기록된 이 명문장을 적는다.

친애하는 아이젠하워 대통령에게

우선 1953년 6월 6일자 귀하의 친절한 서한에 대한 화답이 늦어져 미안합니다. 사실인즉, 편지 초안을 잡은 것이 한두 번이 아닙니다. 그러나 논쟁을 하는 것 같은 인상을 피하려 해도, 그러지 않고는 내 뜻을 명백하게 표현할 수 없었습니다. 부디 귀하께서 내 우정이 담긴 이 서한을 나와 같은 우정을 갖고 읽어주시길 바랍니다.

처음부터 우리는 중공 침략자들의 한반도 잔류를 허용하는 휴전이 이뤄진다면 우리가 생존할 수 없을 것이라고 우방 국가들에게 누차 명백히 밝혀 왔습니다. 이 같은 우리의 불안한 감정은 조금도 완화되지 않았습니다.

분명히, 우리 우방들은 중국 공산주의자들의 한반도 철수와 뒤이은 한반도 통일이 휴전 후로 예정된 정치회담에서 당연히 성취될 수 있을 것이라고 여기는 것처럼 보입니다. 나는 이런 점에 대해서 구체적인 논쟁을 하고 싶지는 않습니다만, 적어도 우리는 그것이 가능하다고 믿지 않는다는 사실을 말해 두어야만 할 것 같습니다.

이는 확실히 의견이 다를 수 있는 문제입니다. 그러나 우리의 의견은 결코 묵살하려 해도 묵살할 수 없고, 잊으려고 해도 잊을 수 없는 사실들에 의해서 지지를 받고 있습니다. 우리 스스로가 겪은 이 경험들은 그에 상반되는 납득할 만한 다른 사실이 나타날 때까지 우리의 판단 형성의 지표가 되는 요인들로 계속 남을 것입니다.

지금 국제연합(이후 유엔으로 표기)은 한반도에 어떤 일이 일어날지를 염두에 두지 않고, 공산침략자들과 휴전협정을 체결하려 하고 있습니다. 이는 실제로 우리가 국가로서 생존할 수 있느냐 하는 의문에 끊임없이 사로잡히게 만듭니다. 내가 적는 다음 구절들이 귀하에게 현 상황에 대한 우리의 반향이 어떠한지를 대충 짐작하는 기회를 제공할 것으로 기대합니다.

우리는 세계적인 공산침략에 대한 투쟁에서 미국이 군사적으로, 경제적으로 우리를 위해 행한 일들을 회상하면서 최후까지 미국의 우방으로 남기를 갈망합니다.

만약 미군이 어떤 이유로 더 이상의 투쟁에 참여하는 것을 중단하고 방관하거나, 곧 있게 될 휴전의 결과로 한반도에서 모두 철수한다고 해도 우리는 그에 반대할 하등의 의사가 없습니다.

한반도를 떠나는 것이 필요하거나 바람직하다면, 미군은 이 땅을 떠날 수 있습니다. 그래도 우리는 미군에게, 미군도 우리에게 친구로서의 감정을 가질 수 있습니다. 피차 상대방의 계획을 방해만 하지 않는다면, 양자 간의 친선관계는 유지될 수 있을 것입니다.

3년간 지속된 이 전쟁의 첫해에 미국과 유엔은 상호 번갈아가며, 누차 공언했습니다. 바로 그들의 전쟁목표가 통일 독립의 민주한국 건설과 침략자들에 대한 응징이라는 점을 말입니다. 유엔군이 압록강까지 진격했을 때, 그들이 이러한 공언들을 했기에 우리는 당연히 그 말들이 바로 전쟁의 목표이구나 하고 인식했습니다. 그런데 후에 공산군이 예상보다 강하다는 사실이 입증되자, 유엔의 정치가들은 전쟁에 의해 한반도를 통일할 의사가 전혀 없었다고 해석하기 시작했습니다.

그것은 우리가 약하다는 점을 공공연히 고백한 것이었습니다. 그러니 이를 액면 그대로 받아들인 사람은 극히 드물었습니다. 그런데 요즈음 우리는 한반도 통일이니, 침략자에 대한 처벌에 관해서는 더 이상 듣지 못합니다. 마치 우리가 목표를 달성했거나, 아니면 목표를 포기한 것처럼 말입니다. 들리는 말들은 모두 휴전에 관한 얘기입니다. 하지만 이러한 유화의 분위기에 다다른 휴전이 우리에게 명예롭고 바람직하며 항구적인 평화를 가져다줄지 심각한 의문입니다. 개인적으로 나는 공산주의자들이 싸움터에서 동의하도록 강요받지 않은 일을 협상의 테이블에서 동의할 것이라고 믿지 않습니다.

경제원조와 한국군 증강에 관한 귀하의 후(厚)한 제안들은 우리에게 긴급히 필요한 것이므로 한민족 전체가 감사해 마지않습니다. 그러나 그러한 것들이 우리가 아는 그런 휴전을 수락하는 대가로서 오는 것이라면, 우리는 이들에 대해 그다지 마음이 끌리지 않습니다. 왜냐하면 전에도 말한 바와 같이 이러한 휴전의 수락은 사형선고의 수락이나 다름없기 때문입니다. 한국이 그 같은 치명적인 타격을 입은 후에는 그 무엇도 소용이 없다는 말은 그냥 하는 말이 아닙니다.

휴전회담 체결 후 양국 간에 상호방위조약을 이끌어 내도록 권한을 행사하겠다는 귀하의 친절한 약속이 진심에서 우러나온 것임을 믿어

의심치 않습니다. 사실 상호방위조약이야말로 우리가 항상 추구해 오던 것으로 우리는 이를 마음속으로부터 지지합니다. 그러나 그것이 휴전과 연계돼 있다면, 그 효력은 거의 전무할 정도로 떨어질 것입니다.

대통령님,

귀하는 우리가 직면하고 있는 어려운 사정을 쉽게 상상할 수 있을 것입니다. 우리는 국군장병을 포함해 한반도에서의 모든 일을 유엔의 조치에 맡김으로써 끔찍한 인적·물적 손실을 입었습니다. 그렇게 한 이유는 우리와 우리 우방들이 분단된 한반도를 통일하고 공산 침략자들을 응징한다는 공통의 목표를 가졌다는 단 하나의 믿음 때문이었습니다.

그런데 이제 유엔은 이 본래의 목적을 갑자기 버리고, 침략자들과 우리로서는 수용할 수 없는 타협을 하는 것처럼 보입니다. 우리가 이 협상을 받아들일 수 없는 것은 그 협상에 참여하지 못해서가 아니라, 타협의 조건들이 한민족의 죽음을 의미하기 때문입니다. 더욱이 유엔은 지금 우리에게 그에 협력하라고 압력을 가하고 있으며, 휴전조건에 관해서 적과 손을 잡고 있는 것처럼 보입니다.

우리는 유화주의자들의 주장이 미국의 휴전에 대한 태도를 변경시키는 데 주효했다는 냉혹한 현실을 외면하려고 해도 결코 그럴 수가 없습니다. 우리의 한반도에서 치명적인 휴전으로 이러한 위험한 경향이 항구화된다면, 결국 미국을 포함한 나머지 자유세계가 궁극적으로 위태롭게 될 것으로 봅니다. 수천만의 자유인들이나 자유를 잃은 사람들이 모두 뼈에 사무치게 기도하고 희망하는 것은 바로 미국이 철의 장막 뒤의 사슬에서 그들을 자유롭게 해방시키는 데 앞장서 달라는 것입니다.

휴전협상이 양측 간에 서명만을 남겨 놓고 있는 것과 다름없는 바로 이 순간, 공산주의자들은 대규모 공세를 시작하고 있습니다. 이것이야 말로 가까운 장래에 대한 경고가 아닐 수 없습니다.

현재의 휴전조건대로라면 공산주의자들은 아무런 장애도 받지 않고 병력을 증강시켜 필경에는 저들이 선택한 시간에 대한민국을 일거에 삼켜 버릴 수 있을 것입니다. 그 후에 극동의 나머지 지역은 어떻게 될 것입니까? 아시아의 나머지 지역은 어떻게 될 것입니까? 그리고 자유 세계의 나머지 지역은 어찌될 것입니까?

이 위기의 시간을 맞아 귀하가 현명한 리더십을 발휘해 필요한 대책을 강구하기를 여전히 기대하면서, 이만 줄입니다.

반공포로 석방

1953년 6월 18일 0200시, 부산, 광주, 논산 등 대형수용소와 마산, 영천, 부평, 대구 등 소형수용소에서 공산치하인 북한으로의 송환을 거부하는 반공포로 2만 7000여 명이 일제히 풀려났다. 송환을 거부하는 포로 3만 5400명 중 약 8할이다. 서울방송에서는 이 대통령의 성명이 흘렀다.

> **"나의 책임 하에 반공포로 석방을 명했다."**

수용소 인근의 주민들은 탈출한 포로들을 집에 숨기고 옷을 갈아입힌 후 따뜻한 식사를 대접했다. 전국 방방곡곡에서 '애국포로 석방 만세', '휴전 결사반대' 소리가 천지를 진동했다.

백선엽 육군참모총장은 포로수용소를 관리하는 헤렌 소장, 미 군사고문단장 로저스 소장, 테일러 미 8군사령관 그리고 동경의 클라크

UN군 최고사령관으로부터 연이어 강력한 항의전화를 받았다. 미군 측 반응의 심각성을 감지한 백선엽 장군은 비록 한밤중이지만 경무대의 이 대통령에게 전화를 걸었다.

"각하, 클라크 사령관을 비롯해 미군들이 대단히 유감스럽다고 말하고 있습니다. 사태가 심상치 않은 것 같습니다."

이 대통령은 "음 알았어. 내가 했다고 그러게, 내가 아침에 기자회견을 하겠어."

백선엽 장군은 그의 회고록 『군과 나』에서 다음과 같이 적었다.

"대통령의 대답은 뜻밖이었다. 이 엄청난 사태를 혼자서 떠맡겠다는 것 아닌가. 참모총장인 나나 헌병총사령관인 원용덕 소장에게 책임을 돌린다 해도 조금도 이상할 것이 없는 것이고 나는 당연히 그렇게 되리라고 각오하고 있었다. 이처럼 중대한 사태에 임해 스스로 모든 책임을 지겠다고 나서는데 감탄하지 않을 수가 없었다."

이 대통령은 혼자 거대한 미국을 상대로 외롭게 투쟁하며 한국의 장래를 위해 필요한 거의 모든 것을 쟁취해 낸 위대한 민족의 지도자였다. 6월 18일, 이 대통령은 반공포로 석방문제를 항의하려고 동경에서 날아온 클라크 장군에게 "내가 장군에게 미리 알려주었다면 장군 입장이 더 곤란했을 것 아니오, 그리고 내 계획도 저지당하지 않았겠소." 가볍게 받아 넘겼다. 공산군측은 예상했던 격렬한 항의 없이 다만 해리슨 소장에게 'UN군 사령관은 한국정부와 한국군을 통제할 수 있는가?' 물었을 뿐이었다. 미8군사령부는 방송으로 '석방된 포로들은 즉시 돌아오라' 했다. 서울방송은 '일부 외국기관 방송은 우리 정부방침에 반하는 것이다'라며 반박했다. 미국은 사태수습을 위해 국무부 극동담당 차관보 로버트슨(Walter Robertson)을 특사로 서울에 보냈다. 6월 25일, 6.25남침전쟁 발발 3주년이 되는 날 콜린즈 육군참모총장과 함께 내한한 로버트슨은 이 대통령을 방문하여 회담했다. 이들은 이 대통령을 설득하는 동안 점점 압도되어 갔으며 대화를 하면 할수록 그에 대한 불만이 동경과 존경으로 변해갔다.

클라크 사령관은 "이 대통령은 미국역사에 대해서도 우리보다 더 잘 알고 있었다. 명분을 적절히 구사해 실리를 얻어내는 수완을 도대체 어디에서 터득했는지 알 수 없다"며 경탄했다. 그는 이승만 대통령은 '위대한 사람'이라고까지 말했다.

18일간의 회담에서 이 대통령은 다음의 약속을 얻어냈다.

① 상호안전보장조약 체결
② 최초 2억 달러의 원조자금 공여를 비롯한 장기 경제원조에 대한 보증
③ 한미 양국정부는 휴전 후 정치회담에서 90일 이내에 실질적 성과가 없을 경우 정치적 회담 중단
④ 계획 중인 한국군 확장에 대해 육군 20개 사단과 상응하는 해군 및 공군 설치 승인
⑤ 정치회담에 앞서 공동목적에 대한 한·미간 정상회담 개최

이 대통령은 이 조건을 얻어내는 대신 우리 국민 생존에 불이익이 되지 않는 한 휴전을 받아들이겠다는 것을 양해했다. 이 대통령은 그 노령에 불철주야 회담을 강행하며,

"이대로 휴전을 받아들인다면 차라리 죽는 게 낫지 어떻게 이대로 휴전을 하겠느냐, 우리는 죽음에서 생을 구해야 한다"며 비장한 결심으로 임했다.

결국 이 대통령은 그 집요한 자기주장을 통해 미국으로 하여금 한국의 안전보장을 책임지게 하는 데 성공했다.

로버트슨은 7월 1일, "이승만은 세계의 다른 곳에 그 예가 없을 정도로 나라 전체를 공산주의와 싸울 결의와 의지에 눈뜨게 하였고 그의 군대는 아시아에서 최대의 가장 강력한 반공군대로서 잃어서는 안될 것"이라고 워싱턴에 보고했다.[37]

이승만 대통령은 나라의 장래를 위해 홀홀단신 몸을 내던져 거대한 미국과 맞서 싸웠다. 그는 유라시아 대륙 전체가 거의 공산주의 국가로 형성된 정세에서 자유민주주의 대한민국을 건국하는 데 초석을 놓았다. 그리고 건국한 지 2년도 채 안 될 때, 소련의 최신무기로 무장한 인민군대, 그리고 대(對)국부군 전투에 참전한 조선족으로 구성된 중공군 4만 1000명을 끌어들여 6.25새벽 기습 남침한 강력한 적군에 맞서 무기, 장비, 병력 등이 열세한 국군을 이끌고 조국 대한민국을 지켜냈다.[38]

미국은 휴전협정 체결에 저항하는 이승만 대통령을 제거하려는 방안을 계획했다. 이른바 '에버레디계획(Outline plan Ever ready)'이다. 이 계획은 정전협정이 조인되거나 또는 그 직전에 한국군이 UN군 사령관 지시로부터 이탈한 경우 이승만 대통령을 구금, 체포, 축출한다는 내용이다. 이 에버레디 작전에 대하여서는 조셉 굴든(Joseph C. Coulden)의 『한국 전쟁, 알려지지 않은 이야기』의 636쪽과 클레이 블레어(Clay Blair)의 『잊혀진 전쟁』 974쪽에 상세히 기술돼 있다. 미국

37_ 와다 하루키, 서동만 역, 『한국전쟁』, 창작비평사, 1992, p.311.
38_ 와다 하루키, 전게서, pp.330, 343.

정부가 휴전협정을 체결하는 과정에서 이승만 대통령의 반대에 부딪혀 얼마나 애먹었던지 그 울분이 미국 워싱턴에서 터졌다.

휴전협정 후 12개월이 지난 1954년 7월 하순, 미국 워싱턴 백악관에서 한미상호방위조약, 한미군사원조의정(議定), 10개 예비사단 증설 등 한국안보에 관한 회담이 열렸다. 이 회담에는 이 대통령을 비롯한 한국측 관계자와 아이젠하워를 비롯한 미국측 관계자들이 참석했다. 회의 사흘째 되는 날 아이젠하워와 국무장관 덜레스가 반공포로 석방을 들먹이면서 앞으로는 그와 같은 비협조적인 독단행위가 없기를 바란다는 말을 꺼냈다. 이때 덜레스는

"프레지던트 리, 당신이 대통령으로 남아 있게 된 것을 누구 덕분으로 생각하시오? 당신은 휴전을 방해하여 미국을 애먹게 했는데, 앞으로는 그 같은 일이 없도록 해주셔야 하겠습니다" 힐난했다.

이 대통령이 마침내 폭발하고 말았다.

"미스터 덜레스, 미스터 프레지던트, 방금 귀하들은 실례하는 말씀을 서슴지 않았으나, 이것만은 이 자리에서 분명히 따집시다. 이번 나의 귀국 방문은 문안드리러 온 것도 아니고 구걸하려고 온 것도 아닙니다. 두 분은 나에게 제멋대로 한다고 했지만 변명할 필요는 없는 것 같소. 잘못한 것이 없으니까. 나는 분명히 휴전에 반대했소이다. 흐리멍텅하게 휴전해서는 안 된다고 믿었으니까. 이 신념은 지금도 변함이 없습니다. 귀국입장에서는 필요했는지 모르나, 한국으로서는 끝까지 공산침략군을 물리칠 각오였던 것이오. 어느 쪽이 옳았는지는 머지않은 장래에 알게 될 것이오.

미스터 덜레스, 귀하는 누구 덕분에 대통령으로 남아 있게 되었느냐 따졌는데, 귀국이나 UN은 설마 이 늙은이를 위해서 싸운 것은 아

니겠지요? 어디까지나 데모크라시와 자유를 위해 싸웠을 것입니다. 내가 2만여 명의 반공포로를 석방시킨 것도 그들에게 자유를 안겨주기 위한 것이었소. 한국이 귀국과 UN 덕분으로 구원받은 것은 틀림없는 사실이며, 한국 국민은 마음으로부터 감사하고 있는 것이오. 그러나 누구 덕분이냐고 따져 묻는 것은 큰 실례가 아니겠소?

미스터 덜레스, 그같이 따지기 전에 한국의 현 실정을 바로 봐주기 바랍니다. 나는 다시 휴전선으로 분단되어 버린 숙명적인 운명을 누구 때문에 걸머지게 되었는가를 깊이 인식해 주기 바라는 것입니다"라고 따졌다. 그리고는 우리 수행원에게 한국말로,

"이 무례한 자들과 더는 말하고 싶지 않으니, 나머지 아젠다는 자네들에게 맡길 것이오. 현안대로 7억 달러를 내겠다고 할 때까지 한 달이고 두 달이고 버티어 주기 바라오" 하고는 자리를 박차고 일어나 버렸다.[39]

공산군 최후의 대공세

중공군은 휴전을 2주일 앞둔 7월 13일 저녁을 기해 5개 군(15개 사단)으로 중부전선 금성 돌출부의 국군 제6, 8, 3, 5, 9 및 수도 사단이 담당하는 약 35km 정면에 걸쳐 총 공세를 개시했다. 우리 국군만을 골라 대공세를 해온 것이다. 중공군은 이 전투에서 휴전하면 쓸모없는 총포 탄약 전부를 쏟아 부었다. 그들이 목적하는 바는 국군이 점령하고 있는 금성천 돌출부를 탈취하고 화천발전소까지 점령하여 휴전 후에 이 지역의 땅을 확보하려는 것이고, 그 내면에는 한국군을 타격

39_ 정일권, 전게서, pp.524-526.

하여 북진이 그리 쉽지 않다는 것을 보여주어 휴전회담을 촉진시키려는 속셈이었다. 국군은 적의 대공세를 금성천에서 저지했다. 이 전투에서 휴전을 불과 1주일 남겨두고 폭 31km의 금성천 돌출부에서 최대 9km까지의 땅을 빼앗겼다. 전투는 7월 20일 끝났다. 이 전투에서 중공군은 75,000명의 사상자를 냈다. 그중 사망자는 25,000명이었다. 국군을 포함한 UN군 사상자는 29,629명이었다.

중공군의 '7.13 대공세'가 있기 전, 어느 날 이 대통령은 제2군단 사령부를 방문하여 지난 6월 18일에 단행한 반공포로 석방에 대한 전선 사단장들의 반응이 어떠한가 물어보았다.

정일권 군단장은 "전 장병이 쌍수를 들고 환영하고 있습니다." 대답했다.

이 대통령은 "오! 그러한가?" 환한 얼굴로 기뻐하며 다음과 같이 말했다.

"반갑고 다행한 일입니다. 전선의 지휘관들이나 장병들이 전쟁이 끝난다고 하여 은근히 휴전되기를 기다리고 있는데, 대통령이 휴전을 반대한다고 해서 싸울 의사를 잃고 불만스러워 한다면, 휴전한 뒤에 미국의 지원을 제대로 받지 못하게 되는 것이니, 지금 우리가 해야 할 일은 공산군과 끝까지 싸워 이기고 말 것이라는 감투정신을 보여주는 것이므로, 우리 스스로 싸워 나가겠다는 일치단결 자세가 뚜렷하면 미국도 기꺼이 원조해 줄 것이고, 남의 일처럼 처분만 바라는 자세라면 미국도 흥이 깨질 것이 아니겠는가.

정 장군, 잘 들어주기 바라오. 난들 전쟁이 멎는 것을 어찌 싫어하겠는가? 겨레들의 피눈물과 상처 입은 산하를 생각하면 내가 앞장서 전쟁을 끝내고 싶지만, 휴전 뒤의 일을 생각하면, 휴전은 전쟁을 그만

두자는 것이 아니라 더 큰 전쟁의 준비 행위이고, 더 많은 고난과 파괴를 의미하며, 전쟁과 내란에 의한 공산당의 더 많은 침략 행위의 서막이 된다고 확신하는 것이니, 어찌 아무 대책도 없이 휴전을 찬성할 수 있겠는가? 그래서 나의 독단으로 반공포로를 석방한 것인데, 아이젠하워가 휴전 후의 상호방위조약과 군사원조를 약속할 때까지 나의 휴전반대는 계속될 것인즉, 나의 요구대로 못하겠다면 정 장군에게 제2군단 단독으로 행동할 모종의 작전명령을 나 대한민국 대통령의 권한으로 내릴 것이니, 마음의 준비를 해두기 바라는 바요."[40]

한미상호방위조약은 1953년 10월 1일 조인됐다.

전쟁의 상흔(傷痕)

1953년 7월 27일 1020시, 판문점 제158회 휴전회의에서 해리슨과 남일이 휴전협정에 조인했다. 그 12시간 후 한반도 전역에 포화가 멎었다. 정전명령은 UN군은 클라크 사령관 이름으로, 공산군은 김일성과 팽덕회 이름으로 나왔다. 김일성에 의해 1950년 6월 25일 오전 4시에 남침전쟁이 개전된 후 3년 1개월 2일 18시간 만이다. 휴전협정 조인에 국군대표가 서명을 하지 않은 것은 휴전 후에 대해 UN, 즉 미국이 책임을 지도록 하는 이승만 대통령의 구상이다.

김일성이 대한민국을 적화통일하려는 야욕으로 민족반역의 전쟁을 도발하여 남북한 국민 3000만 중 수많은 젊은이와 국민이 죽고 다치

[40]_ 정일권, 전게서, pp.432–433.

는 참화를 당했으며 국토는 황폐됐다.

국방부 군사편찬연구소에서 공식 발표한 '6.25전쟁 통계' 자료에 의하면 6.25 때의 인명피해 상황은 다음과 같다.

한국군 및 유엔군 피해 (단위 : 명)

구분	계	전사	부상	실종/포로
계	776,360	178,559	555,022	42,769
한국군	621,479	137,899	450,742	32,838
유엔군	154,881	40,670	104,280	9,931
공산군	2,035,000			

미국정부 발표에 의하면 미군 전사자는 5만 4246명이고 그 중 8,000여 명의 시신을 찾지 못했으며, 부상자는 10만 3284명, 실종자는 8,177명, 포로는 7,140명이다.

남북한 민간인 피해 (단위 : 명)

계	남한						북한
	소계	사망	학살	부상	납치	행불	
2,490,968	990,968	244,663	128,936	229,625	84,532	303,212	1,500,000

피난민 320만여 명, 전쟁미망인 30만여 명, 전쟁고아 10만여 명

남북한 총체적인 인명피해는 남한에서는 약 160여만 명, 북한에서는 약 250만 명으로 추산된다. 1949년 6월 1일 남한 인구는 2016만 6756명이었고 북한은 1949년 말에 962만 2000명이었다. 남북한 약

3000만 명 중 약 14%인 410만여 명의 인명피해를 냈다. 민족의 참화(慘禍)다. 그 원흉은 김일성과 그를 떠민 공산주의자들이다.

1954년 11월 미국방성의 공식발표에 따르면 미군참전 총연병력은 572만 명이고 전사자는 5만 4246명이다. 이들 미국 젊은이들이 알지도 못한 나라 대한민국, 만나보지도 못한 대한민국 국민의 자유를 위해 한반도의 산과 들, 하늘과 바다에서 죽었다.

무초 대사가 미국과 UN군사령부에 북으로 납치된 한국 국민이 12만 6325명이라고 통보했다(중앙일보 2007년 6월 23일). 이를 뒷받침하는 글이 와다 하루키가 쓴 『한국전쟁』(서동만 역) 390쪽에 다음과 같이 쓰여 있다.

9월 26일 자하로프는 김일성과 박헌영과 만났다. (중간 생략) 남쪽의 인원으로 9개 사단을 편성하는 것은 좌절되었으나, 그래도 김일성은 북에서 사단을 편성하기 위해 남한의 인원을 북으로 데리고 오도록 명령하였다.

여기에서 언급된 9월 26일은 인천상륙작전 직후인 1950년 9월 26일을 말한다.

월간조선은 2003년 6월 '납북자 82,959명'의 명부 상, 하권을 발행했다.

모스크바 국제관계대학 교수 토르크노프 박사가 소련의 6.25전쟁 관련 기밀문서를 원전으로 쓴 『한국전쟁의 진실과 수수께끼』(구종서 역) 제171-172면에 다음과 같이 실려 있다. 1950년 9월 29일, 김일성이 스탈린에게 보낸 편지에,

우리는 남은 전력을 집결하여 대규모 사단을 증설할 예정이다. 우선 남에서 징집한 10만 명 이상의 예비병력을 작전상 가장 효과적인 전선으로 파견할 생각이다.

이는 10만 명 이상을 납북해 갔다는 명백한 자백이며 김일성은 이들에 대한 무장을 요청했다. 북의 김일성, 그의 아들 김정일, 손자 김정은 3대를 이은 왕조(王朝)는 1954년부터 2010년 11월에 이르는 기간 대한민국을 말살하기 위해 1,640회(육상 720, 해상 920) 침투하고 또한 1,020회(지상 470, 해상 510, 공중 40)를 도발했다. 해상으로의 침투·도발이 많았다.

전투는 정지됐으나, 전쟁은 끝나지 않았다!

제8장

역사로서의 6.25전쟁

역사는

오늘을 살아가는 우리들의 사건이며

또한 내 자신의 사건이다.

역사를 통하여

오늘과 내일을 살아가는 지표를 세우고

방향을 잡아가야 할 것이다.

6.25를 바로 보지 못한다면

미래에 대한 목표도,

우리를 붕괴시키려는 세력에 대한 방패도

없다.

누가 도발했는가?

6.25전쟁 발발의 기원에 대하여 한동안 북한과 좌익 세력들에 의한 북침 날조와 왜곡으로 진실이 훼손되기도 했지만 소련의 붕괴후 1994년 6월 2일, 김영삼 대통령이 러시아를 방문했을 때 넘겨받은 6.25 전쟁 관련 216점, 548면에 달하는 문건과 미국 공문서 보관소에 소장된 약 160만 면에 달하는 문서에서 6.25전쟁 발발 진상의 상당부분이 드러났다. 러시아 문건 중에는 러시아 외무성이 작성한 1949년부터 1950년 10월까지의 일지(63면)도 들어 있었다. 이와는 별도로 「서울신문」은 러시아에서 6.25전쟁 관련 자료 950점 약 3천 면에 달하는 문서를 입수했다. 그 외 『흐루쇼프 회고록』 등 러시아 학자들이 저술한 6.25전쟁 관련 논문과 서적이 발간되고 그 당시 인민군 장교로 6.25남침 전쟁에 직접 관여했던 인민군들, 즉 조선인민군 참모부 유성철 작전국장, 인민군 부참모장과 경찰국장을 역임한 이상조, 강상호 등의 증언 등으로 전쟁기원 진상이 명백히 밝혀졌다.

북한 문화선전상 제1부장을 지냈던 정상진은 6.25전쟁 개전 첫 신호탄 발사명령을 내린 인물은 유성철 작전국장이라고 증언했다. 정상진은 광복 후 소련군으로 북한에 들어와 6.25전쟁 개전 당시 김일성대학 교수로 재직 중이었다. 그의 고려인 동료였던 유성철이 그에게 "전쟁은 우리가 시작했다. 내가 1950년 6월 25일 오전 4시 공격개시 신호탄을 쏘라고 직접 지시했다"고 말했다. 정상진은 1956년 김일성이 소련파를 숙청할 때 유성철을 포함해 소련국적 고려인 428명과 함께 소련으로 망명했다.[41]

한반도가 38도선으로 분단된 근원은 일본이 1945년 8월 6일과 9일 미국의 원자탄을 맞고 항복하기로 결정한 것을 알게 된 소련이 8월 9일, 대 일본 전쟁을 개전한 데서 비롯되었다. 소련군은 파죽지세로 만주와 한반도 북방으로 진공하여 8월 28일에는 38도선 이북을 거의 평정하고 개성과 춘천까지 진입해 들어왔다. 미국은 소련군이 한반도 전체를 점령하는 것을 막기 위하여 부랴부랴 미·소 군사작전 담당구역을 38도선으로 정했다. 미국이 1945년 8월 10일, 일본군의 항복접수를 위한 일반명령 제1호는 다음과 같다.

1. a. (생략함)

   b. 만주, 북위 38도선 이북의 한국, 사할린, 쿠릴열도 내의 일본군 선임지휘관과 모든 지상군, 해군, 공군 및 보조부대는 소련 극동군사령관에게 항복한다.

   c. 일본 대본영 및 대본영의 선임지휘관, 일본 본토와 인접 제도서 북위 38도선 이남의 한국, 류규(오키나와 열도), 필리핀 내의 모든

41_ 노병천, 『나쁜 전쟁, 더 나쁜 전쟁』, 양서각, 2008, p.977.

지상군, 해군, 공군 및 보조부대는 미국 태평양 육군사령관에게 항복한다.

미 24군단은 42척의 함선을 이용하여 1945년 9월 8일 인천에 상륙하였다. 9월 9일 1600시 조선 총독부청사 제1회의실에서 일본군 항복 조인식이 거행되었다. 북한으로 진공한 소련은 그들의 의도대로 조종할 수 있는 정부를 수립하기 위하여 같은 해 9월, 하바로프스크에 있는 제88여단[여단장 중공군 주보중 제7대대장 김일성(본명: 김성주)] 대위를 선편으로 원산을 경유하여 평양으로 데려왔다. 인민군 최태환 중좌가 쓴 『젊은 혁명가의 초상』 87면에 소련은 1945년 12월 12일 북에 조선인민공화국을 선포했다고 적었다.

소련은 1945년 11월 3일의 선거(소련식 흑백선거)에 기초하여 1947년 2월에 사실상의 정부인 '북조선 인민위원회'를 만들어 김일성을 그 수반으로 앉혔다. 1947년 12월 20일, '인민헌법'을 작성, 1948년 5월 1일 확정하고 9월 9일 '인민공화국'을 선포했다. 김일성은 1949년 3월에 이어 1950년 3월 30일-4월 25일 모스크바를 방문하여 스탈린을 찾아가 '무력통일'을 허가해 달라고 간청했다.

1949년 3월에서 4월 사이에 스탈린, 모택동, 김일성 간에 한반도 무력통일 방안이 논의되었으며 스탈린은 김일성에 대하여 무기지원을 가속화했다. 스탈린은 1950년 4월, 모스크바를 찾아온 김일성에게 남침전쟁을 허가하고 바시리에프 장군으로 하여금 '남침전쟁' 작전계획을 작성토록 지시했다. 이어서 김일성은 중공 모택동을 찾아가 스탈린과의 회담내용을 설명하고 남침전쟁 지원과 중공군 내 조선족으로 구성된 전투병력을 달라고 요청했다. 모택동은 국공대전(國共對戰)에서 싸운 조선족 병력 총 4만 1천명을 김일성에게 넘겨주었다. 이 군사들의 국적은 중국이며 중국 공산당원들이었다.[42]

모택동이 김일성에게 파송한 중공군(조선족 8로군)으로 인민군에 편입된 병력수는 약 5만 명이고, 각 부대는 앞에서 언급한 제1장의 김일(金一)과 김일성 내용 중 20쪽에 수록된 ④항을 참조하기 바란다.

이 외에도 남침 직후인 6월 27일, 철도병단이 신의주로 들어오고 마지막으로 7월에 심양 혼성단이 입북하여 인민군 제17기계화 사단으로 둔갑했다. 국방부 군사편찬연구소에서 발간한 『6.25전쟁사』 제1권 277면에는 이들 중공군 병력이 약 5만 명에 달한다고 실려 있다.

6.25남침 직전 인민군 군사력에 대하여 1977년에 나온 「소련군사백과사전」 제4권 358면 '한국전쟁' 항에 다음과 같이 서술하고 있다.

"10개 저격병 사단, 1개 전차 여단, 1개 오토바이 연대로 되어 있다. 인민군은 1,600문의 포와 박격포, 전차 258량, 군용기 172기를 갖고 있었다."

인류 역사에 나타난 가장 지독한 악(惡)은 공산주의일 것이다. 공산주의 중에서도 최악의 변종은 김일성의 '주체사상' 광신도 집단이다.

여기서 스탈린이 남침전쟁 'GO' 사인을 한 것에 대하여 살펴보자.

1949년 3월, 김일성이 스탈린을 찾아가 군사원조, 무기와 장비 지원을 요청하고 '남침전쟁' 허가를 간청했다. 이때 스탈린은

---

42. 서동만 역, 와다 하루키 저, 「조선전쟁」, p.343.

첫째, 김일성의 인민군대가 남한 군대에 비해 절대적 우위에 있지 않고

둘째, 미군이 남한에 주둔하고 있다며 지금은 시기상조라며 거부했다.

그러나 군사원조와 무기 및 장비 지원을 약속하고 군사력을 증강하라고 지시했다. 이어서 해군창설을 위해 전투함과 소해정을 지원하고 고문단을 파견하겠으며 청진에 있는 소련 해군기지를 계속 유지하겠다고 했다. 공군을 증강하기 위하여 정찰기 20대, 전투기 100대, 그리고 폭격기 30대를 지원하고 고문단 120명을 파견하겠다고도 했다. 그후 1년이 되는 1950년 3월-4월, 김일성은 재차 스탈린을 찾아가서 '남침전쟁'을 허가해 달라고 끈질기게 매달렸다. 스탈린은 그의 간청을 받아들여 'GO' 사인을 했다. 그 이유를 다음과 같이 들었다.

첫째, 인민군대 군사력이 남한에 비해 절대적으로 우세하게 육성됐다. 남한의 군사력 즉 무기, 장비가 미약하고, 전투병력이 전투 경험이 없다.

둘째, 국제정세가 유리하게 변했다.

ㅇ 중공군이 중국대륙을 공산화하고 1949년 10월 1일 공산국가를 수립했다. 이제 중공이 북조선의 남침전쟁을 도울 수 있게 되었다.

ㅇ 미군이 지난 1949년 6월 남한에서 철수하고 남한을 극동방위권에서 제외했다(1950년 1월 12일).

ㅇ 소련이 원자탄을 보유했다(1948년 8월 29일).

김일성은 스탈린으로부터 남침전쟁 도발의 허가를 받고 전쟁준비

를 착착 진행해 나갔다. 1950년 정월부터 시행한 그 과정을 대충 짚어
본다.

1월 1일   김일성은 신년사에서 인민군에게 통일을 위하여 전투태
           세를 갖추라 했다.

2월   인민군 공병여단은 만주 간도에서 축성지대(築城地帶)의
           돌파훈련을 실시했다.

3월   38도선 5km 이내에 거주하는 주민들을 북방으로 소개
           했다.

3월 20일   남한 치안을 유린하고 공산당 지하조직을 확대하기 위하
           여 추계 약 2,400명에 달하는 유격대를 남파했다.

5월 13일   모택동, 김일성 북경회담.

5월 17일   평양 모란봉 극장에서 평화통일 달성을 내세워 남침토론
           대회를 개최했다.

5월 29일   남침 '선제타격 작전계획'을 완성했다.

6월 7일   북은 평화통일 호소문을 남측 정당사회와 UN한국위원
           단에 전달하겠으니 10일 38도선 남측 1km지점에 있는
           여현역에서 만나자고 했다.

6월 10일   인민군 참모총장 강건은 작전회의를 소집하여 6월 23일
           까지 전투준비를 완료하도록 지시했다.

           북은 자기들이 억류하고 있는 민족지도자 조만식 선생
           과 남쪽에 감금되어 있는 남로당 총책임자인 김삼룡, 이
           주하와 맞교환하자고 제안했다. 이에 대하여 한국정부는
           6월 22일 대북방송을 통해 24일 여현역에서 교환할 용의

가 있다고 통고하였으나 북의 반응이 없자 재차 26일에 교환하자고 재차 통고했으나 북은 묵살했다.

　　김일성은 7일 '평화통일 호소문'을 제안하고 10일 조만식 교환을 제의한 바로 같은 날 인민군 참모총장 강건은 사단장 및 여단장으로 구성된 작전회의를 소집하여 6월 23일까지 전투개시를 할 수 있도록 만반의 준비를 갖추라고 명령했다.

6월 12일　전 인민군은 공격출발 진지로 이동배치 했다. 김일성은 남침도발을 은폐하기 위하여 기만전술을 구사했다.

6월 18일　김일성은 인민군 전투부대에 남침정찰명령을 하달하고 인민군 총사령부는 전 사단에 남침작전명령을 하달했다.

6월 22일　소련 군사고문단은 민족보위성에 '전투명령 제1호'를 전방 사단장에게 하달하여 1950년 6월 23일 1200시까지 '적 이승만 군대'를 무찌를 수 있는 만반의 태세를 갖출 것을 지시했다.

6월 24일　인민군 공병대는 38도선 이남 북한강을 넘어와 도하 지점을 정했다.

6월 25일　일요일 새벽 인민군은 38도선 일대에서 전면 기습남침을 감행했다.

6.25도발 당시의 인민군 군사력

인민군은 소련으로부터 공급받은 장비로 무장하고 소련군에 의해 훈련받은 병력과 중공으로부터 끌어들인 조선계 중공군 약 5만 명에서 6만 명으로 구성하였다. 연대급 이상 간부는 거의 중공군(8로군) 및 소련 88여단 출신으로 전투를 경험한 자들이었다. 인민군 육군은 10개 보병사단과 기계화연대, 전차여단, 경비여단 및 제766유격대 등 약 12만 명의 전투 병력과 지원 병력을 합하여 18만 2000여 명이었다.

해군은 3개 위수사령부와 육전대 약 6,000명을 포함한 약 1만 6000명을 보유하고 있었다. 공군은 1개 비행사단 2,800명이었다. 6.25남침 당시의 인민군 총병력은 20만 1050명이었다. 인민군이 보유한 주요 장비는 전차 258대(전차병은 대부분 한인계 소련 병사), 자주포 176문, 모터사이클 560대이고 해군은 어뢰정 14척 및 경비함정 등 35척 (5,600톤)이며 공군은 전투기 132기를 포함하여 약 300대를 보유하고 있었다.

이에 비해 국군병력은 육군 약 9만 5000명, 해군 약 7,000명, 공군 약 1,900명 도합 약 10만 4000명으로 인민군의 절반에 불과했다. 전차는 한 대도 갖고 있지 못했다. 주요 화포를 비교하면, 인민군은 122mm 신형곡사포를 비롯하여 총 728문을 보유하고 아군은 105mm 곡사포 91문이었으며 인민군은 120mm 박격포를 비롯하여 총 1,728문을 보유한 데 비해 아군은 80mm와 60mm박격포 총 960문이었다. 포의 사거리를 비교하면 인민군은 9,000m-13,000m인 데 비해 아군이 갖고 있는 105m포 사거리가 6,500m였다. 화력면에서 피아를 비교할 때 통상 분당 발사탄수를 기준으로 하고 있는데 이 기준으로 보면 인민군 사단의 발사탄수가 10이라면 아군의 발사탄수는 1 정도로 10대 1 비율이었다.

인민군 사단의 전투편성은 보병 3개 연대, 각 연대에 76mm 1개 포대, 포병 3개 대대, 수송대대, 병기대대, 공병대대 및 정찰중대로 편성되어 있어, 인민군 1개 보병사단 전투력은 아군 2개 사단과 맞먹는 전투력을 갖고 있었다.

남침계획의 기본개념

6.25 남침계획은 김일성, 스탈린, 모택동 간의 긴밀한 협력 하에 주도면밀하게 준비되었다. 남침전쟁의 기본개념은 1950년 6월 7일 김일성이 '남한 인민에게 보낸 호소문'에서 엿볼 수 있다.

그는 "8월 5일-8일 사이에 전조선인이 남북총선거를 실시하고 통일적 최고입법기관을 창설하여 8월 15일 해방 5돌 기념일에 서울에서 최고입법기관(국회)을 소집할 것"이라 했다. 즉 8월 15일 서울에 '통일인민정부'를 수립하겠다는 것이다. 이때의 정황을 인민군 정치부장교 최태환 중좌가 쓴 『젊은 혁명가의 초상』에서 옮겨본다. 그는 만주 용정에서 8로군 군정대학을 졸업하고 인민군 총참모부 역사기록부장을 지냈으며 그 후 중공군 제166사단으로 편성된 인민군 제6사단의 정치보위부(우리의 기무사) 책임장교로 파견되었다.

제6사단은 국부군(장개석군)과 전투한 역전의 용사들로 구성되어 있었다. 사단사령부와 제15연대는 신의주에 위치하고 제13연대는 재령, 제14연대는 사리원 그리고 포병연대는 양시에 주둔했다. 1950년 초 사단사령부가 사리원으로 옮긴 후인 3월 김일성이 사단을 방문했다. 그는 "우리 공화국이 최강 정예부대인 제6사단은 조국의 통일과 해방의 길로 이끌어 가야 할 영웅적 투쟁을 해야 한다" 훈시했다. 최태환은 이때 처음으로 김일성과 악수했다.

1950년 6월 9일, 출동명령이 떨어졌다. 부대는 기차로 남천으로 이동하고 이어서 제13연대는 송악산 주능선, 제14연대는 송악산 우측에 진을 치고 제15연대는 옹진반도로 전개했다. 6월 23일, 사단장으로부터 대대장급 이상 장교들에 대한 소집명령이 하달됐다. 장교들이 송악산 계곡에 임시로 쳐놓은 천막 회의장에 모였다. 정치위원인 김두봉이 나타났다. 그는 인민공화국 정치위원 5명 중 한 사람으로 김일성, 박헌영, 허가이, 김책이 위원이다. 김두봉은 현 시국에 대하여 이야기를 한 후 다음과 같이 말했다.

"이제 해방전쟁을 개시하여 일주일동안 서울을 해방시킬 것입니다. 서울은 남조선의 심장입니다. 그 심장을 장악하게 되면 전체를 장악하는 것입니다. 거기서 대통령을 선출하고 인민공화국과 남조선이 통일된 것을 세계만방에 선포하면 어느 외국도 우리를 간섭하거나 침범하지 못할 것입니다. 군관동무들은 해방전쟁의 본분을 망각하지 말고 맡은 임무에 충실해야 할 것입니다."

연설을 마치자 모두 이제 '전쟁이 시작되는구나' 하는 생각에 중압감에 휩싸였다.

김일성은 남측에 모든 대화나 협상에서 이승만, 이범석, 김성수, 신성모, 조병옥, 채병덕, 백성욱, 윤치영, 신흥우 등 대한민국의 핵심인사를 제외한다는 전제조건을 제시해 놓고 있었다. 이는 남북협상에서 자기 뜻에 맞는 좌익 사람들을 선택해서 모든 정치사항을 자기 뜻대로 관철하겠다는 것으로 아예 남측을 상대하지 않겠다는 속셈이었다.

최태환 중좌는 6.25 그날 상황을 이렇게 적었다.

"우리 6사단은 상부로부터 내일 전쟁개시 지시를 받은 24일 토요일 개성에서 4km 북쪽에 있는 송악산 남쪽 경사면에 진을 치고 공격개시

명령을 기다리고 있었다. 북쪽의 천마산(246m) 동북쪽의 화장산(660m)이 있고 비가 올 듯 찌푸린 날씨에 짙은 안개가 자욱이 깔려 있었다.

25일 새벽 4시, 사단 주력은 제206기계화 연대의 지원을 받으며 개성으로 진격하고 1개 연대는 38선에 배치되어 있는 38경비여단과 8대의 전차로 옹진반도의 국군 제17연대를 공격했다. 09시가 채 못 돼 개성을 점령하고 다음날 26일 아침 한강변에 이르러 거룻배를 타고 교동도와 김포로 진격했다. 행주산성 맞은편에 있는 개화산을 점령한 후 6사단 주력은 봉일천에 진격하여 국군 제1사단과 대치했다. 7월 3일, 영등포와 인천을 해방하라는 명령이 떨어졌다. 그날 저녁 때에 영등포로 진격해 맥주공장에서 맥주를 가지고와서 맥주파티를 했다. 이날은 나의 생일날이었다. 나는 맥주 대신 라무네를 마셨다. 다음날 새벽 소사를 경유하여 인천으로 진격했다."

바시리에프 중장에 의하여 작성된 김일성의 남침전쟁계획은 3단계 작전으로 만들었다.

제1단계 작전은 38선을 돌파하여 2일 만에 서울을 점령한 후 수원-원주-삼척을 연하는 선까지 5일 안에 진격하고, 제2단계 작전은 그로부터 14일 안에 군산-전주-대구-포항을 연하는 선까지 진격한다. 제3단계는 그 후 10여일 안에 목포-여수-사천-마산-부산을 잇는 남해일대를 점령하여 전쟁을 종결한다.

인민군 참모부는 개전 당시 특수기동부대(편성병력 약 3,000명으로 국군에서 월북한 강태무, 표무원 대대 포함)를 해상기동으로 침공했다.

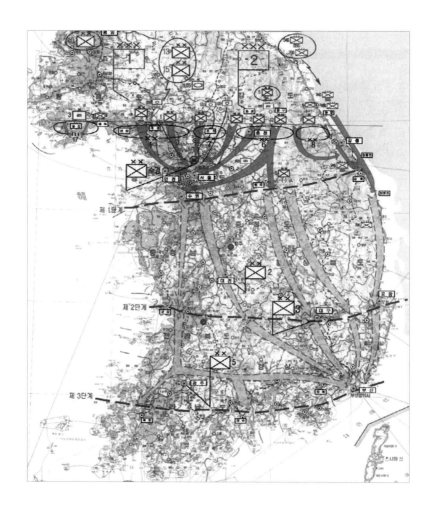

　25일 새벽, 약 2,000명으로 구성된 제945육전대는 원산-양양을 경유하여 옥계, 정동진 해안으로 상륙하고 약 1,000명으로 구성된 제766유격대는 영흥만 호도반도-속초를 경유하여 임원 해안으로 상륙했다. 이 부대는 내륙으로 진공하여 북상하는 국군을 차단하고 후퇴하는 국군을 협공하려고 했다.

　약 600여 명으로 구성된 특수유격대는 후방교란과 미국군대의 부산항을 통한 파병을 차단하기 위하여 함정 편으로 부산을 향하여 동해를 남하했다.

이와 관련하여 북한의 6.25전쟁 공간사인 「조선전사」는 다음과 같이 기술하고 있다.

"우리의 전략계획은 미 제국주의자들의 대병력이 동원되기 전에 이 승만 괴뢰군대와 이미 우리 강토에 침습한 미군을 단시일 내에 소탕하고 인민군대가 부산, 마산, 목포, 여수, 남해선까지 진출하여 우리 조국 강토를 완전히 해방하여 인민군대를 전 조선 땅에 기동성 있게 배치함으로써 미제국주의자들이 상륙하지 못하도록 하는 데 있다."[43]

미군상륙을 배제하기 위하여 부산침공을 목적으로 특수유격대를 탑재하고 동해를 남항하던 적함은 25일 저녁 8시경 울산 앞 해상에서 백두산함에 포착되어 치열한 전투 끝에 26일 0140시경 격침되었다. 그리하여 부산항을 지켜냈다.

국민 모두가 구국전선으로 달려 나아갔다

6.25전쟁은 그 나라를 완전히 파괴하다시피 했다. 그러한 참화를 일찍이 나는 본 적이 없다. 나는 누구보다도 피와 재난을 많이 보아온 사람일진대 지난번 한국에 있을 때에는 정말 속이 뒤집힐 정도였다. 파

---

[43]_ 북한 사회과학역사연구소, 「조선전사」 제25권, 1981, p.85.

괴된 잔해와 그 수천 명의 부녀자와 아이들, 그 모든 것을 본 뒤에 나는 그만 토하고 말았다.

– 맥아더, 해임된 후 상하원합동연설회에서

1950년부터 1953년까지 3년 동안 이 땅위에서 25개국 약 150만 명 (1951년 12월 기준)의 군인이 전쟁을 치르고 있었다. 우리 민족이 950여 회 외국의 침략을 받아 왔지만 6.25전쟁처럼 온 민족과 온 국토 방방 곡곡이 전화에 휘말린 적은 없었다. 독일 루텐도르프가 말한 전형적인 총력전이었다. 인민군은 현대전을 치를 수 있는 최신형 장비를 갖춘 고도로 훈련된 군대와 중국내전에서 전투경험을 갖춘 잘 준비된 군대로 일요일 새벽 기습적으로 공격해왔다. 이에 비해 국군은 병력 면에서 절대 열세일 뿐만 아니라 장비와 훈련면에서도 비교할 수 없을 정도로 미약했다. 탱크는 한 대도 없었고 전투기도 없었다. 훈련면에서도 대대급 작전훈련을 경험한 부대가 20%도 안 된 상태에서 준비 없이 기습공격을 당했다. 국군은 이러한 최악의 상태에서 목숨을 내던져 싸웠다. 다이나마이트를 몸에 감고 수류탄을 던지며 적의 탱크와 자주포로 뛰어들었다. 적의 진격을 저지하기 위하여 육탄으로 반격의 시간을 벌었다. 피 흘려 벌어놓은 '피의 시간'에 UN지원군이 들어와 전열을 가다듬어 반격에 나설 수 있었다. 9월에 들어서 적은 포항-안강-영천-대구-창녕-함안-마산을 잇는 선까지 공격해 들어왔다. 나라가 망하느냐 살아남느냐의 국가 존망의 기로에 섰다. 이러한 위기에 처하자 남녀노소 할 것 없이 움직일 수 있는 온 대한국민 모두가 군번도 계급장도 없이 오직 나라를 구하기 위해 나섰다.

대한 학도의용대

6.25전쟁이 터져 공산군이 휩쓸고 밀어닥치자 전국 각지의 학생들이 피끓는 조국애로 '우선 나라를 지켜야 한다'며 학업을 중단하고 전선으로 달렸다. 일본에서 공부하던 재일학도들도 조국을 구하기 위해 바다를 건너 달려왔다. 여러 지역, 여러 학교, 여러 조직체의 학도의용군은 1950년 7월 19일부로 '대한 학도의용대'로 통합 개편되었다. 이들은 육·해·공군 및 UN군에 배속되어 각종 전투에 참전하거나 지원업무에 투신하여 약 7,000여 명이 꽃다운 나이로 조국전선에서 산화했다. 이 중에는 병역의무가 없는 어린 학생들이 자진하여 지원한 '소년지원병'도 있었다. 소년지원병 약 2만 3000명 중 2,464명이 장렬히 전사했다.

1950년 8월 10일, 제3사단에 소속된 소년지원병 1개 중대 71명은 포항여자중학교에서 적 인민군 12사단의 일부병력과 맞싸워 피비린내 나는 백병전을 전개하였다.

이 전투에서 47명의 소년병이 못다 핀 젊은 한을 안고 장렬히 전사했다. 그중 한 소년병사의 시신 호주머니에서 고깃고깃 구겨진 편지 한 장이 나왔다.

"어머니, 지금 제 옆에는 수없이 많은 학우들이 죽음을 기다리듯이 적이 덤벼들 때를 기다리며 뜨거운 햇볕아래 있습니다. 적병은 너무나 많습니다. 우리는 71명입니다. 어쩌면 오늘 싸우다 죽을지도 모르겠습니다. 상추쌈이 먹고 싶습니다. 다시 또 쓰겠습니다. 어머니 안녕! 아, 안녕이 아닙니다. 다시 쓸 거니까요."

이 소년병은 서울 동성중학교 이우근이다. 그는 어머니에게 다시 글을 쓸 수 없게 되었다.

지게부대(보국대)

전쟁 발발 후 국군의 군사작전을 지원하기 위하여 노·장년들이 자원한 보국대를 비롯하여 UN군 참전 후 차량지원단, 운반단, 노무단, 부두하역단 등 다양한 형태의 노무지원 활동이 있었다. 1951년 5월 2일에 창설된 한국노무단은 제101, 제103, 제105 근무사단과 제100, 제200 근무여단으로 편성되어 제101사단은 서부전선에서 미 제1군단을, 제103사단은 중동부전선에서 미 제10군단을, 제105사단은 중서부전선에서 미 제9군단을 지원하였으며 제100여단은 동부전선에서 국군 제1군단을, 제200여단은 중부전선의 국군 제2군단을 지원하였다.

노무단의 무기는 주로 '지게'였다. 미군들은 이 지게가 알파벳 'A'자와 흡사하다 하여 'A Frame Army' 라고 불렀다. 산악지대가 많은 전장(戰場)에서 승패를 가늠하는 요인 중의 하나는 탄약과 식량 등을 적시에 전투지역으로 공급하느냐 여부에 달려 있다. 특히 산악전투지역에는 도로가 없어 차량수송이 거의 불가능하다. 따라서 산악지대에서는 '지게부대'의 역할이 눈부셨다. 지게부대는 포탄 탄약과 식량을 지게에 짊어지고 산꼭대기까지 운반하고 내려올 때는 사상자를 후송했다.

노무단들의 규모는 약 30만 명에 이르렀으며 공식기록으로는 전사 2,064명, 실종 2,448명, 부상 4,282명으로 집계되었으나 희생자는 이보다 더 많았을 것이다. 제8군사령관 밴 플리트 장군은 "한국인 노무자들은 매일 1백 파운드 정도의 군수품을 10마일 정도의 높은 고지로 운반했다. 만일 이들 노무자가 없었다면 최소한 10만 명 정도의 미군 병력을 추가로 파병하여야 했을 것이다" 며 극찬했다.

카투사(Korean Augmentation Troops to US Army)

미군 군복에 국군계급장을 달고 미국군에 편성된 카투사는 부족한 미군 병력을 충원하고 한·미군 간의 언어소통, 교량 역할을 하여 수많은 전장에서 싸웠다. 전쟁 초기인 1950년 8월에 미국 본토로부터 증원된 병력이 1만 1115명인 데 비해 8월 한 달 동안 사상자수는 1만 9165명으로 미군 병력부족이 심각했다. 또한 미군은 적군과 아군의 식별, 피난민과의 언어장벽으로 어려움이 많았다. 이 어려움을 극복하는 데 카투사의 역할이 컸다. 전쟁 중 4만 3660명의 카투사가 미군과 함께 전투에 참전하여 그 중 1만 1365명이 전사하거나 실종되었다.

유격부대

국군과 UN군 통제하의 유격부대와 반공이념으로 대공투쟁을 한 자생적 유격부대의 수는 약 40개에 달했다.

- ○ 오대산 지구에서 적 유격대를 소탕한 호림부대
- ○ 장사동 상륙작전을 감행한 학도병으로 구성된 명부대
- ○ 백두대간에서 후퇴하는 패잔병을 소탕한 백봉부대
- ○ 6.25 새벽 동해안 강릉, 정동진으로 상륙한 적 제945 육전대장 길원팔 중장을 소탕한 채명신 중령(후에 파월군사령관 역임)이 지휘 하는 백골병단
- ○ 강화도, 교동도 등 서해지역에서 활동한 제5816부대
- ○ 부산 영도에서 편성된 Y부대
- ○ 백령도 및 황해도 옹진반도 일대에서 활약한 약 1만여 명의 동키(Donkey)부대와 제8240부대

이 유격대에서 싸우다 전사한 사람은 약 3,875명이 확인되어 대전 국립묘지에 안장되었다.

이 외에도 여러 유격부대가 평안남·북도를 연한 서해안 도서와 함경도를 연한 도서에서 싸웠다. 수많은 유격용사들이 군번도 계급도 없이 오직 대한민국 존립을 위하여 대공유격전선에서 목숨 바쳐 싸우고 쓰러져갔다.

경 찰

전쟁이 일어나자 38선 접전지역의 경찰경비대는 적의 초전 기습공격으로 많이 희생되었다. 개성 철도경찰대는 감봉룡 대장 이하 대원 50명이 전사했다. 낙동강 방어전에서는 1만 1500명의 경찰병력이 UN군에 배속되어 싸웠다. 후방지역에서는 적 패잔병과 게릴라소탕작전에 투입되어 큰 성과를 거두었다. 1953년 12월까지 3,000명이 전사하고 부상 및 실종자 수는 2만여 명에 달했다.

국민방위군 및 대한청년단

예비 병력인 국민방위군 30만 명과 준군사단체인 대한청년단은 전투와 공비소탕전에 참전하여 약 1만 2000여 명이 희생되었다.

여자 지원군

임진왜란 때인 1593년 2월, 권율장군의 행주산성 진영으로 쳐들어온 왜군 3만 명과의 전투에서 가마솥에 물을 끓이고 행주치마에 돌과 잿봉지를 싸들고 혈투를 벌인 여성들의 호국정신과 논개의 구국혼을 이어받은 10만 명의 대한 여자들이 조국수호전선으로 결연히 나섰

다. 육·해·공군 및 해병대에 자원
입대하여 전투에 참전하거나 유격
대로 싸웠다. 또는 간호, 통신, 정
훈, 선무활동 등으로 전쟁지원 분
야에 투신하였다.

1950년 8월 3일 제주도에서 자원 입대
한 여학생

구월산유격대의 여장군으로 유
명했던 이정숙 대원은 황해도 장연
군 일대에서 기습작전을 감행하고
피난민을 구출해내는 등 큰 전공을 세웠다. 이화여대생인 전소연 학
생은 B26 비행기를 타고 특전비행대 심리전 방송요원으로 활동 중 적
의 대공포 파편을 맞아 부상을 입었다. 대한청년단의 금숙희 대원은
다부동 전투에 참전하여 선무활동으로 적 사단 작전참모 장창남 소좌
등 45명을 귀순시켰다.

주민들의 애국·반공 투쟁

인민군은 기습남침 한 달 만에 낙동강까지 진격하여 남한의 90%
이상을 점령했다. 인민군은 점령지의 수많은 애국인사를 살해하고 수
많은 주민을 북으로 납치했다. 점령지의 청장년을 징발하여 소위 의
용군에 강제 입대시켜 전선으로 내몰았다. 이와 같은 공산군의 살육
(殺戮)과 만행에 맞서서 각 지방의 주민들이 목숨 걸고 반공투쟁에 나
섰다. 이들은 적 보급기지 또는 적 치안부대를 습격하여 무기를 빼앗
아 무장투쟁을 전개했다. 경기도 고양군의 태극단, 강화도의 대한청
년단, 강화 향토방위특공대 그리고 중공군 침입 후 북한지역에서 결
사항전한 함경도의 고원청년유격대, 황해도의 평산 반공유격대, 용매

도의 태극단 등 남북한 전국각지에서 반공과 자유를 위해 생사를 초월하여 투쟁했다.

역사로서의 6.25전쟁

역사는 지난날의 묻혀진 형해(形骸)가 아니다. 역사라는 것은 '나'와는 관계없는 멀고 아득한 옛이야기가 아니라 '나'의 모습이 거기에 그려져 있고 '나'의 사건과 관계가 거기에 있다. 역사에 물으면 거기에 해답이 있다. 존슨 미국 대통령이 1964년 11월 22일 케네디 대통령 암살 1주년에 했던 연설이 생각난다.

"역사란 단순한 기록물이 아니다. 그것은 현재에 부피를 주고 미래에 대한 방향을 제시한다. 과거를 의식하지 못한다면 미래에 대한 목표도 우리를 붕괴시키려는 세력에 대한 방패도 없다."

예루살렘 신시가지 서쪽 지카론 언덕에 금세기 최대의 비극적인 역사를 간직한 기념관이 있다. '기념물과 이름'이라는 뜻을 가진 '야드 바셈' 유대인 학살기념관이다. 학살당한 650만 명 중 150만 명이 12살 미만의 어린 아이들이다. 그 어린이들의 이름을 목멘 애절한 소리로 부르는 호명소리가 길고도 끝없이 이어진다.

기념관 출구에 이런 구절이 있다.

"망각은 파멸을 초래하고 기억은 구원의 비결이다."

과거를 잊으면 그 치욕이 다시 반복된다는 경구(警句)다.

중국은 청일전쟁 때 일본에게 당한 치욕을 기억하고 잊지 말자고 여순 203고지에 '명기역사 물망국치(銘記歷史 勿忘國恥)' 표지를 세우고 대련박물관에는 강택민 주석이 '전사불망 후사지사(前事不忘 後事之師)'라고 썼다. 전에 있었던 일을 잊지 말고 그 일을 교훈으로 삼으라는 것이다.

청나라 북양함대 해군기지였던 산동반도 영성만에 있는 유공도(劉公島)의 갑오전쟁 기념관에는 '인민 애국주의 교육기지' 표지가 있다. 미국은 태평양함대기지인 진주만을 기습당하고 "리멤버 펄하버(Remember Pearl Harbour!)"를 외치면서 싸웠다. 베를린 한복판에는 2차대전 때 폭격을 맞아 깨진 교회당의 잔재가 깨진 모습 그대로 보존되어 있다. 영국 코벤트리의 웅장한 중세성당 역시 폭격으로 폐허가 된 모습 그대로 남아 있다.

지금 우리나라는 어떠한가? '6.25'가 잊혀져가고 있고 종북세력은 아예 '잊으라' 하고 '청와대 습격', 'KAL 폭파 격추', '아웅산 폭살', '잠수함 침공' 등 북의 수많은 도발이 모두 기억 속에서 사라지고 있다. 6.25전쟁 중 서울, 수원, 대전 중심가는 거의 폐허가 됐다. 그때 파괴된 단 하나의 건물도 한 조각의 흔적도 남아 있지 않다. 서대문 형무소와 서울대학교 병원에서의 학살흔적도 찾아볼 수 없고 대전광장의 학살우물, 전라북도 원당의 교회우물에 배추 절이듯 처넣어 학살한 그 우물도 없어졌다. '남북화해', '남북통일'은 이 처절했던 역사의 진실을 비켜가는 식으로는 절대로 해결의 실마리가 풀리지 않는다. 거기에는 진실과 고백이 있어서 비로소 해결의 곬이 뚫린다. 역사는 없앨 수도 없고 없어지지도 않는다. 지난 일을 잊었다고 없어지는 것이 아니다.

교훈을 얻지 못하면 우리는 언제 어느 곳에서나 또 다른 6.25를 맞게 될지 모른다. 지금 6.25는 끝난 것이 아니라 현실로 살아 있다. 천안함 폭침, 연평도 포격, 북핵이 그렇다. 휴전선을 사이에 두고 150만 대군이 대치하고 있다.

영국 역사학자 토인비(A. J. Toynbee)는 "역사의 교훈을 아는 민족은 수난의 역사를 되풀이하지 않는다" 했다. 노르웨이 한 통계학자는 이 지구상에서 지난 5,560년 동안에 1만 4500여 번의 크고 작은 전쟁이 있었다고 했다. 가히 인류역사는 전쟁의 역사라고 해도 지나친 말은 아닐 것이다. 1780년에 프로이센에서 태어난 저명한 군사이론가 클라우제비츠는 그의 명저 『전쟁론』에서 전쟁이란 '적을 굴복시켜 자기의 의지를 강요하기 위하여 사용하는 폭력행위' 또는 '다른 수단에 의한 정치의 연속'이라 했다. 중국의 병법가 손무는 그의 「손자병법」에서 '전쟁은 한 나라의 큰 일로 백성의 생사와 나라의 존망이 달린 것이니 신중히 살피라' 했다.

6.25전쟁은 소련의 꼭두각시인 김일성이 소련 스탈린의 사주를 받고 중공 모택동의 지원으로 남북한 국민을 주검으로 내몰았던 민족반역전쟁이다. 김일성의 기습공격을 받은 우리 국군은 압도적으로 우세한 적군에 맞서 목숨을 걸고 싸우고 우리 국민은 남녀노소 모두 조국 대한민국을 지키기 위해 몸과 마음을 쏟아 바쳤다. 김일성, 김정일, 김정은을 이은 3대 왕조 독재집단은 대한민국을 멸망시키려고 호시탐탐 노리고 있다. 휴전 후인 1954년부터 2010년까지 1,640여 차례

침투하고 1,020여 건 도발했다. 그중 해상침투는 920여 건이었으며 해상도발은 510여 건에 이른다. 6.25전쟁은 지금도 진행 중이다.

왜 베트남이 망했는가?

1973년 파리 평화협정 체결당시 남베트남은 북베트남에 비해 경제, 군사적 측면에서 압도적 우위에 있었다. 병력 숫자면에서는 비슷했으나 남베트남군은 미군이 철수할 때 넘겨준 최신장비로 무장하고 전차, 장갑차는 1,800대를 보유한 데 비해 북은 600대에 불과하고 공군력은 세계 제4위로 항공기 및 헬기는 1,770대를 보유한 데 비해 북은 342대뿐이었다. 경제면에 있어서도 인구 2,400만 명의 북베트남은 공산국가로부터 매년 80-100만 톤의 식량을 원조받고 있었으나 그래도 매년 약 100만 톤이 부족했다. 이런 북베트남이 1975년 4월, 16개국이 도장을 찍고 감시한 평화협정을 깨고 남베트남으로 침공했다. 4월 26일 북베트남군 17개 사단이 사이공을 공격한 지 4일 만인 4월 30일 남베트남은 무조건 항복했다. 'Republic of Vietnam'은 맥없이 이 지구상에서 사라지고 'Socialist Republic Vietnam'으로 흡수됐다.

남베트남 국민 26만 명이 학살되고 116만 명이 정처 없이 망망대해로 피난했으나 그중 11만 명이 바다에서 죽었다. 360만 명이 수용소에 수감되고 700만 명이 숙청됐다. 땀 흘려 모은 '돈', 탐욕스럽게 긁어모은 '돈'도 화폐개혁으로 쓸모없는 '종이쪽지'가 됐다. 시민단체, 지식인, 종교인, 학생들이 붉은 띠를 동여매고 주먹을 휘두르며 외치던 '자유', '인권', '복지' 모두가 물거품처럼 사라졌다. 그들도 거의 수용소에 수감됐다. 김일성이 남로당수 박헌영과 서울 인민위원장 이승엽을

숙청한 것처럼.

남베트남은 왜 망했는가? 북의 공작원들이 남의 정부, 군, 사회단체, 종교계 등 각계 각층에 침투하여 이념적 갈등을 조성하고 국론을 분열시켜 내부로부터 붕괴되어 갔다. 국민은 자유와 풍요에 도취되고 탐욕에 혼이 빠져 국민의 책무를 망각했다. 그 무엇보다도 국민 각자가 나라를 지키겠다는 사명감과 굳건한 의지가 없었다.

지금 우리는 어떤가? 대한민국 체제를 부정하고 북의 대남적화노선을 추종하며 대한민국 국체를 변혁시켜 북의 인민공화국에 편입시키려는 종북세력이 발호하고 있다. 그들은 국가안보의 울타리인 국가보안법 철폐, 주한미군 철수, 한미동맹 와해, 연방제 통일을 주장하며 사사건건 대한민국을 헐뜯고 북의 세습왕조를 편들고 있다.

지금 우리 국민 모두는 경제력, 군사력 면에서 북보다 월등히 강한 남베트남이 왜 망했는가, 그 과정을 되새겨보고 정신을 가다듬어 내부의 적으로부터 대한민국을 굳건히 지키고 북의 도전에 대비해야 할 때이다. 이는 호국헌신의 의지와 행동에 달려 있다.

기네스북에 등재된 6.25전쟁

인류 전쟁역사상 최초로 전 세계 거의 모든 나라가 연합하여 침략을 당한 한 나라 대한민국 편에 섰다. 6.25전쟁에서 67개국이 대한민국을 침략한 공산군과 싸우거나 또는 지원에 나섰다. 이 기록은 2010년 9월 3일 기네스북에 등재됐다.

또 다른 한 가지는 1950년 12월 흥남철수작전 당시 화물선 메러디스 빅토리호가 북한 피난민 1만 4000명을 구출한 '한 척의 배로 가장 많은 생명을 구출'한 세계기록으로 2004년 9월 21일 기네스북에 올랐다.

6.25전쟁 당시 세계의 독립 국가는 91개국이었으며 그중 UN회원국은 60개국이었다. 군대 파병 신청 21개국 중 16개국이 군대를 파병하고 5개국이 의무지원을 했으며 물자와 복구지원을 한 나라는 46개국이었다. 그 중 해군을 파병한 나라는 9개국이고 공군을 파견한 나라는 5개국이었다.

6.25전쟁은 공산주의 침략에 대항한 세계 자유수호 전쟁이며 자유민주주의가 승리한 전쟁이다. 비무장지대(DMZ)의 군사분계선에 500m 간격으로 세워놓은 1,292개의 군사분계선 표지판은 5천년 민족사에 그 유례가 없는 민족의 참화를 간직하며 무상한 세월 속에 희미한 잔재만을 남기고 있다.

한국군은 13만 7899명의 전사자를 포함하여 62만 1479명, 그리고 인민군은 50만 8998명의 전사자를 포함하여 92만 6000명의 인명피해를 입었다. 한국의 민간인 피해자는 사망자와 적에 학살된 자 37만 3599명과 강제로 징집된 40만 명을 포함하여 약 140만 명 그리고 북한주민은 약 150만 명으로 추산되는 인명피해를 입었다. 남북한 전체 인구의 약 20%가 희생됐다. 이것이 민족을 제물로 삼은 김일성의 죄상이다.

오늘의 자랑스러운 대한민국은 수많은 국민들이 이 조국의 산하, 바다, 하늘에서 뿌린 피의 결정체다.

제9장

충무함(DD-91)의 고속간첩선 나포작전

충무함(DD-91) 함장 부임

1961년 5.16 군사혁명 후 한해가 지난 1962년 6월 최고회의 의장 비서실 개편이 있었다. 육·해·공군에서 비서관 한사람씩 추천받아 수석비서관으로 선발될 때 노병은 총무수석비서관으로 임명을 받았다.

1963년 12월 17일, 박정희 의장이 제3대 대통령으로 취임한 후인 1964년 2월 해군으로 복귀하여, 최초의 구축함인 충무함(DD-91) 인수함장 오윤경 대령에 이어 제2대 함장에 취임했다. 6.25전쟁 중 창파를 누비며 날쌔게 달리는 미 해군 구축함을 선망의 눈길로 바라보던 그 구축함 함장이 되었다.

한국해군에 한 척밖에 없는 충무함의 책무는 막중했다. 광활한 동·서·남해를 지키는 최전선의 성채요 창끝이다. 기관, 함포를 비롯하여 전투체계와 모든 장비가 그때까지 해군이 운용하던 함정

| 박정희 대통령과 필자 내외

| 충무함(DD-91)의 위용

과는 차원이 다르다.

"함정 속력 20노트였던 해군이
36노트 해군으로 비약하는 변곡점이다."

함 운용을 익히고 최고의 전투력을 갖추기 위해 전술과 사격술을
고도로 숙달시켜야 했다. 최고의 전투프로로 만들어야했다. 훈련에
훈련을, 연습에 연습을 다졌다. 다양한 전투상황에 맞춰 자동화 기계
처럼 대응하게 됐다.

노병의 지휘신조는 어느 때 어느 곳에서나 매한가지였다. "잘 먹이
고 잘 재우자, 몸은 힘들어도 마음만은 편하게 하자, 훈련은 자신감
가질 때까지 실전같이 독하게 하자, 전투에서는 맹호 같은 싸움꾼이
되자."

싸움꾼, 전투프로는,

ㅇ 누가 적인가? 그가 왜 적인가를 분명하게 알아야 목숨을 내놓고

싸운다. 국가관이다. 애국심이다. 가슴으로 우러나는 적개심이다. 즉 군인정신이다.

○ 왜 싸워야 하는가? 신념이다. 신념이 확고하면 사명감이 불탄다. 사명감에 불타면 목숨 걸고 돌진한다.

○ 지휘관에 대한 믿음이다. 우리 지휘관과 같이 싸우면 이긴다. 우리 지휘관 명령이면 목숨 걸고 싸운다. 즉 지휘관의 사랑, 포용, 덕망이다.

○ 지휘관의 내공이다. 용기, 판단력, 실천력, 지혜이다.

병식(兵食)

이 시기는 1인당 국민소득 87달러로 춥고 배고픈 시절이었다. 미국의 PL480(미국 잉여 농산물 지원) 등 원조로 겨우 기아(飢餓)를 면할 때로 전쟁을 겪은 지 얼마 되지 않은 50년 전 일이다.

군의 문화, 관습 풍조도 지금과는 매우 달랐다. 규칙보다 사람, 규정보다 의리와 정이 통했다. 더구나 유일한 구축함인 충무함에 대하여 해군 모든 분들의 관심과 애정이 지극했다.

어떻게 하면 좀 더 잘 먹일 수 있을까? 유통마진이 포함되어 있는 관급 부식보다 직접 현지에서 구매하면 좀 더 싸고 좀 더 많은 부식을 살 수 있을 것이라고 생각했다.

보급창장을 찾아갔다.

"나를 믿소?"

"왜 그런 말씀 하십니까?"

"나 도둑놈은 아니지요?"

"하 …농담도….."

"그럼 내게 줄 물건을 돈으로 주시오. 도둑질은 안 할 테니까."

"무슨 물건 말입니까"

"우리 배 부식이요. 된장, 간장, 고추장 빼고 돈으로 주시오"

"특수한 경우 외에는 모두 관급으로 하게 되어 있는데요."

"우리 배가 바로 그 특수한 경우요. 꼭 부탁합니다."

마루바닥에 넙죽 엎드려 큰절을 했다. 그 다음부터 부식을 현찰로 받았다.

수송대에서 스리쿼터 한 대를 차출해 보급관에게 주어 함안, 창녕, 진영 등 시골에 가서 부식을 구매하도록 했다.

"돼지는 잡아서 털만 뽑고 대가리, 내장을 몽땅 가지고 오라. 도축장에 가서 쇠뼈다귀를 싸게 사오라. 시골에서 배추, 무, 시금치, 고구마, 파, 마늘, 오이도 사오라. 생선, 멸치, 미역은 바닷가에 가서 사라."

스리쿼터가 부식을 가득 싣고 배가 계류하고 있는 부두에 도착할 때마다 승조원들 입이 딱 벌어졌다.

배가 진해에 입항할 때면 승조장교 부인들이 배에 와서 반찬을 만들었다. 음식 맛은 재료도 중요하지만 만드는 솜씨와 정성에서 우러나온다.

야구팀

해군 함정에서 처음으로 야구팀을 만들었다. 승조원이 약 360명이니 두 개의 팀을 만드는 데는 그리 어렵지 않았다. 축구나 배구는 공만 있으면 되는데 야구는 야구복장이 필요했다.

또다시 보급창장 이철희 대령을 찾아갔다.

"사병 하정복 50벌만 주시오."

| 충무함 야구부

"정복은 2년에 한 번씩 지급되고
있는 데요"

"지난번 출동 때 하정복 50벌을 몽
땅 바다에 빠뜨렸어요."

"아니, 어쩌다 몽땅 바다에 빠뜨렸
나요? 그럴 수가 있습니까?"

"사실은⋯."

야구팀을 조직하는 데 꼭 필요하

| 미스 경남의 시구 장면

니 도와 달라고 간곡히 부탁했다. 이철희 보급창장은 고맙게도 진해
시내에 나가 야구 유니폼 30벌을 만들어 배로 보내 주었다. 그때는
이러했다.

함대사령부 앞 광장에서 '충무함 야구부 창립대회'를 열었다. 시구
는 늘씬하고 아름다운 여인, 미스 경남이 멋지게 던졌다.

군가, '구축함의 세일러'

군가, 특히 부대가(部隊歌)는 부대원의 일체감을 조성하고 사기를 북돋는다. 서해 출동을 마치고 진도 서쪽을 돌아 추자도 해역을 20노트 속력으로 달렸다. 함교로 올라갔다. 낙조에 붉게 물든 수평선에 갈매기가 날고 있다. 노랫말을 그렸다. 제목을 '구축함의 세일러'라고 붙였다. (악보는 부록6에 있음.)

무쇠보다 굳세고 비호같이 달린다.
창파를 쪼개고 노도를 뚫는다.
타겟 엔게이지드 포화를 뿜어라.
스티어 바이 인디케이터 어뢰를 갈겨라.
우리는 충성스런 구축함의 세일러
솟아 솟아 솟아오르는 충무함의 세일러

| 한경직 목사(앞줄 좌에서 3번째), 강원용 목사(앞줄 우에서 2번째)

| 이화여대 김옥길 총장(앞줄 좌에서 2번째) 일행

| 배우 황정순(앞줄 가운데 좌측), 최지희(우측)

| 희극배우 뚱뚱이 양훈(좌측에서 2번째), 김희갑(4번째)

지금은 함의 조종, 운영, 전투 용어를 우리말로 하지만 그때는 거의 영어로 했었다. 이 노랫말에 쓰인 '타겟 엥게이지드'는 지금 '표적에 자동연결 좋아'라 하고 '스티어 바이 인디케이터'는 '자동 추적 좋아' 에 해당된다.

진해에 입항하여 통제부 박정호 군악대장에게 작곡을 부탁하며 노도를 박차고 힘차게 전진하는 곡조를 붙여달라 했다. 이 '구축함의 세일러'는 1990년대에 노래방 노래책에도 실려 있었다.

해군의 구축함 도입은 많은 국민의 관심사로 각계 각층의 인사들이 찾아왔다. 박정희 대통령을 비롯해 한경직, 강원용 목사, 이화여대 김옥길 총장, 한국기원의 김인, 윤기현 기사, 배우 황정순, 최지희, 희극배우 김희갑와 '뚱뚱이' 양훈 이런 분들이 기억에 남는다.

서해출동

1964년 5월, 연평도 해역에서는 조기잡이가 한창이었다. 충무함은 서해 NLL 특별경비작전 임무를 받고 진해 기지를 떠났다. 이때 국회 국방위원장 조경한 의원 일행이 승함하여 동행했다.

거제도 남쪽을 돌아 뱃머리를 돌려 서쪽으로 항행 중 조 위원장이 사관실에 들어와서 함장에게 말했다.

| 조경한 국방위원장

"함장님, 듣던 것보다 군함이 웅장하고 무장이 대단하군요. 내가 중국에서 광복군 참모장을 할 때는 기관총은 고사하고 소총 구하기도 무척 어려웠습니다. 또다시 침략을 당하지 않기 위해서는 강력한 국방력이 있어야 합니다. 그래서 우리 국방위원들이 적과 대치하는 해군의 NLL 수호작전을 직접 보려고 왔습니다. 우리 일행이 많아서 군함에 폐가 될까 걱정이군요."

"위원장님, 해군과 저희 승조원들로서는 큰 영광입니다. 특히 국회의원님께서 함상생활을 하시며 해군의 역할과 해상근무에 대한 이해에 도움이 되시면 감사하겠습니다. 배가 좁고 파도에 흔들려 고생하시겠습니다."

배는 매물도와 국도를 지나 소리도 남쪽을 달리고 있었다. 대화는 계속 이어졌다.

"우리야 잠깐이지만 해군 여러분이 고생이지요. 헌데 함장께서는 아호를 가지고 계십니까?"

"아직 미천한 무인이라 아호가 없습니다."

"그러면 제가 아호를 지어드려도 괜찮겠습니까?"

"조경한 장군님, 분에 넘치는 영광이구요. 너무 고맙습니다."

"함장님, 배에 지, 필, 묵은 없겠지요?"

"제가 습작하려고 벼루, 붓, 먹을 갖고 있습니다만 한지는 없습니다."

"아이구, 군함에 지, 필, 묵이 있다니 놀랍군요. 그럼 준비해 주시겠습니까."

"네, 여기 사관실에 준비해 놓겠습니다. 좀 있으면 거문도 북쪽을 지나겠습니다. 함교에 올라가서 남해 다도해의 아름다운 경치를 감상하시지요."

국방위원 여러분과 함께 함교로 올라갔다. 그사이 당번병이 벼루에 먹을 갈아놓았다. 묵향(墨香)이 사관실에 흘렀다. 조경한 위원장은 함교에서 남해를 한참 동안 감상하고 사관실로 내려와 의자에 앉자 붓을 먹물에 듬뿍 찍어 백지위에 순(舜)자와 호(湖)자를 썼다.

"함장님 어떻습니까? 순(舜)은 덕을 갖춘 어진 순 임금님을 그리고 구국의 명장이며 조선수군의 총수이신 이순신 장군의 순자에서 땄습니다. 호(湖)자는 해(海)자를 생각했으나 바다도 지구의 큰 호수가 아

| 그 당시 경비하는 북한함정 모습(중령 엄영보 촬영. 해사 제7기, 해군준장으로 예편)

니겠습니까. '순해' 하면 음운 상 '순하다'로 들리기에 순호(舜湖)로 지었습니다. 함장님은 6.25전쟁 때 이순신 제독처럼 바다에서 싸우셨고, 지금도 우리의 바다를 지키고 계십니다. 앞으로도 한민족의 생명선인 바닷길을 계도하시기를 기대합니다. 마음에 드십니까?"

"네, 감사합니다. 평생 간직하겠습니다. 조 위원장님, 현문에 배 이름을 써 붙이는데 저희 함명인 '충무' 글자를 써 주실 수 있습니까?"

"제가 쓴 함명을 현문에 붙인다니 저로서도 큰 기념이 되겠습니다."

진해에 귀항한 후 조경한 의원이 쓴 글씨를 공창에서 주물로 만들어 현문에 부착했다. 아쉽게도 그 현판을 찾을 수가 없다. 한국해군 최초의 구축함 '혼'이 담겨 있는데….

91함은 서해를 북상하여 연평도 서쪽 북방한계선에 이르렀다. 대연평도 서쪽 NLL남방에서 수백 척의 안강망 어선이 조기잡이에 한창이다. 91함은 북방한계선, 바로 선(線) 위를 타고 연평도에서 등산곶까지 오가며 우리 어선의 조업을 보호했다. 겁먹은 인민군 해군 적함은 NLL 북방 약 2,000-3,000m 무도 인근 해상에서 경비했다. 우리 조기잡이 어선은 NLL 남쪽해상 500m까지 올라가 콧노래를 부르며 만선을 이루고 있었다.

강력한 군이 영토를 지킬 수 있어야 국민은 안심하고 생업을 즐길 수 있다. 영토, 영해, 영공을 지키는 것은 오직 '힘'인 것을 절감했다.

마지막 출동, 사냥터로

충무함(DD-91) 함장으로 부임하여 쉴 새 없이 달리다보니 어느덧 한해가 지났다. 해군본부로부터 함장 임무교대에 대한 의사 타진이 있었으나 구축함 함장이 해군의 꽃이란 자부심으로 좀 더 근무하고 싶다고 했다. 하지만 후배들이 줄줄이 기다리고 있어 더 고집할 형편이 아니었다. 1965년 2월 중순, 동해경비작전 명령을 받았다. 내심 이번이 함장으로서 마지막 출동이라 생각했다. 함교에 올라갔다. 석양이 진해만에 떠 있는 섬들을 붉게 물들이고 있었다. 마지막 출동임무를 어떻게 마무리해야 할까 하는 생각에 잠겼다.

김일성은 1962년 12월 당중앙위원회 제4기 제5차 전원회의에서 6.25때 못 이룬 적화통일 달성을 위해 4대 군사노선(전인민 무장화, 전국토 요새화, 전군 간부화, 군장비 현대화)를 선포했다. 대한민국을 전복하려는 간첩침투가 빈번했다. '간첩, 그렇다. 간첩선을 잡자!' 그러나 아무 첩보도 없이 넓고 넓은 망망대해에서 어떻게 간첩선을 잡는단 말인가? 막연했다. 동해 해도를 폈다. 간첩은 주로 배를 타고 내려온다. 서해는 섬이 많아 침투로가 여러 갈래지만 동해는 단 두 길뿐이다. 동해를 가로질러 일본근해를 거쳐 침투하는 길과 동해북쪽 먼 바다로 나가 우회하여 침투하는 길 두 길이다. 이번 출동은 동해다. 생각이 여기에 미치자 두 번째 길인 먼 바다로 우회하여 침투하는 길목을 지키기로 마음먹었다.

간첩잡이 구상

적은 우리 해군의 통상 경비작전 양상을 꿰뚫고 동해에서의 우리 작전해역을 피해 간첩을 침투시킬 것이다. 휴전 후 우리 해군의 동해 경비해역은 주로 저진단(북위 38도 33분, 동경 128도 25분)에서 동쪽으로 약 15마일에 이르는 해역이었다. 주 임무는 어로저지선을 넘어 월북하는 우리 어선을 통제하고 적의 남침선박에 대비하고 있었다. 실제 겨울철 동태잡이 때에는 수많은 어선이 어로저지선으로 몰려들어 조업했었다. 명태 떼가 많은 어로저지선 북쪽으로 한 발자국이라도 더 올라가려고 기회를 엿보고 있었다. 적은 우리 해군의 통상적인 경비해역과 레이더 탐색해역을 벗어난 저진단 동쪽 약 50마일 밖으로 우회하여 침투할 것으로 판단했다. 따라서 이번 출동 중에는 저진단 동쪽 100마일까지 경비해역을 넓게 잡아야겠다고 생각했다. 통상 경비작전 임무를 수행하는 한편 탐색해역을 넓히기 위해서는 대형경비함 한 척과 유조선 한 척을 별도로 배속받아야겠다. 또 다른 한 가지는 우리 배 위치를 비익(秘匿)해야 한다. 적이 우리 배 위치를 알게 되면 침투작전을 취소하거나 침투로를 변경할 것이다. 적은 2년 동안이나 사용해온 우리 작전계획서 내용을 파악하고 있을 가능성이 있고 위치보고 암호도 해독할 수 있다고 봐야 한다.

동해안 속초, 거진, 수원단, 장전항이 포함된 해도를 펼쳤다. 해도 위에 5마일 간격으로 세로(경도) 가로(위도)선을 긋고 세로선에 1, 2,

3, … 순으로 숫자를 쓰고 가로선에 가, 나, 다, … 순으로 썼다. 위치
보고할 때 작명에 있는 대로 하지 않고 '03나' 또는 '07마'와 같은 표시
를 하려고 준비했다. 인접 육군부대와 협조하기 위하여 통신기도 준
비해야 했다.

이런 구상을 한 후 현시학 함대사령관을 방문했다.

"사령관님, 아마도 이번이 구축함 함장으로서 마지막 출동이 될 것
같습니다."

"음… 그렇지. 벌써 1년이 지났구먼, 본부에서도 그런 생각을 하고
있는 것 같았어."

"마지막 출동이라 생각하며 사령관님께 간곡한 건의를 드리려 왔습
니다."

"간곡한 건의가 무엇인데? 함장이 원한다면 가능한 한 들어줘야
지."

"고맙습니다. 이번 출동에 간첩선을 잡아보려 합니다. 꼭 도와 주십
시오."

"함장, 무슨 첩보라도 있는가?"

"아닙니다. 저의 '직감'입니다"

"허허, 첩보가 있다고 해도 쉽지 않은 일인데, 함장의 직감이 뭔가?"

차 한 잔을 마시고 숨을 고르고 나서 근래 해상을 경유한 간첩선 침
투가 빈번하고 앞에 기술한바 동해를 통한 간첩선 침투로 분석과 그
에 따른 탐색구상을 말하였다.

"사령관님, 경비함정이 부족한 실정을 모르는바 아니지만 이번 출
동에 저는 외해 100마일 정도까지 나아가 탐색작전을 하려 합니다.
지금까지 해온 통상경비 작전해역을 담당할 대형경비함 한 척을 저

에게 배속시켜 주십시오. 그리고 구축함이 광범위한 해역을 탐색하기 위해서는 연료를 보충해야 합니다. AO(유조선) 한 척을 지원해 주십시오."

"함장의 작전구상은 잘 알겠는데, 함정이 워낙 모자라서…."

"사령관님, 저의 해군 복무 중 마지막 함장 근무입니다. 이번에 마음껏 해보고 싶습니다. 간첩잡이 구상이 맞아떨어질 것 같은 예감이 듭니다. 꼭 허락해 주십시오."

사령관은 자리에서 일어나 벽에 가려놓은 커튼을 밀어 제치고 동해 작전 상황판을 한참동안 살펴보더니 군수참모를 불렀다.

"군수참모, 이번 91함 출동 시 DE 또는 PF 한 척과 AO 한 척을 차출할 수 있겠소?"

"예, AO는 가능하겠습니다만 DE, PF는 여력이 없습니다. 작전참모와 상의한 후 곧 보고드리겠습니다."

"함장, 내일 오전까지 가부를 알리겠으니 그리 아시오."

"사령관님 고맙습니다."

진해만 외항 부이(Buoy) No. 5에 계류하고 있는 배로 돌아왔다. 경비작전 생각으로 하룻밤을 지냈다. 다음날 11시경 함대사령관을 찾아뵈었다. 사령관은 환한 얼굴로 손을 잡으면서

"함장 PCEC 한 척과 AO 한 척을 증파하기로 했소. 마지막 유종지미를 거두시오. 첩보도 없는데 쉬운 일이 아니오. 서두르지 말고 소신껏 해보시오."

"사령관님 감사합니다. 출동 전에 다시 뵙겠습니다."

사령관실을 나왔다. 전폭적인 믿음과 지원이 고마웠다. 한편으로는 책임감에 마음이 무거웠다. 출동 이틀 전 날인 2월 27일 토요일 아

침 사령관을 찾아 작전구상을 보고하고 준비해간 해도를 폈다.

"사령관님 해도에 가로 세로 격자 모양을 그렸습니다. 적이 2년 동안 사용해온 우리 위치보고 암호를 해독하게 되면 이번 출동에서 간첩선 나포작전이 실패할 우려가 있습니다. 이번 출동에서 저희 배 위치보고는 여기 해도에 그린 격자로 보고하겠습니다."

"알겠네. 그 해도는 여기 두고 가게."

배에 돌아와 출동 준비를 다시 점검했다.

사냥터로

1965년 3월 1일 월요일, 하늘은 맑다. 매화 꽃봉오리는 봄이 왔음을 알리는데 바다 바람은 차다. 북서풍이 진해만을 가볍게 흐른다. 0715 시 좌현에 계류된 청수바지는 청수 9,000갤런을 공급하고 떠났다. 중유(重油) 13만 갤런이 채워지고 탄약은 만재되어 흘수(吃水)는 수면 아래 14피트로 무겁게 가라앉았다.

0730시 보일러를 점화하고 대함, 대공 레이더를 작동시켰다. 0855 시 유정규 소위(해사 18기)가 URT-17 통신기를 단정에 싣고 배에 올랐다. 0900시, '출항준비' 구령이 함 내에 울려 퍼졌다. 0940시 단정 두 척을 올렸다. 1000시 No. 5 부이에 걸었던 계류색을 풀었다.

출항 깃발이 마스트에 나부끼고 묵직한 기적소리를 울리며 진해만을 떠났다. 1110시, 가덕도 남단을 돌며 098도로 변침했다.

"당직사관 김광수 소령(해사 9기), 이제 '사냥터'로 간다. 배 잘 몰고 가."

"함장님 사냥터가 어딘데요?"

"동해 작전해역이란 말이야."

항해당직사관에게 맡기고 사관실로 내려갔다.

다음날 3월 2일 0935시, 거진항 동방 12마일 해상에서 PF-63함(대동강)과 상봉했다. 함장 외 4명이 어선 동창호를 타고와 91함 우현에 계류하고 배에 올랐다. CTU98.3.2(동해경비분대사령관) 임무를 인수했다.

1116시 PCEC-58 함장이 어선 개창호를 타고 배에 올라왔다. 58함장에게 "91함은 외해에서 작전임무를 수행할 터이니 귀관은 저진단 동방의 평상 경비해역에서 작전임무를 수행하라" 지시했다.

엔진은 수퍼 히터 4대 중 2대를 가동하고 나머지 2대는 스탠바이 시켰다. 91함은 탐색작전 계획대로 저진단 동쪽 100마일까지 탐색기동을 개시했다.

간첩선 나포작전

진해를 출항한 지 나흘째인 3월 4일 1200시, 작전관 김광수 소령은 전투정보관(CIC 장교) 이정완 대위(해사 11기)로부터 항해당직을 인계받고 동쪽으로 항진했다. 사관실에서 장교들과 점심식사를 막 시작하려던 참에 식탁 밑에 있는 전화벨이 울렸다. 김광수 소령이

"함장님, 레이더에 본 함 동북방 약 60마일, 속력 약 20노트, 침로 180도로 남하하는 미확인 물체가 잡혔습니다."

숟가락을 내려놓고 사관실 바로 옆에 있는 전투정보실(CIC)로 달려갔다. 이정완 대위도 뒤이어 들어왔다.

레이더 스코프를 보며 "지금 보고한 미확인 물체가 어딘가?"

레이더 당직하사관이 "함장님, 이 '점'입니다."

"속력이 너무 빠르다. 구름 아닌가? 게인 줄여봐." 스코프 안에 있는 타겟 영상이 '점'으로 응집됐다.

이정완 대위가 "타겟 진로가 바람방향과 다릅니다. 풍향은 330도에서 350도, 풍속은 10노트입니다. 선박으로 추정됩니다."

"선박 치고는 속력이 매우 빠르군. 다시 체크해 봐."

이 대위는 잠시 계산하더니 "18노트가량입니다."

"침로는?"

"계속 180도로 남하하고 있습니다."

"차트(Chart, 해도)에 플랏(Plot, 위치를 표시하기)하라. 나는 브리지(함교)로 올라가겠으니 브리지로 갖고 와."

함교에 올라가니 기관장, 포술장, 갑판사관이 올라와 있었다.

이때 91함 위치는 저진단 동쪽 67마일(38도 26분N, 129도 48분E)이었고, 미확인 타겟은 북위 39도 30분, 동경 130도 40분 해상에서 남하 중이었다. 눈으로는 보이지 않는다. 저 '타겟'의 정체가 무엇일까?

적함인가? 외국선박일까? 내가 찾고 있는 간첩선일까? 머릿속은 '타겟'의 정체 모습이 오갔다. 최고속력을 낼 수 있도록 준비를 갖추어야겠다.

"스탠바이 수퍼히터 2대 모두 점화하라." 전령병이 기관실에 "스탠바이 수퍼히터 두 대 점화" 복창한다. '타겟'이 시야에 들어올 때 나는 어느 위치에서 접촉할 것인가?

첫째, 비록 공해상이지만 북방한계선의 연장선상 남쪽해역에서 접촉해야겠다.

둘째, '타겟'이 가까워지면 타겟의 북쪽에 위치하여 남쪽으로 압박하며 검색해야겠다.

"김광수 소령, 콜리전 코스(충돌 침로) 잡아라. 접근할 위치는 38도 40분 이남, '타겟'의 북방 2000야드다."

일본 국기 올린 27노트 어선

1450시, 포술장 홍순성 소령에게 브리지 위로 올라가 레인지 화인더(Range Finder, 장거리 관측기)로 '타겟'을 탐색하라고 지시했다. 1523시, 홍순성 소령의 다급한 목소리가 울렸다. "'타겟'이 보입니다. 어선 같습니다."

"어선이 20노트 내냐? 상선 아니냐, 잘 보라구."

1537시, "총원 전투배치!" 전투배치 경보가 댕, 댕, 댕, 댕 함내에 울려퍼졌다. 저 배도 우리 배를 봤을 것이다. 전속력으로 접근해야겠다. "All engine ahead full(모든 기관 앞으로 전속력), 코스는 타겟 북방 2000야드."

"Aye, Aye, Sir! All engine ahead full." 당직사관이 힘차게 복창했다.

김광수 소령이

"함장님, 어선이 속력을 올렸습니다. 외해 쪽으로 침로를 틀었습니다."

"All engine ahead flank!(전 기관 앞으로 최고속력)"

"Aye, Aye, Sir! All engine ahead flank."

당직사관의 힘찬 목소리가 들려온다. 기관실에 명령을 전달하는 '텔레그래프' 돌리는 소리가 찌렁찌렁 울렸다. 91함은 백파를 가르며 36노트 최고 속력으로 어선을 좇아 달렸다.

작전관 김 소령이 "함장님, 작전규칙대로 'Initial contact'(최초 접촉)

보고해야 하지 않겠습니까?"

"보고하면서 전쟁하냐. 저 어선 정체부터 파악해!"

어선은 일본 국기를 게양하고 있었으며 갑판 양측에는 낚싯대를 세우고 그물을 펴 매달아 놓고 있었다. 장교들과 견시가 쌍안경으로 살폈다. 조타실 옆에「下關 (시모노세끼) ○○○」,「東海丸」(도까이마루) 팻말이 붙어 있었다. 일본 배다!

이때 작전관 김 소령이 "함장님, 저 배 조타실 뒤쪽 후갑판 끝을 보세요. 캔버스로 씌운 물건 보이죠? 기관포 같습니다."

쌍안경으로 살폈다. 기관포 포신이 캔버스로 씌워져 있었다. 기관포가 틀림없다! 어선은 20노트 속력으로 외해로 도망치듯 달리고 있다. 함장은 그 배가 일본어선으로 위장한 적의 고속 간첩선일 것이란 심증이 점점 굳어져 갔다.

"정선하라고 발광 쳐!"

"기적 울려."

"포술장, 어선 전방 300야드에 51포 한 발 쏴."

5인치 포탄 한 발이 굉음을 뿜으며 달리는 어선 바로 앞에 떨어져 물기둥이 솟았다. 어선은 잠시 멈칫하더니 또 도망쳤다.

"41포, 어선 전방 300야드, 점사(점사격)하라."

41포는 점사 아닌 4연장포 연발로 어선 인근을 쐈다.

"41포 사격중지! 포술장, 41포에 가서 직접 점사해!"

"제가 직접 쏴야 합니까?"

"어선이 정지할 때까지 점사하라구."

함장은 어선을 손상시키지 않고 나포해야겠다는 생각이었다.

포술장 홍순성 소령의 40mm포 점사로 어선은 멈추었다.

홍 소령이 함교로 돌아왔다. 91함이 어선으로 접근해 들어가자 또다시 도망쳤다.

"포술장, 어선 상공 100야드에 VT탄 한 발 쏴!"

"VT탄을 사격하려면 본부승인 받아야 하는데요."

"본부 승인받고 전쟁하냐. 책임은 내가 진다."

이때 장교들이 "함장님 격침시키지요. 전에 DE함이 간첩선 나포하려다 간첩선의 총격을 받아 승조원만 부상당하고 간첩선을 놓쳤습니다."

"아니야. 격침시키는 것은 '상책'이고 나포해 그 줄기를 몽땅 잡아야 '상지상책'이야. 이왕이면 '상지상책' 하자구."

함장은 파이프를 입에 물고 마음을 가다듬었다. VT탄이 발사됐다.

어선 바로 위에서 백색연기를 뿜으며 터졌다. 산탄이 비 오듯 어선 위로 떨어졌다. 어선이 멈췄다.

"포술장, 어선이 도망치지 못하게 어선 주위 100야드 거리에 40mm포를 계속 점사해!"

91함은 어선으로 접근해 들어갔다.

"검색조 배치!"

근거리에서는 5인치 주포와 40mm포를 쏠 수 없다. 갑판사관 송기원 중위(해사 15기) 지휘로 근접 검색조가 소총, 권총, 기관단총, 경기관총으로 무장하고 현측에 배치됐다.

"대공마이크 갖고 와!" 함장이 마이크를 잡았다.

"항복하라!"

"와카리마셍."(모릅니다.) 어부들의 목소리가 되돌아 왔다.

"너희 배는 일본 배가 아니다. 너희들은 간첩이다. 항복하라!"

그들은 또다시 "와카리마셍"으로 대답해왔다.

함장이 "작전관, 저 배가 속력 18노트로 이곳에 왔다치면 원산이나 장전항을 언제 떠났겠는가?"

작전관은 디바이더를 해도에 대고 계산하더니 "원산항에서는 오늘 0000시, 장전항에서는 0300시경 출항한 것으로 추정됩니다."

함장은 어선이 북괴 간첩선일 것이란 심증은 가졌으나 혹시 만에 하나 일본 배일 경우 심각한 외교문제가 생길 것을 우려했다. 작년에 동경올림픽이 열렸다. 잘못하면 국제문제로 비화될 수도 있다.

또다시 어선 정체 확인을 시도했다.

"기미다치와 도코노 미나도 가라 슛바쓰시데 이마 도코니 유쿠노 까?"(당신들은 어느 항구에서 출항하여 지금 어디로 가는 것인가?)

그들은 또다시 "와카리마셍"으로 대답했다. 그들은 내가 묻는 일본 말을 알아듣지 못하는구나 생각했다. 이번에는 일본 표준말로 또박또박 물었다.

"니혼진나라 데오 아게로, 더오 아게 나이토 호오게키 스루죠."(일본 사람이면 손을 들어라. 손을 들지 않으면 포격한다.)

이렇게 두세 번 반복했으나 대답이 없다.

이때 함장의 눈에 결정적 단서가 잡혔다. 대형 고무보트였다. 그리고 어부들이 신고 있는 신발이 모두 운동화였다. 함장은 어선의 최고 속력, 위장한 기관포, 대형 고무보트, 그리고 어부들이 신고 있는 운동화, 일본말을 못 알아듣는 등을 종합해 미루어 볼 때 간첩선이 틀림 없다는 심증을 굳혔다. 때는 오후 다섯시경이었다. 일몰시간이 가까 웠다. 해가 지면 나포하기가 매우 어렵다. 마지막 결단을 했다.

"5인치 주포 쌀보사격(Salvo 사격, 여러 개의 포를 동시에 발사함) 준비,

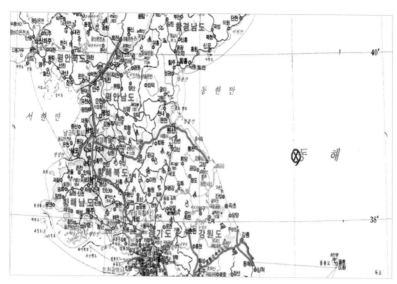

| 고속간첩선을 나포한 해점

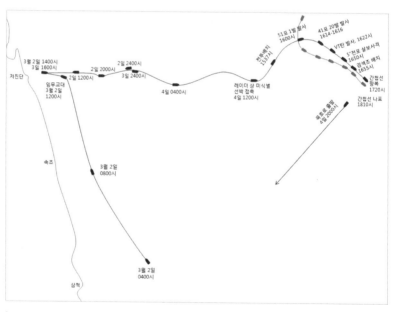

| 고속간첩선 나포작전 요도

올 엔진 어헤드 풀!"

어선으로부터 2,000야드 거리로 떨어졌다.

"적 간첩선 200야드에 '쌀보 사격!"

명령이 떨어지자 5인치 전포가 천지를 진동하며 전 포탄이 어선 앞
에 떨어지자 물기둥이 하늘높이 솟아올랐다. 91함은 어선과의 거리
100야드로 접근했다.

함장이 마이크를 잡았다.

간첩선 반두⁴⁴로 통째로 뜨다

"나는 이 군함 함장이다. 지금 너희 눈앞에 대포알 쏟아지는 것 봤
지. 너희 배 같은 건 단방에 박살낸다. 너희가 공화국을 떠나 여기 올
것을 알고 내가 기다렸다. 항복하라! 항복하지 않으면 지금 너희는 뼈
다귀도 못추리고 바닷속에 꺼꾸러져 들어가 고깃밥이 된다. 너희 배
갑판에 육지 간첩과 접선하기 위한 고무보트가 있다. 어선에 기관포
는 왜 달고 있나. 어부는 장화를 신는 법이다. 너희는 운동화를 신고
있다. 너희는 간첩이야! 너희는 공화국에서 남조선 군함에 잡히면 손
가락, 발가락 마디마디 잘리고 귀, 코 찢겨 참혹하게 죽인다고 배웠지.
아니다. 다 거짓말이다. 나는 너희 같은 간첩선 수없이 잡았다. 항복
하면 다 살렸다. 지금 모두 편안히 살면서 통일의 그날을 기다리고 있
다. 너희도 고향에 돌아가 그리운 어머니, 아버지 그리고 너희를 손꼽
아 기다리고 있는 사랑하는 아내와 아들, 딸 만나야 하지 않겠는가. 지
금 결심해라. 저 차디찬 바닷속으로 빠져 죽든가. 살아서 고향에 돌아

---

44. 양쪽 끝에 가늘고 긴 막대로 손잡이를 댄, 물고기를 잡는 그물.

가 그리운 처자식 그리운 부모님 만나 정답게 살 것인가 결심해라. 이 군함에 미 제국주의자 한 사람도 없다. 다 한 핏줄 동포들이다. 정 못 믿겠으면 속는 셈치고 항복해라. 그러면 단 몇 시간이라도 더 살 것 아닌가. 나는 너희를 꼭 살려서 부모형제 만나게 하겠다. 약속한다."

또박 또박 한마디, 한마디 간곡한 마음으로 말했다. 어부들이 즉 간첩들이 갑판 위에 모여 웅성거렸다.

"너희는 살아야해. 알겠는가?" 다시 말을 건넸다.

"너희 중에 항복을 반대하는 놈이 있거든 그놈을 죽이고 바다에 던져라. 그리고 살아라."

"알았습니다."

찬바람을 타고 울려왔다. 아! 드디어 사냥감을 잡았구나!

"나 함장의 부탁이다. 혹시 내가 배를 댈 때 너희 중 한사람이라도 수류탄을 던지거나 총을 쏜다면 너희들 모두 죽는다. 내가 전에 간첩선 잡을 때 그런 일이 있었다. 바람이 몹시 차다. 하지만 옷을 다 벗어라. 팬티, 사루마다만 입어라. 배댈 때까지 서로 손깍지를 끼고 움직이지 말라. 잠시만 참아라 알겠는가."

어선 갑판 위에 8명이 모여 무엇인가 의논하더니 "네 알겠습니다." 소리치더니 모두 옷을 벗은 후 손깍지를 끼고 둥글게 섰다.

"올 엔진 어헤드 원 키 오른편 풀." 배를 돌렸다. 갑판사관 송기원 중위(해사 15기)에게 '검색요원 배치하라' 지시하고 내가 배를 어선에 붙일테니 후갑판 현측에 붙들어 매라. 그리고 간첩을 하나하나 올리라 했다. 어뢰관 박주호 중위(해사 15기)를 불렀다.

"간첩들이 발가벗고 있다. 내의와 당가리(해군 수병복)를 후갑판에 준비했다가 배에 오를 때 입혀라."

기관장 정진형 중령(해사 5기)에게 "기관장, 간첩들을 잡아 올린 후 조사할 방 여덟 개를 준비하시오" 지시했다.

측적관보 정재순 대위(해사 12기)에게 "간첩선을 현측에 붙일 때 사용할 수 있도록 긴 갈고리를 준비하라" 했다.

배를 돌려 간첩선에 접근시켰다. 파도는 3-4m로 높고 바람은 거셌다. 3,000톤급 큰 구축함을 흔들려 요동치는 간첩선에 갖다 붙이기가 쉽지 않았다. 배를 몰아 가까스로 간첩선을 우현에 붙였다. 간첩들에게 서로 손가락을 끼고 움직이지 못하게 했으니 밧줄을 건네도 잡아맬 사람이 없다. 갑판원들이 갈고리를 배에 걸고 잡아 당겼으나 모두 부러져 나갔다. 간첩선은 파도에 밀려 떠내려갔다. 계류에 실패했다. 배를 다시 돌려 우현 중간에 간첩선을 붙이고 다섯 개의 히빙라인(던짐 줄) 끝에 갈고리를 달아매 간첩선에 던졌다. 갈고리를 간첩선에 걸고 잡아당겼다. 간첩선이 우리 배 중간에서 후갑판 현측으로 서서히 밀려 내려왔으나 파도가 심해 붙들어 맬 수가 없었다. 난감했다.

이때, 유정규 소위(해사 18기)가 로프를 쥐고 간첩선으로 뛰어 넘어갔다. 함교에서 후갑판을 내려다본 함장은 가슴이 철렁 내려앉았다. 아찔했다. 만일 간첩들이 유 소위를 인질로 잡고 저항하며 배를 몰고 도망친다면 대책이 없다. 그땐 포격 격침시킬 수밖에 도리가 없다. 유 소위도 희생될 것이다. 이런 최악의 상태가 뇌리를 스치는 찰나 유 소위가 순식간에 로프를 간첩선에 붙들어 매고 날쌔게 91함으로 뛰어 넘어왔다. 휴… 긴 한숨이 저절로 나왔다. 가슴을 쓸어 내렸다.

간첩선을 후갑판 현측에 잡아맸다. 해는 수평선을 넘어 어둠이 드리워졌다. 간첩선을 잡았다.

때는 3월 4일 1810시, 위치는 북위 38도 36분, 동경 130도 00분이었다. 이때 CIC에서 "미확인 항공기 120도에서 접근" 보고가 함교에 울렸다.

"대공사격 준비" 명령이 떨어졌다.

잠시 후 항공기 한 대가 91함으로부터 1,000야드 거리를 두고 주위를 돌았다. 날개를 아래위로 흔들었다. 날개 밑에 미국기와 YB-141249 번호가 선명하게 보였다. 91함 상공을 두, 세 번 돌다가 동쪽 수평선으로 사라졌다.

함교에서 간첩선을 내려다보니 갑판에 호리병 모양의 수류탄이 가득 깔려 있었다. 현측에서 검색병들이 기관총과 소총으로 간첩을 조준하는 가운데 송기원 중위 지휘로 수색원 5명이 권총과 소총을 들고 간첩선에 진입했다. 발가벗고 떨고 있는 간첩 8명을 한 사람씩 91함에 올렸다. 정재순 대위는 배에 올라온 간첩에게 당가리(수병 복장) 옷을 입혔다. 정재순 대위와 박주호 중위가 간첩 8명을 사병식당으로 데리고 갔다. 함장은 통신관 최일근 중위를 불렀다.

"통신사를 데리고 간첩선에 들어가 통신기와 송수신 문서 그리고 난수표 암호서류를 압수해."

이어서 "송기원 중위, 갑판에 널려 있는 수류탄을 모두 바다에 던져버려."

함장은 "전투배치 해제" 명령을 내렸다. 6시간 반에 걸친 간첩선 나포작전이 종결됐다. 장병들이 함장명령을 따라 작전임무를 완벽하게 수행했다. 대한민국 유일한 구축함, 충무함의 명성에 걸맞은 개가다. 중견 장교들이 함교로 올라왔다.

홍순성 소령이 "함장님, 멋지게 해내셨습니다."

기관장 정진형 중령이 "함장님 수고하셨습니다."

"기관장, 36노트 속력을 내줘 고맙네."

"포술장, 40mm 단발 점사 잘 쏘더군."

"작전관 김 소령, 본부와 함대에 간첩선 1척 나포, 간첩 8명 생포, 기타 무기 노획 보고해."

김광수 소령이 "함장님 이제는 보고해도 됩니까?" 활짝 웃으며 질문 아닌 질문을 했다.

작전 지시에 따라 '최초 접촉보고' '중간보고' '교전보고' 해야 한다고 건의할 때 " 보고하면서 전쟁하냐!"는 함장의 일갈에 대한 즐거운 능청이다.

"기관장, 주기실장에게 지시해서 기관부 요원 데리고 넘어가서 간첩선 기관 돌려봐."

"이정완 대위, 기관이 작동되면 조타사 몇 명 데리고 가서 간첩선 움직여 봐."

"송기원 중위, 갑판부 몇 명 데리고 간첩선에 적재된 고무보트, 기관포, 권총, 무기 등 모두 후갑판에 옮기라구. 선체 안 구석구석 살펴봐. 특히 폭발물 주의해."

함장은 군의관, 보급관, 보수관 등 직무수행에 지장이 없는 장교들을 사관실로 불렀다.

"식당에 있는 간첩 한 명씩 준비된 방으로 데리고 가서 이제 내가 지시하는 사항을 캐물으라구. 절대 윽박지르지 말고 존댓말로 물으라구. 간첩들이 몸과 마음이 얼어붙어 있으니 따뜻한 차를 주면서 마음을 열게 하라구."

첫째, 육지 어디서 언제 접선할 계획인가? 접선지점과 접선시간 그리고 접선 방법을 알아내는 것이 시급하다. 이것들을 알아야 육지에 있는 간첩까지 모조리 잡을 수 있다. 가능하면 접선간첩의 이름과 주소도 알아내라.

둘째, 8명 간첩 중 지휘자와 선장을 알아내라.

셋째, 출항지와 출항시간을 알아내라.

함장지시를 받고 장교들은 사병식당으로 가서 간첩 한 명씩을 데리고 준비된 방으로 가 심문을 시작했다.

1830시가 지났다. 동해바다에 어둠이 깔렸다. 함장이 후갑판에 나갔다. 모두 간첩선 나포 뒷처리에 바삐 움직였다. 갑판사관 송기원 중위와 유정규 소위는 갑판부 요원들을 지휘하여 간첩선 갑판에 가득 널려있는 수류탄을 모조리 바다에 던졌다. 대형 고무보트를 후갑판에 올렸다. 길이가 약 8m쯤 되었다. 소련제 기관포 1정, 중기관총 1정, 경기관총 1정, 기관단총 3정, 따발총 3정, 권총 8정을 올렸다. 기관포에 장전되어 있는 총탄을 제거하고 탄약상자도 올렸다. 비상식량통을 올렸다. 놀라운 것은 우리 군에도 없는 밥, 생선조림, 계란말이와 김치가 통조림으로 되어 있었다. 조타실에서 보관되어 있던 한국화폐 5,900원을 압수했다.

통신관 최일근 중위가 "함장님, 통신기 두 대는 완전히 파괴돼 있고 교신문서는 모두 불태워 재만 남아 있었습니다. 암호서와 난수표도 불태운 것 같습니다. 라디오 두 대만 노획했습니다."

간첩들이 나포될 경우를 대비해 미리 파괴하고 불태운 것이다. 라디오는 북의 지령을 받기 위해 남겨 두었었다. 최 중위의 보고가 끝날 무렵 간첩선에서 엔진 시동소리가 들렸다. 기관부 요원들이 엔진을 가동한 것이다.

주기실장 송춘식 중위가 "함장님, 엔진이 처음 보는 건데 흔히 항공기에 장착하는 V형 최신형입니다. 엔진에 붙어 있는 글자를 보니까 작년 8월에 모스크바에서 제작된 것입니다. 새 엔진입니다."

"용케 시동 걸었군."

"91함 기관부 요원은 해군 베테랑 아닙니까?"

주기실장은 이정완 대위에게 "엔진 가동됐으니 배 움직여 봐요" 소리쳤다.

조타사 강정길 중사가 키를 잡고 5명의 조타사와 갑판사들이 '만세'를 부르며 신나게 배를 몰았다. 모두 대견스러웠다.

그놈들이 7개월 전 모스크바에서 제작한 최신 엔진을 달고 25노트 고속으로 침투해왔다. 이제 그 배가 우리 손에 잡혔다.

1900시가 좀 지나서 작전관 김광수 소령이 "함장님, 참모총장께서 지금 곧 간첩선을 대동하여 묵호기지로 가서 간첩선과 노획장비 일체를 인계하라는 지시가 왔습니다."

"알았다. 지금 야간이고 파고가 매우 높다. 간첩선을 단독 항해시킬수 없다. 예인 준비하라."

잠시 후 "예인 준비 완료" 보고를 받고, "간첩선에 기관부 요원과 조타, 갑판, 통신 요원을 태우고 식수와 건빵을 실으라" 지시했다.

조타사 강정길 중사를 비롯하여 갑판부 최문옥 하사, 이정태 하사 등 4명, 내연사 2명, 전기사 1명이 탔다. 통신사 허병은 중사는 휴대용 발광신호기를 지참했다. 91함 후갑판에 간첩선 예인상태를 감시하기 위해 감시병 2명을 배치했다. 1921시 간첩선을 끌고 침로 230도, RPM은 88로 정하여 8노트 속력으로 예인항해를 시작했다. 이때 위치는 북위 38도 36분, 동경 130도 51분이었다.

접선, 때와 장소를 찾아라

함장은 해도를 펴놓고 생각했다. 간첩선을 발견한 위치에서 육지까지의 거리는 약 120마일이다. 간첩선이 울릉도 북쪽을 돌아 육지까지의 거리가 약 160마일쯤 된다. 15-18노트 속력으로 육지에 도착하려면 약 10시간 넘게 걸릴 것이다. 그렇다면 육지 인근 해안에서 고무보트를 타고 육지로 가서 접선하는 시간은 밤 11시에서 새벽 1시경이 될 것으로 추정했다. 접선장소는 어디고 접선시간은 언제인가? 빨리 알아내야겠다. 간첩을 심문하고 있는 방을 한 바퀴 돌아봤다. 아직 누구도 접선장소와 시간을 캐내지 못하고 있다. 출항지가 '장전'이란 것만 알아냈다.

2100경 김광수 소령에게 "간첩 중에 나이 제일 많이 먹은 자를 데리고 오라" 했다. 김 소령이 약 50세쯤 돼 보이는 자를 사관실로 데리고 왔다.

"선생께서 고생이 많으십니다. 몸은 좀 녹였습니까?"

"예" 단 한마디뿐이다. 공포에 질린 굳은 얼굴로 사관실 안을 두리번거리고 있었다.

"가족은 몇 분인가요?"

"안사람과 아들 둘, 딸 하나입니다."

"고향은 원산인가요?" 넘겨 짚어봤다.

"예, 출생지는 안변이구요, 지금은 원산 남강천이 흐르는 용탄에 살고 있어요."

"안변이면 명사십리에 접해 있지요."

"예."

"안변은 기후가 따뜻해 사과가 열리지요."

"예."

"저도 고향이 강원도 감자바위입니다. 안변과 원산에도 몇 번 가봤습니다."

"선생님 고향이 강원도세요. 강원도 어디십니까?"

"제 고향은 평강입니다. 전기철도 타고 금강산에도 가 보았지요. 해방 후에는 원산에 가서 강원도 공산청년동맹 대회에도 가 봤습니다."

"공청에도 가셨나요?"

"해방직후 공산청년동맹 위원장도 했습니다. 지금도 '김일성 장군 노래', '공산청년가'도 부를 줄 압니다."

놀라는 표정이 역력하다. 얼굴빛이 좀 밝아졌다.

"그럼 남조선에는 언제 내려가셨나요?"

"1947년 2월, 북조선 임시위원회가 결성되고 김일성이 위원장이 됐지요. 그게 소련이 조종하는 북조선 정부지요. 북조선 앞날이 싹수가 노랗게 보여 남으로 넘어왔지요."

"아. 그러시군요."

"민족이 남북으로 갈려 모두 고생입니다. 선생께서도 가족들 먹여 살리기 위해 이 고생 아닙니까. 선생께서 무슨 죄가 있습니까. 윗사람 시키는 대로 배 몰고 여기 온 것 아닙니까."

대답이 없다. 침묵이 흘렀다. 당번병에게 커피를 가지고 오라 했다. 당번병이 함장과 간첩 앞에 커피 잔을 갔다 놨다.

"선생님, 커피 드시지요. 피로가 풀릴 것입니다."

커피 잔을 물끄러미 내려다보기만 하고 마시지 않는다. 필시 독약이나 약물을 탄 것으로 생각하는 것같이 보였다. 당번병에게 큰 대접을 갖고오라 했다. 대접에 커피 두 잔을 붓고 스푼으로 저었다. 잔 두 개에 다시 커피를 따르고 함장이 먼저 한 모금 마셨다.

"마셔 보세요. 우린 이 커피를 하루 열 잔은 더 마십니다."

간첩은 그때서야 입에 대고 맛을 봤다.

"달콤하고도 씁쓸하네요. 북에서는 높은 당 간부 아니면 못 마십니다."

"그런데, 선생께서는 배를 얼마나 오랫동안 타셨습니까?"

"바닷가에 살았기 때문에 어려서부터 아버지 따라 배타고 정어리, 명태잡이에 나갔습니다."

"그렇습니까. 영홍만에서는 명태, 정어리가 썩어질 만큼 많이 잡히지요. 그럼 한 20년은 타셨습니까?"

"30년쯤 됩니다."

"그럼 연세가 쉰쯤 되셨겠네요."

"마흔여섯입니다."

그 말을 듣고 아! 이 자가 선장이구나!

"선장님, 저하고 우리 군함 구경 좀 할까요."

CIC룸을 거쳐 기관실로 내려갔다.

"여기가 우리 군함 움직이는 기관실입니다."

"아이구! 큰 공장이군요."

기관실을 돌아보고 올라와 침실, 식당을 거쳐 함교로 올라갔다.

"선장님, 선장님은 우리 군함을 미 제국주의자들이 타고 있지 않나 생각하셨을 것 같은데 쭉 돌아보시니 어떻습니까. 미국사람 보셨습니까?"

"못 봤습니다."

"이 군함은 우리 대한민국 해군이 운용하고 있습니다. 미국 사람은 한 사람도 없습니다. 선장님이 몰고 오신 배를 지금 우리 군함 뒤에다 매달아 끌고 있습니다. 밖에 나가 보실까요." 현측으로 나가 함미에 예인하고 있는 간첩선을 보게 했다.

"선장님, 아까 우리 배에서 대포 쏘는 것 보셨지요, 어땠습니까?"

"대항해 보려고 했지만 워낙 배가 크고 대포만 보이지 사람이 안 보여요. 쏠 데가 없더군요. 이 덩치 큰 군함이 무척 빠르더군요."

"선장님 배도 무척 빠르더군요."

"예, 25노트는 냅니다. 우리가 북에서 교양 받을 때엔 우리 배를 따라잡을 수 있는 남조선 군함은 한 척도 없다고 들었습니다. 남조선 군함 만나면 도망치라고 지시받았는데 덩치 큰 군함이 우리 배보다 더 빨리 달리는 데 놀랐습니다."

"날씨가 춥습니다. 들어가시죠."

사관실로 내려갔다. 시간은 자꾸 흘러간다. 간첩의 말문을 열어 접선장소와 시간을 알기 위한 모든 방법을 다 짜서 여기까지 왔다. 윽박지른다고 될 일도 아니다. 당번병에게 커피와 과일을 갖고 오라고 했다.

"선장님, 저도 처자식이 있는 몸입니다. 선장님도 이제 고향에 돌아가 부인과 아이들 데리고 오순도순 편안히 사셔야지요."

"그럼 얼마나 좋겠습니까."

"제가 꼭 그렇게 해드리겠습니다."

"그렇게 해주신다면 너무나 고맙지요."

마음을 조금씩 열어가는 것 같다.

"걱정 마십시오. 그런데 선장님 어디서 떠나셨나요?"

"장전에서 떠났습니다."

"제가 선생님 배가 장전에서 떠나는 것을 알고 여기서 기다렸습니다."

"어떻게 그걸 알지요?"

"아까 어떤 방에 들어가 보니 궤짝 같은 데서 하얀 점들이 보이고 시계바늘 같은 게 빙빙 돌고 있는 것 보셨지요?"

"예."

"거기서 선장님이 몰고 내려오는 배도 보이고 무전하는 것도 다 들을 수 있습니다." 놀라는 기색이 역력하다.

"선장님, 제가 흉금을 다 터놓고 말씀드렸습니다. 진정으로 말씀드렸습니다. 이제 제 말을 믿으실 수 있겠습니까?"

"예, 고맙습니다."

"선장님, 이제 제가 묻는 말에 꼭 대답해 주셔야겠습니다. 오늘밤 몇 시에 어디서 육지 일꾼과 만나기로 하셨습니까?"

"그건… 저는 모릅니다."

말을 더듬거렸다. 숨기려는 것이다. 말 못할 사정이 있는 것이다.

"말씀하시기가 참 곤란하시지요. 선장님 입장을 이해합니다. 그런데 간첩 총책임자가 누굽니까?"

"저… 잘 모릅니다."

시치미를 딱 떼고 거부하는 기색은 아니다. 갈등이다.

"배 모는 사람은 선장님, 기관장, 갑판장 이 세 사람일 것이고 나머지 다섯 명 중 누가 책임자입니까? 그 사람은 인민군 군관이지요?"

대답이 없다. 시간은 2300시가 넘었다. 접선시간이 다가오고 있다.

이제는 좀 더 압박의 강도를 높여야겠다.

"저는 전에도 간첩선을 많이 잡았습니다. 대항하는 간첩선은 모두 포격해 격침했습니다. 간첩들은 모두 물귀신이 됐지요. 살려달라는 간첩은 살렸습니다. 지금 고향에 돌아가 가족 만날 때를 기다리며 편안히 살고 있습니다, 선장님, 무슨 죄가 있습니까? 가족 먹여 살리기 위해 시키는 대로 배 몰고 왔을 뿐입니다. 제가 꼭 도와 드리겠습니다."

선장은 땅이 꺼지게 한숨을 몰아쉬면서 물을 달라했다.

"선장님, 책임자가 누군지 저는 알고 있습니다. 선장님 말이 맞는지 확인하려는 것입니다. 저를 믿으신다면 말씀하세요. 마지막으로 묻습니다. 오늘밤 육지간첩과 몇 시에 만나게 되어 있습니까? 장소는 어디입니까? 말씀 안 하시면 선장님 앞날을 제가 도와드릴 수 없습니다. 앞으로 선장님 만나지도 않겠습니다."

함장의 단호한 목소리에 선장은 당황했다.

"함장님, 저에게 너무 고맙게 대해주셔서 그 은혜 잊지 않겠습니다. 꼭 살아서 식구들을 만나게 해 주십시오." 목소리가 떨렸다.

"오늘밤 12시입니다⋯."

"장소는요?"

"강릉 남쪽입니다."

"배를 멈추고 고무보트를 내릴 곳이 어디입니까?"

"강릉 남쪽에 안이역이 있습니다. 그 남쪽 해안에 닻을 내리고 보트로 육지에 갈 것입니다."

"접선장소는 어디입니까?"

"자세히는 모릅니다만 그 사람들 말로는 거기 산기슭에 철도가 지나가고 철길 밑에 계곡이 있다 합니다."

"그럼 철교 밑이란 말이죠?"

"예, 그런데 부탁이 있습니다."

"말씀하세요."

"이런 말 제게 들었다고 다른 사람에게 말씀하시면 안 됩니다. 부탁드립니다."

"걱정 마십시오. 절대 말하지 않겠습니다. 안심하십시오. 피곤하실 터인데 이제 푹 쉬십시오."

시계바늘은 2320시를 가리키고 있다.

"작전관과 통신관을 불러!"

김 소령과 최 중위가 왔다.

"플래시(가장 먼저 처리해야 하는 등급의 전보)로 쳐라, 시간이 없다. 평문으로 보내라. 간첩 접선시간 오늘 04일 2400시, 접선장소 강릉 안이역 남쪽 200-400m 철교 밑, 북위 37도 34분 10초, 동경 129도 00분."

지도를 보니 험준한 산 밑으로 철도가 지나가고 철교가 있었다. 이 곳은 그로부터 약 30년 후인 1996년 9월 16일, 적 정찰국 소속 상어급 잠수함이 침투한 바로 그 해안이다. 지금 통일공원이 조성되어 적 잠수함과 우리 퇴역 구축함이 전시되어 있는 곳이다.

이정완 대위가 항해당직을 홍순성 소령에게 인계하고 사관실에 들어왔다. "함장님, 간첩선 잘 예인해 가고 있습니다. 파도가 점차 잦아지고 있습니다."

최일근 중위가 들어왔다. "함장님, 평문 플래시로 쳤습니다."

사관실에는 십여 명의 장교들이 잠도 안 자고 이야기꽃을 피우고 있었다.

훗날 방첩부대장 전욱현 대령으로부터 들은 이야기다. 해군본부는 91함장 전문을 받자 곧 국방부 장관과 내무부장관에게 보고했다. 국방부는 동해방첩대에 연락하고 내무부는 강릉경찰서장에게 비상출동명령을 내렸다. 육군방첩대와 강릉 경찰대는 간첩접선 예정지역을 포위 수색했으나 아무 성과도 없었다.

평양의 간첩지휘부는 4일 1800시에 라디오로 '도라지타령'을 방송했다. 한국 내의 모든 간첩에게 활동 중지명령을 내린 것이다. '도라지타령'은 남파간첩에게 송수신 접선 등 모든 활동을 중지하라는 신호다. 평양의 방송 하나하나에도 이런 대남공작 신호가 담겨 있다.

3월 5일 0650시, 항해당직 제재근 대위로부터 전화가 울렸다.

"함장님, 간첩선에 연결한 예인로프가 끊어졌습니다. 연결 작업을 하겠습니다."

벌떡 일어나 함교로 올라가 후갑판을 내려다보았다. 갑판사관 송기원 중위와 유정규 소위가 갑판부 요원을 지휘하여 예인로프를 간첩선에 연결하고 있었다. 동녘 수평선은 환하게 밝아지고 바람은 잦아져 물결도 잔잔하다.

"당직사관, 간첩선 탄 아이들 괜찮아?"

"예, 간첩선 잡아타고 가니 승전장군 같다고 합니다."

5일 0815시, 해군본부에서 "간첩선은 묵호경비부에 인계하고 간첩 8명과 노획물을 방첩대에 인계하라"는 지시가 왔다. 0900시, 미군 대형 헬리콥터 한 대가 날아와 91함 상공을 맴돌았다.

"연안항해요원 배치, 투묘준비" 구령이 함 내에 울려 퍼졌다.

0935시, 묵호 외항에 투묘했다. 위치는 북위 37도 32분 15초, 동경 129도 07분 55초이다. 묵호항에서 대형어선 두 척이 접근했다.

| 나포하여 항구에 정박시켜 놓은 간첩선 모습

0945시, 방첩대 김하위 대위 등 6명이 배에 올랐다.

"함장님, 큰 전과를 올렸습니다. 25노트 고속 간첩선과 간첩 8명을 생포했다는 소식을 듣고 모두 깜짝 놀랐습니다. 간첩을 서울로 긴급히 수송하기 위해 미군에 요청하여 대형 헬리콥터를 차출했습니다. 곧 LCP가 도착할 것입니다. 간첩 8명과 노획물을 LCP에 실어 주십시오."

함장은 김광수 소령에게 노획한 장비와 무기 그리고 물품의 인계인수 목록을 작성하도록 지시했다.

1000시, LCP-5호가 도착하여 우현에 계류했다. 김하위 대위에게 간첩 8명과 노획품을 인계하고 LCP-5호에 실었다. 1100시, 김대위는 간첩선을 이끌고, LCP-5호도 떠났다.

1200시 닻을 올리고 저진단 경비해역으로 북상했다. 점심식사 후 당직자를 제외한 전 장병을 사병식당에 집합시켰다. 간첩선 노획작전을 성공적으로 수행한 장병들의 노고를 치하했다. 함장의 치하와 격려 훈시가 끝나자 병사들은 우렁찬 목소리로 '충무함 만세', '대한민국 만세'를 외쳤다. 함장은 사병들에게 영화를 보여주라고 지시했다. 비번 장교들이 사관실에 모였다. 모두 승리의 기쁨과 감격에 넘쳤다.

"제관들 수고 많았어, 우리 충무함만이 할 수 있는 쾌거야!"

작전관 김광수 소령이 "함장님, 진해를 출항해 가적도를 돌면서 '사냥터로 간다' 말씀하셨죠."

"응 그랬었던가? 그때 귀관이 당직이었지."

"간첩선이 내려온다는 무슨 첩보를 받고 떠나셨습니까?"

"첩보가 어디 있어. 있었다면 작전관에게 알리고 더 세밀한 작전계획을 세웠겠지."

"그럼 어떻게 그 멀고 허허벌판 같은 바다에 나가서 간첩선과 딱 마주칠 수 있었습니까? 그곳은 육지에서 120마일이나 되는 동해 한가운데 아닙니까. 더욱이 우리 해군의 작전해역을 훨씬 벗어난 곳이고 우리 해군이 한 번도 나가 본 적이 없는 바다 아닙니까?"

"그건 그런데, 이번 출동이 내 함장임무 마지막이라 생각하고 작심하고 떠났지."

"그럼 우연이란 말씀인가요? 우연치고는 참 절묘하군요."

"간첩선이 우리 해군의 평상 작전해역으로는 절대 안 내려온다고 봤지. 서해는 간첩선이 내려오는데 여기저기 여러 길이 있지만 여긴 동해바다 뱃길이야."

"그렇지만 동해바다도 넓은데 뱃길이야 여러 길을 택할 수 있지요."

"그렇지. 육지에서 10마일 거리냐, 20마일 거리냐, 100마일거리냐, 하지만 아무리 우회해 내려와도 적은 100마일쯤 우회해서 내려올 것이라고 봤지."

"함장님, 죄송한 말씀이지만 '점' 한번 잘 치셨네요."

작전관 말에 장교들 모두 "점, 잘 맞아떨어졌어" 박장대소하며 박수를 쳤다.

통신관 최일근 중위가 나섰다.

"위치보고 때문에 본부로부터 되게 얻어터졌습니다."

"왜?"

"함장님이 해도에 그려주신 격자부호로 위치보고를 했는데 본부에서 작명에 지시한 위치보고 부호와 다르다면서 똑똑히 하라고 호통 맞았습니다."

"그래서…."

"함장님 지시하신 대로 함대에 물어보라 했지요."

"그 후 별말이 없었나?"

"네, 그런데 왜 작명대로 하지 않고 그리드(격자)부호를 일부러 만드셨습니까?"

"이것 봐, 지금 작명은 2년 동안 사용하고 있지 않아, 지금쯤은 적이 우리 암호를 풀 수 있다고 생각했지. 적이 우리 배 위치 알면 우리 배가 있는 데로 오겠어? 아예 오지 않거나 다른 길로 오겠지."

장교들이 '아! 그랬군요!' 머리를 끄덕였다.

기관장 정진형 중령이 나섰다.

"함장님, 참 이렇게 기분 좋을 수가 없습니다. 기관실에 들어갔더니 모두 희희락락 너무 좋아합니다. 그런데 출항할 때 좀 이상한 기분이 들었습니다."

"무엇이 이상했소?"

"원양항해 가는 것도 아닌데 AO 유조선을 대동해 떠났지 않습니까. 그리고 CTU 인수하자마자 수퍼히터 2대 점화하고, 2대는 스탠바이

하라 하셨지요."

"기관장, 기름 많이 쓸까봐 걱정 많이 했군. 우리 배가 일상 하루 약 10,000갤런쯤 소모하는데, 수퍼히터 4대 점화하고 고속으로 달리면 그 두 배쯤 소비하지. 우리 배 중유 적재량이 약 13만 갤런인데 열흘 동안 달리면 거의 바닥나니까 작전 중 부족해진 기름을 보충하려고 진해 갈 순 없잖아. 어제도 간첩 잡았을 때 15,000갤런 썼지. 그래서 함대사령관한테 사정사정해서 AO를 대동했어."

"출항할 땐 함장님 깊은 뜻 몰랐었는데 간첩잡이 할 때 비로소 이해가 됐습니다."

포술장 홍순성 소령이

"저보고 40mm 직접 쏘라 하실 때 좀 망설였습니다. 사격 지휘만 했지 직접 40mm 쏴본 지 참 오래됐습니다."

"그래서 '제가 직접 쏴야 합니까?' 되물었구만."

"40mm 4연장 포로 점사 처음 했습니다."

"그래도 간첩선 도망가는 바로 앞에 잘 쏘더구만."

"VT탄 쏘라고 지시하실 때 '함대 허가받아야 합니다.' 말씀드리니까 '허가받고 전쟁하냐!' 벼락치는 소리가 지금도 귀에 쟁쟁 울립니다. 그때 간첩선 바로 위에서 제대로 터질까 걱정했지요."

"하얀 연기를 뿜으며 번쩍 터지니까 간첩들이 놀라 자빠지더군. 그놈들 혼쭐나서 배 멈춰 섰지. 잘 쐈어."

"5인치 포탄 일곱 발로 잡았어요. 해군 역사상 기록입니다. 앞으로도 이 기록 못 깰 겁니다."

"포술장, 참 잘 쐈어. 일등 총잡이야."

이때 김 소령이 거들었다. "함장님 간첩선이 되게 빨라 놓치면 어떻게 하나 걱정이 태산 같았습니다."

홍 소령이 나섰다. "제가 '격침시킵시다' 했지요, 전에 DE(호위 구축함)이 간첩선 잡으려다가 피해만 입고 말았지 않습니까?"

"이것 봐. 나는 우리 장병과 우리 배 성능을 믿었어. 청일전쟁 때 일본 군함과 청나라 군함이 맞싸울 때 일본 함대사령관이 말했어. '격침시키는 것은 상책이요 포획하는 것은 상지상책이다.' 이 말이 생각났어. 사로잡아야 그놈들 간첩작전 내막도 알 수 있고 접선하는 육지간첩도 잡을 수 있지."

"저 끝에 앉아 있는 유정규 소위!"

"네."

"갑판사관 송기원 중위가 후갑판에서 간첩선을 계류시키려고 지휘하며 모두 애쓰고 있는 것을 내가 함교에서 보고 있는데 귀관이 갑자기 간첩선에 뛰어들어 가더구만, '아차 큰일 났구나!' 하고 가슴이 철렁했어. 그놈들한테 인질로 잡히면 어떻게 할 뻔했어."

"함장님 첫 번째 계류는 실패했잖아요. 파고는 2-3m에 바람은 세차게 불고 간첩들은 서로 손깍지 끼고 줄 잡을 놈이 없지요, 쇠갈고리 막대기는 부러져 나갔지, 해는 넘어가 어둠이 닥쳐오지요. 이번에 또 실패하면 끝장이다 싶어 로프를 한손에 쥐고 날쌔게 뛰어넘어가 붙들어 매고 냉큼 뛰어 나왔지요."

"간첩이 여덟 명씩이나 되는데 잡히면 어쩔 뻔했어."

"그놈들 보니까 겁먹고 얼어붙어 있었어요. 우리 검색반이 현측에서 기관총, 소총을 겨누고 있었잖아요. 그놈들 달려들면 쏴버릴 거라 믿었지요."

"유 소위가 용감하게 뛰어넘어가 로프를 잡아매서 간첩선을 붙일

수 있었어, 그게 바로 용기, 결단, 솔선수범, 희생정신이야. 장교의 덕목이지."

"저는 갑판사관 보좌관으로 간첩선을 계류시킬 책무를 다했을 뿐입니다."

모두 박수치며 찬상(讚賞)했다. 사관실 시계가 1610시를 가리키고 있다.

이정완 대위가 제재근 대위에게 항해당직을 인계하고 사관실에 들어와서 "함교에서는 당직 장병들이 간첩잡이 이야기로 어느새 4시간이 훌쩍 지나갔습니다"라고 말했다.

정재순 대위가 이 대위에게 말을 건넸다. "선배님 공로가 크십니다. 레이더로 맨 처음 잡았으니…."

"내가 잡았나, 레이더 워치(Watch man)가 잡았지."

"그래도 CIC요원 훈련 잘 시키신 결과 아닙니까?"

홍순성 소령이 말을 이어갔다. "저기 주기실장 송춘식 중위 공로도 크지, 37노트까지 올렸으니…."

듣고 있던 최 함장이 승조원 모두의 전공이 컸다는 것을 요약적으로 말했다. "그래, 해군 전투는 심포니 오케스트라야. 지휘자 지시로 각자 자기 악기를 멋지게 연주하는 교향악단이지."

홍순성 소령이 함장에 대한 칭찬으로 이어갔다. "함장님 처음 한국말로 물을 땐 그놈들이 '와카리마셍' 일본말로 대답했지요, VT탄을 쏜 후 다시 접근하고 함장님이 일본말로 한참동안 묻는 데는 대답 못하더군요. 함장님 일본말 잘 하시더군요."

"그놈들이 진짜 일본 사람인지 떠본 거야, 내 일본말은 동경 표준말이야. 동경에서 중학교를 졸업했으니까."

간첩선과의 일곱 시간에 걸친 줄기찬 실랑이에 얽힌 이야기는 끝없이 이어졌다.

함장이 말했다. "귀관들 모두 멋진 사냥꾼이야."

귀 항

3월 7일 일요일이라 모처럼 사병 식당에서 주일예배를 드렸다. 1630시, 3월 5일 간첩선 나포작전 중 날아온 미해군 정찰기 YB-141249호가 날개를 흔들며 상공을 날아왔다. 8일에는 YB-147951호가 날아왔다.

3월 18일 1230시, 주문진 동방해상에서 PF-61함(두만강)과 상봉하고 1240시에 61함장이 단정을 타고

| 송병운, 필자, 전욱현

본함에 왔다. 전기계통에 이상이 있다고 하여 전기장을 보내 수리했다. PF-61함장에게 CTU98.3.2(동해기동단대사령관) 임무를 인계하고 진해로 향했다. 함대사령관으로부터 진해입항 시 군·관·민 환영행사가 있을 것이라는 전문을 받았다.

3월 19일 0800시, 가덕도를 돌아 침로를 진해항으로 변침할 무렵 "부도 서쪽에서 귀함이 나포한 간첩선을 타고 가는 방첩부대장을 만나라"는 지시가 왔다. 0850시 부도를 돌아설 때 간첩선이 접근해왔다. 0900시 간첩선을 우현에 계류하니 방첩부대장 전욱현 대령(해사 4기)이 배에 올랐다.

"함장님, 큰 전과를 올렸습니다. 지금 제
1부두에는 함대사령관을 비롯한 진해지구
각 부대 지휘관과 함대장병이 도열했습니
다. 진해시장, 진해고등학교, 진해여자고등
학교 학생들도 환영행사에 참가하고 있습
니다. 간첩선이 91함 앞에서 제1부두로 향
할 터이니 뒤따라가십시오."

| 함명수 전 해군참모총장

전 장병에게 정복 착용을 명했다. 나포한
간첩선이 91함 100m 앞에서 항진하고, 그 앞에는 터그보트(Tug Boat)
가 축하의 물줄기를 하늘에 뿜으며 선도했다.

1027시 제1부두에 계류했다. 1045시 당직자를 제외한 196명이 환
영식 참가를 위해 부두에 내려갔다. 1050시 함대사령관, 통제부사령
관, 해군사관학교 교장, 함대부사령관, 제1전단사령관, 제21전대사령
관 그리고 박병태 예비역 대령(해사 1기)이 배에 올랐다.

함대사령관 현시학 소장이 말했다.

"최 함장, 큰 전과를 올렸구만. 함명수 참모총장께서도 치하의 말씀
을 전하라 하셨소. 함대사령관으로서 충무함 전 장병을 높이 치하하
는 바이오. 재진 부대장과 진해시장, 진해남녀고등학교 학생들이 91
함 장병의 개선을 환영하기 위해 모였소. 간첩선 나포와 간첩 8명 생
포에 대한 작전보고는 오후에 듣기로 하고 환영식장으로 나갑시다."

통제부사령관, 사관학교 교장을 비롯한 내빈의 치하와 격려말씀이
있은 후 부두로 내려갔다. 군악대의 '해군가' 연주가 진해만에 울려 퍼
지는 가운데 환영식이 끝나고 진해여고 학생들이 91함 장병에게 꽃목
걸이를 걸어 주었다. 1200시 함대사령관이 주최하는 오찬이 있었다.

진해여고 학생들이 91함 장병들에게 축하의 꽃다발을 걸어 주는 모습

1810시 사병 2/3를 해양극장에 데리고 가서 영화를 관람시켰다.

3월 20일 토요일 아침, 함장은 함대사령부에 가서 사령관에게 작전상황을 보고했다. 이 자리에 작전, 군수, 인사, 정보참모가 배석했다.

사령관실에 들어서자 현시학 소장은 함장의 손을 덥석 잡으며 "함장, 마지막 출동에 큰 일을 해냈군. 수고 많았구먼."

"모두 사령관님께서 전폭적으로 지원해 주신 덕분입니다."

"자, 작전상황을 들어보자구."

함장은 준비해 간 해도를 펼쳐놓고 간첩선 최초 접촉에서부터 나포까지의 상황을 시간대별로 보고했다. 보고가 끝나자 사령관은 "반두로 물고기 떠 올리듯이 상처 하나도 없이 몽땅 생채로 잡았구먼. 적이 25노트 고속간첩선을 운용하고 있다는 건 상상도 못했지. 미 해군 ONI(해군정보처)에서도 간첩선을 보러 진해에 오겠다는구먼"라고 말했다.

이어서 배석한 작전참모가 질문했다. "함장, 간첩선 잡은 데가 육지에서 120마일이나 되는 동해 한가운데죠?"

"네, 그렇습니다."

"그곳은 우리 작전해역이 아닌데 어떻게 그 먼 데까지 나갔소?"

"적은 우리 작전 해역으로는 절대 안 내려 올 것이라 생각했습니다. 먼 곳으로 우회해 침투할 곳으로 봤지요."

인사참모가 질문했다. "간첩선이 속력도 빠르고 무장도 기관포, 중기, 경기 등 대단한데 대항 안 하던가요?"

"36노트로 달려드니까 겁을 먹었고, 5인치 쌀보 포격으로 기를 꺾었지요. 선장 말로는 그전에 두 번 왔답니다. 북에서 25노트 간첩선을 따를 한국군함은 없으니 맘 놓고 다니라고 교육받았답니다."

"그래도 대항할 기미가 전혀 없던가요?"

"처음에는 무력시위로 제압하고 다음에는 그놈들 심리를 파고들어 마음을 흔들어 놨지요. 제가 공산당 하는 짓 짐작하거든요. '심리전'을 폈습니다. 사로잡아야겠다는 생각으로 약 두 시간 동안 심리전으로 실랑이를 했지요."

함대사령관이 말을 이어갔다. "함장이 해군생활 마지막 함장으로 출동한다면서 경비함정 한 척과 AO유조선 한 척 붙여 달라했지. 그때 이유를 물으니 간첩선 잡아보겠다 했지만 아무 기대 안 했었지."

"그러나 사령관님께서 저의 생떼를 들어주셔서 잡았습니다. 고맙습니다."

"그런데 UN사령관과 본부에서 난리가 났지."

"무슨 일로요?"

"91함이 행발불명 됐다는 거야, 위치보고가 엉터리라는 거지."

작전참모가 거들었다. "정말 욕 많이 먹었어요. 혼났습니다."

사령관은 "출동할 때 함장이 해도 한 장 놓고 가면서 이걸로 위치보고 한다 했었지?" 하고 물었다.

최도기 조타사(나포한 간첩선
행운호 선장)

"네, 그랬었지요."

"작명대로 안 하고 출동직전에 작성한 격
자로 된 숫자로 했으니 UN사와 본부에서는
알 수가 없지."

"제가 그 이유를 말씀드렸지요."

"일이 벌어지고 나서야 그렇게 된 사유를
UN사와 본부에 설명했지."

"간첩선은 어떻게 진해로 갖고 왔습니
까?"

정보참모가 대답했다. "방첩대에서 주관했습니다. V형 고속기관을
장착한 배이기 때문에 인천방첩대 359부대에서 해상경력이 우수한
하사관을 선발해 묵호로 보냈습니다. 선장으로는 6.25전쟁 첫날 대한
해협해전 전투 시 조타사로 참전하였던 최도기 상사를 임명하고 기
관장, 전기사, 내연사, 통신사 및 갑판요원들도 우수한 하사관을 뽑아
보냈습니다. 이들 인수단을 묵호로 보내 시험운전 등 배 운용을 숙달
시키고 함정이 호송하여 진해로 이송했습니다."

이 간첩선은 그 후 방첩대에서 '행운호'로 명명하여 대간첩작전 및
밀수선 단속용으로 유용하게 활용했다.

최도기 상사는 평안북도 신의주 출생으로 멸공통일의 꿈을 안고
1948년 월남하여 그해 9월에 해군 신병 제11기로 입대했다. 6.25전쟁
시 대한해협해전을 비롯하여 여러 전투에 참전하여 혁혁한 공훈을 세
웠다. 20여 년간의 해군복무를 마치고 제대 후 상선선장으로 세계의
바다를 누비다 정년퇴직하여 지금 부산에서 여생을 보내고 있다.

어느덧 두 시간이 넘게 대화가 이어졌다.

사령관은 흡족한 표정을 지으면서 대화를 마무리했다. "함장, 마지막 함장 대미를 큰 공훈으로 장식했군. 장병들을 충분히 휴식시키고 함장도 좀 쉬시오. 군수참모는 돼지 서너 마리 잡아 91함에 보내시오."

"고맙습니다. 사령관님과 참모 여러분께서 지원해 주신 덕분입니다. 사령관님, 간첩선 선장에 대하여 인간적인 배려를 해주셨으면 합니다."

함대사령부를 뒤로하고 배에 돌아와 함교에 올라갔다. 파이프를 입에 물었다. 지난 20일 동안 거센 파도를 헤치며 보이지 않는 간첩선을 찾아 헤매던 동해 바다가 눈앞에 스쳤다. 순간순간 변화하는 해상작전에서 함장의 판단과 결심도 순간순간이다. 이제 형제처럼 정들었던 장병들을 두고 떠나야 할 때가 왔구나. 하늘에 감사하고 장병들에 대한 고마움이 가슴을 메웠다.

간첩 뿌리, 줄기

중앙정보부는 1965년 3월 9일, 다음과 같이 발표했다.

"지난 5일 밤 11시경 삼척앞바다 2km 해상에서 50톤급 북괴 무장간첩선을 나포, 무장간첩 6명을 잡고 2명을 추격중이다. 동해를 경비 중인 해군 함정이 나포한 간첩선엔 한일회담 반대를 위한 대학원, 대 정당 공작과 평화통일선전 및 지하당 조직 공작 등 임무를 띤 간첩을 싣고 지난 4일 원산항을 떠난 것이 밝혀졌다.

그 간첩선은 기관포와 기관총, 기관단총 등으로 중무장된 900마력의 디젤 V형 엔진을 가진 시속 27노트의 고성능의 것이었는데 통신기재 암호문건과 원화 5천 9백 원도 압수했다. 추적 중인 간첩 2명은 간첩선

충무함의 간첩선 나포 보도(동아일보 1965년 3월 9일)

이 나포되기 전 이미 상륙, 내륙에 침투했으나 이들의 체포는 시간문제다.

체포된 무장간첩은 나병구(35), 탁원권(33), 이재현(45), 강문식(22), 최광일(27), 이칠성(29)이고, 압수품은 기관포 소련제 1문, 중기관총 1정, 경기관총 1정, 기관단총 3정, 다발총 1정, 권총, 수류탄, 통신기재 등이다."

이어서 3월 21일, 중앙정보부가 다음과 같이 발표했다. "동해안 일대에서 지하당 조직을 꾀하던 남파간첩 강성대(45세 가명, 강릉시 옥천동 45)와 각 지구책 등 일당 6명을 검거하고 통신기 및 암호문서 등을 압수했다." 이어서 "강성대(가명)는 해방 후 남로당 충청남도 재정책이었으며 6.25전쟁 때 월북하여 인민군에 입대하여 인민군 대위로 제대했다. 그는 대남공작 밀봉교육을 받고 1957년 남파되어 부산에서 양복점 직공으로 위장취업하다가 강릉에서 북공작원으로부터 미화 2,000달러와 한화 70만 원을 받아 강릉에 양복점을 차렸다. 강성대는 강원도 일원에 지하당 조직을 구성했다. 강성대는 남북을 오가면서 북으로부터 대한민국 시책을 비방하고 한일회담 반대 선동 등 지령을 받아 대한민국 파괴 전복활동을 했다. 해군방첩대에 검거된 간첩명단은 다음과 같다.

강성대(46세, 가명, 양복점 경영, 강릉시 옥천동 45)

박세무(39세, 가명, 세무원, 강릉지하당조직원, 강릉시 옥천동 55-3)

최진수(48세, 가명, 농업, 명주지구당조직책)

정민산(40세, 가명, 농업, 강릉시 초당동)

최태평(43세, 가명, 목수, 강릉시 포남동)

정두영(39세, 가명, 주문진읍 향호리 2-884)"

강릉 북괴 지하당 일망타진

그 후, 벚꽃 몽우리가 담분홍색으로 물들 무렵 방첩부대장 전욱현 대령(해사 4기)을 만났다.

"신문을 보니 해군방첩부대가 강릉에 있는 간첩단을 몽땅 잡았다면서요."

"함장님이 잡은 간첩선 간첩들의 진술로 강릉에 뿌리박은 북괴지하당 조직을 일망타진했습니다."

"신문에 발표된 내용에는 간첩선 나포장소, 날짜, 시간, 숫자 등이 사실과 다르더군요."

"정보계통에서는 다 그럴 만한 이유가 있었습니다. 하여간 선배님 큰일 해내셨습니다. 해군의 위상도 높아지고 저도 보람 있었습니다."

"강릉에 그렇게 큰 북괴놈들 지하당 조직이 있었군요."

"선배님이 무장간첩선을 격침시키지 않고 간첩들도 생채로 고스란

間諜 6名을 檢擧

海軍防諜隊

강릉 북괴 지하당 검거 보도(조선일보 1965년 4월 22일)

히 사로잡으셨기에 그 뿌리와 줄기를 찾아낼 수가 있었습니다."

"배에 타고 있던 간첩으로부터 단서를 잡았군요."

"배에서 잡은 간첩 8명 중 두목은 현역 대위였습니다. 그 배는 전에 두 번 침투했고 이번이 세 번째인데 26노트 속력을 낼 수 있는 고속간첩선이 있다는 사실을 처음 알았습니다. 미해군 ONI에서도 와서 보고 깜짝 놀라더군요."

"강릉 간첩단은 어떻게 검거했습니까? 두목이 양복점 주인이라면서요?"

"그들을 잡는 데 정보기관에 실랑이가 좀 있었습니다."

"무슨 일이 있었나요"

"여러 정보기관에서 서로 자기들이 잡겠다고 나서더군요. 그래서 이번은 해군이 단서를 잡은 것이니 해군이 끝장내야 한다고 우겨서 우리가 덮친 것입니다."

방첩부대장은 강릉 간첩단 검거과정을 실감나게 이야기했다.

밤중에 간첩두목 강성대(가명)가 경영하는 양복점 '오복나사'의 외곽을 2중으로 포위하고 수색조가 쳐들어갔다. 그 집 사랑채에는 경찰서 정보계 형사들 몇 사람과 육군 방첩기관 사람들이 있었다. 그들은 우리 수색조에게 '당신들 누구냐? 이놈들 간첩 아냐?' 하며 대들었다.

우리 신분을 밝히고 집안을 샅샅이 뒤졌다. 안방에서 강성대와 그 가족들을 체포했다.

은폐된 지하통로를 찾아내 내려가니 통신기, 라디오, 난수표, 암호서 등이 있었다. 경찰을 데리고 지하실 현장을 보였더니 깜짝 놀라고 질겁하며 안색이 새파랗게 변했다. 간첩 집에 자주 들락날락하며 대간첩 작전이야기를 주고받곤 했으니 놀랄 만도 하다.

강성대는 약 10년 동안 간첩활동을 해오며 그 입지를 굳혔다. 그는 강릉에서 사회유지로 신망이 높았으며 이웃으로부터도 인정 많은 점잖은 사람으로 칭송이 대단했다. 강릉시의 관혼상제에는 빠지는 일 없이 찾았다. 어려운 이웃에게는 찾아다니며 온정을 베풀었다. 들락거리는 경찰에게는 양복을 맞추어 주기도 했다. 그는 상급기관에서 방문한다는 경찰들의 대화를 엿듣고 '상부에서 누가 오시는구먼, 윗분들에게 잘 보여야 출세해. 자, 얼마 안 되지만 이걸로 대접 잘 하라구' 하며 접대비를 주기도 했다. 봄이나 가을철이 되면 '일하느라 가족 돌볼 새도 없지. 이번 일요일엔 가족 데리고 설악산에라도 다녀와요' 하며 여행비도 주었다. 이런 사람이었으니 당시 여당에서는 강릉지구당위원장 물망에도 올라 있었다.

강성대의 조카뻘 되는 사람이 대한항공 부조종사로 있었다. 강성대는 그 부조종사를 이용하여 일본 조총련과 간첩문서를 주고받았다. 부조종사는 그 사실을 모르고 본의 아니게 간첩의 연락꾼이 되었다. 부조종사도 체포했다. 하마터면 대한항공 비행기가 납북될 뻔했다. 강릉에 뿌리를 내린 간첩조직망은 주문진, 묵호, 삼척 등 강원도 전역에 그 줄기가 넓게 뻗어 있었다. 간첩단 일망타진에 얽힌 이야기는 흥미진진하게 이어져 갔다.

김일성 부자는 대한민국을 파괴, 전복시키려고 6.25 이후 2012년까지 간단없이 2,953건이나 도발, 침투했다. 그 중 우리 군·경에 의해 적발된 침투는 1,954회에 이른다. 추측하건대 적발되지 않은 것도 그와 비슷한 숫자만큼 될 것이다. 간첩은 버스나 지하철에 그려져 있는 것처럼 검은 안경을 쓴 험상궂은 얼굴이 아니다. 강성대는 강릉에서 시민들의 신망 높은 유지로 여당의 차기 지구당위원장, 즉 국회의원 후보가 아니었던가? 지금 우리 주변에는 수많은 간첩이 우글거리고 있다고 봐야 한다. 공직에도, 의회에도, 교육계에도, 군에도 심지어는 정보기관까지도 침투해 있다고 봐야 한다. 하기야 1990년대 말경에 들어서부터는 제도권에서까지 북의 대남공작노선인 보안법 폐지, 미군철수를 주장하고 심지어 대한민국의 상징인 태극기, 애국가까지도 부정하는 망국세력이 버젓이 행세하고 있으니 개탄을 금할 수가 없다.

정부와 입법부, 사법부는 나라를 수호하고자 하는 강력한 의지가 있는가? 과연 이 나라에 국가안보 기능이 제대로 작동하고 있는가?

1965년 3월 1일 동해 '사냥터'로 달려가 고속간첩선을 통째로 잡아 올린 지 47년의 세월이 흘렀다. 하늘이 허락한 인생의 여백도 이제 얼마 남지 않았다. 해군 유일한 바다의 성채였던 충무함에서 동·서·남해를 누비며 고락을 같이했던 옛 전우들의 모습이 그리웠다. 며칠 동안 그 전우들을 수소문하여 2012년 6월 20일, 서울 방배동에 있는 한 정식집 '정일품'에 모였다. 해방된 조국의 바다 파수꾼이 되겠다는 푸른 꿈을 안고 진해 옥포만을 찾은 해군사관학교 3기생에서 18기생들이다.

부장 이수권 중령(해사 4기), 부장 송병훈 중령(해사 5기), 전투정보관(CIC) 이정완 대위(해사 11기), 보수관 최판규 중위(해사 14기, 전역 후 최원준으로 개명했음)는 조국 해양수호의 사명을 다하고 하늘로 돌아 갔다.

47년 만에 만난 충무함(DD-91)의 전우들

기관장 정진형 중령(해사 5기), 작전관 김광수 소령(해사 9기, 해군본부 정보참모부장을 마치고 1983년 소장 예편), 포술장 홍순성 소령(해사 9기, 해군대학총장을 마치고 1982년 준장 예편, 여수수산대학교 총장 역임), 측적관보 정재순 대위(해사 12기, 수산대학교 학군단장을 마치고 1983년 예편), 통신관 최일근 중위(해사 14기, 해군사관학교 교장을 마치고 1991년 중장 예편), 주기실장 송춘식 중위(해사 14기, 해군공창 부창장을 마치고 1982년 예편), 갑판사관보겸 함장보좌관 유정규 소위(해사 18기, 해군본부 관리분석실장을 마치고 1985년 예편) 8명을 만났다. 승조장교 18명 중 측적관 제재근 대위(해사 11기), 갑판사관 송기원(해사 15기), 어뢰관 박주호 중위(해사 15기)는 이날 참석하지 못했다. 반세기가 흘러간 세월의 연륜은 패기 넘쳤던 청춘의 얼굴에 깊은 골을 파 놓았다. 함장은 이날 해군본부 역사기록관리단 박영국 단장(해사 33기)이 보내온 47년 전 항해일지를 참조하여 해도에 간첩선 나포 경위를 그려 가지고 갔다. 해도에는 시간대별로 91함과 간첩선위치, 레이더로 포착한 위치, 육안으로 발견한 위치, 간첩선이 도주하고 91함이 추격한 침로와 위치, 사격, 나포위치 등을 자세히 기록했다.

전우들은 그 해도 위에 손가락을 짚어가며 그때 그 일을 회상했다. 군인은 축시법(縮時法)을 쓴다. 같은 부대, 같은 함정에서 서로 몸을 부딪치며 살아온 군인들의 시계바늘은 군복을 벗고 시간이 아무리 흘

충무함 함상에서 찍은 승조원 총원의 모습

러도 세월을 뛰어넘어 그때로 되돌아간다. 호칭도 그렇다. 이것이 생과 사를 같이한 전우애다.

김광수 전우 : "함장님, '사냥터'가 바로 여기였군요. 가덕도를 돌아설 때 함장님이 '사냥터로 간다' 하시던 말씀이 생각납니다."

홍순성 전우 : "함장님, 47년 전 일인데 시간, 위치, 침로작전 전개 상황을 어떻게 이토록 생생하게 기억하고 계십니까?"

정재순 전우 : "함장님, 이 해도를 보니까 그때 간첩선 잡던 일이 그림처럼 생생하게 눈에 보입니다."

80이 훨씬 넘어 백발이 성성한 당시 기관장 정진형 전우가 "자, 해도 그만 들여다보고 자리에 앉읍시다."

모두 제각기 자리에 앉았다. 쭉 둘러보니 47년 전 그때의 서열대로 자리하고 있었다.

정진형 전우의 말이 계속 이어졌다.

"함장님, 50년 가까운 세월이 흘렀는데도 옛 부하들을 잊지 않으시고 만나게 해 주셔서 너무 고맙습니다. 우리 해군에서도 이런 모임이 그리 흔치 않은 일일 것입니다. 그때 일이 가물가물합니다만 해군생활에서 속력을 37노트까지 올린 것은 그때가 처음이고 마지막이었습니다. 그일 만은 잊을 수가 없습니다."

이때 당시 주기실장 송춘식 전우가 받았다. "그때 전쟁이다 생각하고 수퍼히터를 터지기 직전까지 올렸지요. 조마조마 했습니다."

홍순성 전우가 말을 이었다. "레인지 파인더(Range Finder)로 처음 그 배를 봤을 때 일본국기를 달고 조타실 옆에 「下關 東海丸」라고 쓰여 있어서, 야! 일본어선 되게 빠르구나 생각했지요. 맨 처음 간첩선에 다가가서 함장님이 마이크로 '어디서 떠나 어디로 가는 배냐?' 물었을 때 그놈들이 '와카리마셍' 일본말로 대답하면서 도망쳤지요. 다시 쫓아가서 함장님이 마이크로 무슨 내용인지 모르지만 일본말로 한참 동안 말씀하셨는데 그때는 그놈들 대답을 못하데요. 그때 '이놈들이 일본놈이 아니구나' 생각했습니다. 지금도 궁금한데 그때 일본말로 무엇이라고 말씀하셨나요?"

함장이 그때 상황을 설명했다.

최일근 전우 : "위치를 보고할 때 함장님이 주신 그리드 부호로 했는데 해군본부에서 도대체 이런 식의 위치보고가 어딨냐며 제대로 하라고 기합을 받은 일이 지금도 기억에 남습니다."

김광수 전우 : "작명대로 보고해야 하겠습니다. 하니까 '야! 보고하며 전쟁하냐, 저 배 정체부터 밝혀내야 해!' 벼락치는 소리가 지금도 귀에 울립니다."

홍순성 전우 : "간첩선 속력이 날아갈 듯이 빨라 놓치면 어떻게 하나 걱정이 돼 '함장님 격침시킵시다' 말씀드리니까, '격침하는 건 상책이고 나포하는 것이 상지상책이야' 하시던 말씀이 생각납니다. 나포했기 때문에 강릉 간첩단 8명을 잡게 됐지요."

유정규 전우가 간첩선을 계류시킬 때 애먹었던 이야기를 하자 함장이 "유정규 소위, 그때 간첩선에 뛰어들어가는 것을 보고 가슴이 철렁했어. 지난 세월 내내 그 일이 머리에서 떠나지 않았어"라고 말하자 전우들의 이야기가 계속 나왔다.

유정규 : "첫 번째 계류에 실패하고 두 번째는 함장님이 간첩선을 계류시킬 시간을 늘리려고 간첩선을 우리 배 중간쯤에 대고 뒤로 밀고 가면서 쇠갈고리와 로프를 던지며 붙이려 했지만 간첩선에서 로프를 잡을 사람이 없지 않아요. '이번에도 실패하면 안 되겠다' 생각했는

| 충무함(DD-91) 전우들

데 워낙 파도가 높아 간첩선이 우리 배 현측까지 올라오길래 뛰어넘어가 잽싸게 로프 감고 뛰어 나왔지요."

홍순성 : "그 후 해군은 많은 간첩선을 나포 또는 격침했지만 우리처럼 간첩선과 간첩을 생채로 고스란히 잡은 적이 없어요. 그물로 뜨듯이 상처 하나 입히지 않고 떠올렸잖아요. 그리고 단지 5인치 포탄 7발로 잡았지요. 그것도 기록입니다."

최일근 : "저는 그 후 25년이 지난 1991년에 전역했는데 91함이 해군에서 간첩선을 제일 많이 잡았습니다. 그 당시 91함 하면 '간첩선 잡는 배'로 명성이 높았습니다. 함장님께서 그 전통을 세우신 것입니다."

반세기 전 동해에서 겪었던 일을 회상하는 담소는 시간가는 줄 모르게 이어져 4시간이 흘렀다.

8순을 넘긴 정진형 노병이 말문을 열었다. "함장님, 47년 전 옛 부하장교들을 잊지 않으시고 만남의 장을 만들어 주셔서 너무 고맙습니다. 아마도 우리 해군에서 같이 탔던 한배의 전우들이 만나서 옛정을 나누었다는 이야기를 들어본 적이 없습니다. 세월이 흘러 겉모습은 늙었지만 오늘은 모두 이삼십 대 활기 넘쳤던 청년장교로 되돌아갔군요. 고맙습니다."

함장은 헤어지기가 아쉬웠지만 끝맺음의 말을 했다. "너무나 반갑고 너무나 기쁩니다. 모두 7순, 8순을 넘기고 인생을 아름답게 가꾸어갈 나이가 됐군요. 여러 전우들은 하늘이 명하신 이 땅에서의 사명을 훌륭하게 완수하셨습니다. 나라와 바다를 지켜 우리 조국 대한민국을 자랑스러운 나라로 세웠습니다. 국제적 지위가 지금처럼 높았던 적이 없었습니다. 후손들이 떳떳하게 살아갈 수 있는 터전을 만들었습니다. 보람 있는 인생을 살아오셨다는 자부심을 가지시고 편안한 여생을 보내시기 바랍니다. 또 만날 기회를 갖기로 하고 마지막 잔을 듭시다."

모두 잔에 막걸리를 채웠다.

함장이 건배사를 선창했다.

"대한민국!!"

모두 힘차게 화답했다.

"만세!!"

제10장

맺는 말

글을 끝내고 돋보기를 벗었다.

아련히 떠오르는 수많은 전우들의 모습이 스쳐간다. 세월은 흘러도 한번 망막에 새겨진 영상은 나이를 먹지 않는가 보다. 20대 청순한 모습 그대로 남아 있다. 함정의 좁은 공간에서 살을 맞대고 한솥밥을 먹으며 동·서·남해 수많은 전선(戰線)을 누벼온 전우들의 절규가 들려온다.

"조국이여!

동포여!

내 사랑하는 해군, 국군이여!

이 땅에서 싸워야 이긴다.

이 땅에서 죽어야 산다.

한번 무너진 조국은 다시 오지 않는다."

금년은 6.25전쟁 휴전협정 60주년이다. 오늘의 자랑스러운 대한민국은 6.25전쟁에서 수많은 국민과 국군이 뿌린 피로 지켜낸 이 땅 위에 일구어졌다.

6.25전쟁 당시 세계는 UN 가입국 60개국을 포함해 91개국이었다.

공산주의 국가를 제외한 67개국이 불의(不義)의 침략을 당한 대한민국을 도우려고 군대를 보내고 의료진, 물자 그리고 자금을 지원했다. 역사상 처음으로 집단안보가 발동된 것이다.

3년간의 전쟁으로 온 나라가 완전히 황폐해졌다. 경제는 아프리카 가나와 비슷한 수준이었고, 국민소득은 필리핀의 1/10에 불과하고 북한의 1/3 밖에 되지 않았다. 그야말로 세계에서 가장 못사는 최빈국이었다.

온 국민은 잿더미를 딛고 팔을 걷어붙였다. 후손들이 굶어죽지 않는 나라, 다른 나라 사람들로부터 멸시받지 않는 나라, 기죽지 않고 떳떳하게 살 수 있는 나라를 세우려고 허리띠를 졸라매고 눈물과 땀을 쏟았다.

서독 탄광 광부와 간호사들이 보내온 돈, 태평양·대서양에서 파도를 가르며 고기 잡아 팔아 보내온 돈, 중동 사막에서 땀흘려 벌어온 돈 그리고 월남파병 장병들이 보내온 돈을 모아 공장을 세우고 산업화의 기초를 깔아 '잘사는 나라' 건설에 나섰다.

남한 면적은 세계 108위의 작은 나라지만, 2차 세계대전 후 새로 독립한 140여개 국가 중 가장 빠른 기간에 산업화와 민주화를 성취한 나라로 평가되고 있다. 국제 정치학자 이춘근 박사는 현재 대한민국의 종합 국력이 세계 200여 국가 중에서 12위라고 평가했다.

2010년, 세계 20개의 경제선진국으로 구성된 G-20 국가의 하나로 올라섰고, 지난해에는 인구 5천만을 넘어서면서 소득 2만 달러의 '20-50클럽'에 세계에서 7번째로 이름을 올렸다.

지난해 수출은 5,550억 달러로 세계 7위, 무역규모는 1조 달러를 넘어서 세계 8위의 통상대국으로 도약했다. 외환 보유고는 3천억 달러

로 세계 8위, 전자정보지수는 0.9283
으로 1위에 등재되었다. 제조업 분야
에서는 선박 1위, 반도체 2위, 자동차
5위로 산업경쟁력은 최고 수준이다.
특허 건수도 미국, 독일, 일본에 이어
4위국이다. 이러한 통계를 보면 한국
은 선진국이나 다름이 없다.

독일 국정교과서 「상급반 지리」에
한국의 경제발전을 다음과 같이 소개
하고 있다.

| 독일 국정교과서

"1960년까지도 남한은 1인당 GDP가 79달러로 가나와 수단 같은 가
장 가난한 나라였다. 그 당시 세계은행(IBRD) 보고서는 미얀마와 필리
핀의 앞날을 장밋빛으로 보았다. (중간 생략) 그러나 남한은 오늘날 세계
11대 무역국가이며 1996년부터 OECD 회원국이다. 남한은 경제기적을
이루어냈다."

지금 UN사무총장과 세계은행총재가 우리나라 사람이다. 오바마
대통령이 어느 모임에서 "한국 사람이 세계를 지배하고 있다"고 조크
를 던질 정도다.

대한민국은 참으로 자랑스러운 나라다. 우리 국민은 남과 북이 통
일되어 8천만 국민 모두가 자유와 행복을 누리며 우리 자손들이 세계
인의 부러움 속에서 밝은 웃음꽃이 피어오르는 희망찬 나라로 발전되
기를 소망한다.

우리의 통일원칙은 평화통일, 자유민주통일, 자주통일이다. 전문가들은 통일이 되면 세계인구의 1%가 되고, 2030년대에는 세계 7대 경제대국이 될 것이라고 전망한다.

이러한 위대한 통일로 가는 길을 막아서 자유 없는 독재의 나라, 백성이 굶어죽는 거지의 나라로 만들려는 집단을 '벌초(伐草)'해야 8천만 국민이 행복하게 살 수 있다.

즉 북의 김 왕조 독재집단과 그편에 서서 대한민국을 전복시켜 '인민공화국'에 편입시키려는 종북집단을 퇴치해야 한다.

지금 이 글을 쓰고 있는 오늘은 천안함 폭침 3주년이 되는 3월 26일이다. 그때 우리는 맞받아치지 못했다. 8개월 후 북은 우리의 영토인 연평도를 포격했다. 이때도 충분한 보복을 못 했다.

'확전'을 우려해서인가? 적에게 얕잡아 보였다. '남조선군은 아무리 때려도 맞서지 못한다. 전쟁을 두려워하는 종이호랑이다'라는 그릇된 인식을 심어 주었다. 주권, 영토를 침해하고 국민을 해치는 적에게는 단호하고도 강력하게 보복해야 한다.

1976년 8월 18일에 일어났던 북의 판문점 도끼만행사건을 보자.

오전 10시 45분, UN군 장병 11명과 노무자 5명은 UN군측 제3초소 근처의 시야를 가리고 있는 미루나무 가지를 치고 있었다. 이때 인민군 20여 명이 접근하여 시비를 걸어왔다. 미군장교가 합법적 절차를 거쳐 절단하는 것이라고 하자, 인민군 장교가 "죽여라!" 외쳤다. 인민군 50~60명이 달려와 도끼를 휘둘러 미군 대위 1명과 중위 1명을 살해했다. 이들은 한·미 장병 9명에게도 중경상을 입히고 UN군 초소와 트럭 3대를 파괴했다.

UN군측이 항의하자 북은 적반하장으로 우리측이 도발해 와서 응분의 조치를 취했다고 뒤집어 씌웠다. 그들의 목적은 첫째, 내부의 불만을 북침설로 잠재워 정권을 공고히 하고, 둘째, 그 전 해 월남패망 이후 더 커진 미국 내의 반전여론을 부추겨 미군철수, 한·미간 이간책을 꾀했다. 셋째, 한반도에 긴장상태를 조성하여 미국과의 직접 대화로 평화협정을 체결함으로써 미군을 철수시키고자 했다.

북의 계략은 예나 지금이나 한 치의 변함도 없다. 북은 다음날 정규군과 예비군 병력에 대하여 전투태세 돌입 명령을 내리고 전쟁상태를 선포했다.

박정희 대통령은 스나이더 대사와 UN군사령관 스틸웰 대장을 접견하는 자리에서 무장공비의 청와대 습격사건, 푸에블로호 납치사건, 무장공비의 삼척·울진 침투사건, 미 EC-121기 격추사건 등을 상기시키며 북의 버릇을 고쳐 다시는 도발을 못 하도록 강력한 보복조치가 있어야 한다고 역설했다.

미국측은 이에 전적으로 동의하고 데프콘-3 전투태세에 들어갔다.

그달 20일 스틸웰 사령관은 도끼만행으로 중단됐던 미루나무 절단작전을 재개하고 만일 북한이 무력으로 대항할 때는 즉각 무력으로 대응, 군사분계선을 넘어 개성을 탈환하고 연백평야 깊숙이 진격하여 수도 서울 방어공간을 확보할 방침을 세웠다.

박정희 대통령은 우리 국토 수호의 1차적 책임은 우리 국군에 있는 만큼, 이 미루나무 절단작전에는 미군 대신 국군을 제1선에 투입하겠다 했다. 스틸웰 대장은 이 말을 듣는 순간 '형용할 수 없는 무한한 감동'을 받고, 박 대통령의 제안에 따르겠다 했다.

한·미 양국군은 데프콘-2(전쟁돌입 상태) 하에서 21일 07시부터 작전에 나섰다. 16명의 작업반과 이를 지원하는 우리 국군 64명을 투입했다. 주한 미 제2사단장은 헬기를 타고 상공에서 진두지휘했다. 남쪽 하늘에는 즉각 투입할 미 병사가 탑승한 헬기 20대가 선회하기 시작했다. 판문점 상공에는 건십헬기(Gunship, 무장헬리콥터), F-4 팬텀 전폭기, F-111 전폭기, 괌에서 날아온 B-52 중폭격기가 폭음을 울리며 선회했다. 바다에는 미항공모함 미드웨이호가 서해로 진입하여 함재기를 띄웠다. 해병부대는 항공모함에 대기하여 상륙작전 명령을 기다리고 있었다.

07시 55분, 미루나무를 완전히 절단하고 남방경계선에 불법으로 설치한 북한측 초소를 모두 때려 부수었다. 인민군은 전쟁을 각오한 한·미 연합군작전에 기가 눌려 꼼짝달싹 못했다.

김일성은 그날 오후 '이러한 사태가 일어난 것을 매우 유감으로 생각한다'고 사과했다. 그 후 5일 만에 판문점 공동경비구역 분할경비에 합의했다.

지금 북의 핵을 지렛대로 한 공갈협박 도발을 억제하기 위해서는 이때처럼 전쟁을 각오한 결연한 국가의지와 한·미 양국의 굳건한 결속력 그리고 막강한 억제전력이 필수적이다.

소련은 핵탄두 4만 5천 발 이상을 가진 군사적 초강대국이었다. 하지만 총알 한 발 쏘지 못하고 붕괴됐다.

왜 그랬을까? 미국이 구축한 막강한 핵 억지력이 소련 핵무기를 무용지물로 만들었다.

또한 공산주의 독재로 인한 내부의 취약성으로 국민이 이탈했다.

2013년 3월 22일 한·미는 '공동 국지도발 대비계획'에 서명했다. 적이 국지도발 시 주한미군 항공·포병전력뿐 아니라 미 항공모함 등 7함대, 오키나와 기지의 전투기와 해병대 등 주일 미군 및 태평양사령부의 타격전력을 투입하게 되었다. 37년 전 도끼만행 때의 한·미 전력투입과 흡사하다.

이 위중한 때에, 이승만 대통령이 반공포로 석방 후 국군 제2군단을 찾아가 "지금 우리가 할 일은 공산군과 끝까지 싸워 이기는 것이라는 감투정신으로 우리 스스로 싸워 나가겠다는 일치단결 자세가 뚜렷하면 미국도 기꺼이 원조해 줄 것이지만, 남의 일처럼 처분만 바라는 자세라면 미국도 흥이 깨질 것"이라고 한 말이 가슴을 친다.

우리 헌법 前文은 '우리들과 우리들의 자손의 안전과 자유와 행복을 영원히 확보할 것을 다짐'하고 있다. 제5조는 국군에 대하여 '국가의 안전보장과 국토방위' 임무를 명했다.

지금은 북의 독재집단이 핵을 쏠 수 있다는 극한 상황을 염두에 두고 이스라엘처럼 전면전도 불사한다는 각오로 총동원태세에 임해야 할 때다.

60년 전 DMZ(비무장지대)에 총성이 멎었다. 그러나 지금 김정은 독재집단은 또다시 제2의 6.25를 들먹이고 있다. 피를 흘리지 않는 6.25는 진행 중이다.

조국을 지키고 국립현충원에 잠들어 있는 전우들의 울부짖는 호소가 귓전을 울린다.

"오! 나를 일으켜다오.

파도처럼, 구름처럼 내 다시 우뚝 일어서

내 조국 대한민국을 지키겠노라!"

부록

701함 승조원 모습

1	갑판사 박승만	2	내연사 유제현	3	내연사 이길선	4	갑판사 김호민
5	갑판사 정준환	6	확인 불가	7	갑판사 오일수	8	갑판선임 김종수
9	갑판사 유봉화	10	기관사 한준희	11	확인 불가	12	전기장 김생용
13	확인 불가	14	위생사 윤영록	15	내연사 이종문	16	갑판사 권진택
17	갑판사 홍양식	18	장포장 최석린	19	조타사 김세현	20	내연사 윤자호
21	확인 불가	22	조타사 최도기	23	서무사 김진영	24	갑판사 안종경
25	갑판사 이태기	26	갑판사 김춘배	27	조타사 박순서	28	갑판사 이유택
29	조타사 최갑식	30	확인 불가	31	갑판사 김창학	32	갑판사 조삼재
33	갑판사 정인화	34	갑판사 조병호	35	갑판사 김주호	36	기관사 최판길
37	갑판장 이종인	38	조리수 문영구	39	확인 불가	40	기관사 이덕봉
41	주계장 조경규	42	조리수 김동식	43	갑판사 정병열	44	확인 불가
45	확인 불가	46	조타사 장학룡	47	내연사 김용순	48	내연선임 송홍기
49	내연사 조종래	50	확인 불가	51	갑판사 전병익	52	통신장 황명욱
53	갑판장 김영종	54	갑판사관 최영섭	55	기관사 강명혁	56	기관장 신만균
57	함장 최용남	58	부장 송석호	59	포술장 유용빈	60	기관사 김종식

大韓海峽海戰 60周年 回顧辭

今年은 金日成이 6·25 南侵戰爭을 挑發한 지 60周年 되는 해입니다. 軍事分界線에 500m 間隔으로 세워놓은 1,292個의 標識板은 歲月의 비바람 속에 稀微한 痕迹만 남았습니다. 金日成은 蘇聯으로부터 탱크 258臺, 戰爆機 180臺, 艦艇 등 最新武器를 끌어들이고, 中共으로부터 朝鮮族中共軍 4個師團 5萬 兵力을 들여와 人民軍으로 變換시켜 同族 400萬을 殺傷하는 民族叛逆 南侵戰爭을 挑發했습니다.

우리나라 5千年 歷史上 全國土가 蹂躪된 戰爭은 壬辰倭亂과 6·25 戰爭 두 번입니다. 壬辰亂은 倭놈들이 侵攻한 것이었지만, 6·25는 同族이라는 金日成의 叛逆蠻行입니다. 敵은 6·25 그날, 釜山을 占領하려고 600餘 名의 特攻隊를 武裝艦艇에 싣고 이 바다로 侵攻해 내려왔습니다.

白頭山艦은 그 敵艦을 發見, 이 바다에서 熾烈한 戰鬪를 벌였습니다. 白頭山艦은 1949年 海軍將兵들이 醵出한 돈, 18,000달러, 지금 換率로는 2千萬 원으로 미국에서 購入한 軍艦입니다. 白頭山艦은, 東海岸 江陵, 三陟으로 쳐들어온 敵 上陸軍을 擊滅하라는 命令을 받고 25일 午後 3시 鎭海를 出航했습니다.

釜山 앞 五六島를 지나 午後 8時 頃 蔚山 앞바다를 北上

中, 水平線에 흐르는 검은 煙氣를 發見하고 追跡했습니다.

한참 달려가 보니 船體를 까맣게 칠하고, 當然히 있어야 할 國旗도 船名도 없는 怪船舶이었습니다. 國際信號로 國籍, 船名, 行先地를 계속 물었으나 黙黙不答이었습니다.

밤 10時頃, 接近探索을 敢行했습니다. 船首에 大砲가 달려있고, 艦橋 뒤 兩舷에는 機關砲를 裝着한 武裝軍艦이었습니다. 甲板에는 完全武裝한 軍人 約 600名이 가득 타고 있었습니다.

6·25 그날 午前, 政府도, 國防部도, 軍도, 金日成의 局地挑發인지 全面侵略戰爭인지 戰局을 判斷하지 못하고 右往左往할 때입니다.

崔龍男 艦長은 그 武裝艦艇이 釜山을 侵攻하려는 北傀軍으로 判斷하고 戰鬪態勢에 突入했습니다. 艦長은 全將校들에게 "이제 戰鬪에 突入한다. 全力을 다해 敵艦을 擊破시켜라! 지금 이 瞬間이 이승에서 마지막 만남일 수도 있다. 冷水로 乾杯하자!" 했습니다. 將校들은 悲壯한 覺悟로 '大韓民國의 마지막 물'을 담은 컵을 들고 "싸우자!" 외치며 乾杯했습니다. 이때 海軍本部로부터 攻擊命令이 떨어졌습니다.

그날, 이 바다는 24일 밤 颱風 '엘시'가 할퀴고 지나간 後로 가랑비가 내리고 너울이 일렁였습니다.

26日 0時 30分! 熾烈한 戰鬪가 시작되었습니다. 砲聲이 天地를 震動하고 砲火는 밤하늘을 붉게 물들였습니다.

敵 砲彈이 우리 배 周圍에 떨어져 물기둥이 여기 저기 솟아올랐습니다. 敵 機關砲彈은 붉은 曳光을 그리며 머리 위로 다발로 날아갔습니다.

白頭山艦 兵士들은 渾身의 힘을 기울여 勇敢히 싸웠습니다. 白頭山艦은 全速力으로 敵艦에 달려들어 3인치 主砲와 CALIBER 50 機關銃을 퍼부었습니다. 내 살을 내주고 敵의 骨髓를 깨부수려는 죽기를 覺悟한 突擊戰이었습니다. 敵艦과의 거리 1,000야드에서 쏜 砲彈은 百發百中 敵艦에 꽂혔습니다. 敵艦 마스트가 부러져 나갔습니다. 敵艦 艦橋가 부서져 나갔습니다.

白頭山艦에서 "萬歲!" 喊聲이 터졌습니다. 敵艦 機關室이 爆破됐습니다. 敵艦은 검붉은 火焰으로 휩싸였습니다. 速力이 뚝 떨어졌습니다. 敵艦은 左舷으로 기울며 바닷 속으로 빠져 들어갔습니다. 때는 26日 午前 1時半頃입니다.

이때 敵彈이 우리 배 隔壁을 뚫고 操舵室 안으로 날아들었습니다. 자이로콤파스를 때렸습니다. 操舵士 金昌學 3等兵曹가 쓰러졌습니다. 金宗植少尉의 발꿈치가 날아갔습니다. 同時에 艦首 甲板에 敵彈이 떨어졌습니다. 主砲裝塡手 全炳翼 2等兵曹가 쓰러졌습니다. 金春培 3等兵曹의 다리가 貫通됐습니다.

제가 應急室로 달려갔습니다. 저를 본 負傷兵士들은 숨을 몰아쉬면서도 "敵艦은요?"라고 물었습니다. "敵艦은 擊沈

됐다. 精神차려! 살아야 돼!"라고 외쳤습니다. 그 瞬間 그들의 얼굴이 환하게 피었습니다. 가느다란 목소리로 "大韓民國…" 말을 잇지 못하고 고개를 떨구었습니다.

그들이 맺지 못한 마지막 남긴 말은 "大韓民國 萬歲, 大韓民國을 지켜다오"로 이 老兵의 귓전에 울렸습니다. 全炳翼 2等兵曹, 金昌學 3等兵曹는 大韓民國 最後의 堡壘, 救國의 釜山港을 지키고 壯烈히 戰死했습니다.

7月 1日부터 이 釜山港으로 UN軍, 美軍, 彈藥, 兵器, 軍需物資가 물밀듯이 들어오기 시작했습니다.

맥아더 司令部는 日本의 東京, 大板, 下關, 佐世保에서 釜山港을 잇는 超特急輸送 'RED BALL' 作戰을 展開했습니다.

이 굵직한 PIPE LINE이 最後防禦線인 洛東江戰線을 떠받쳐 反擊의 불씨를 지폈습니다. 6·25戰爭 期間中 釜山港은 UN軍 兵力 500餘 萬 名, 軍需物資 5,500萬 톤, 油類 2,200萬 톤을 積荷했습니다.

大韓民國이 살아났습니다. 釜山港이 大韓民國을 살렸습니다. 釜山은 大韓民國 救國의 港口입니다.

釜山에 200萬 名의 避難民이 밀려들어왔습니다. 釜山市民은 이들에게 舍廊房, 마루房, 앞마당, 텃밭을 내 주고 김치, 된장, 간장 등 먹거리와 입을 것, 덮을 것을 챙겨 보살폈습니다. 釜山市民은 그들을 따뜻이 보살펴 故鄉으로 돌아갈 수 있게 돌보았습니다.

"보슬비가 소리도 없이. 離別 슬픈 釜山停車場 잘 가세요, 잘 있어요. 눈물의 汽笛이 운다. 故鄕에 가시거든 잊지를 말고 한두 자 봄소식을 전해 주소서 汽笛도 목이 메어 소리 높여 우는구나 離別의 釜山停車場." 이 노랫말에 釜山市民의 끈끈한 情이 담겨 있습니다. 釜山市民의 사랑이 메아리칩니다. 釜山市民은 同胞를 구한 '救援의 天使'입니다.

白頭山艦 70名의 戰友 중 50餘 名이 이 世上을 떠났습니다. 남은 우리도 먼저 간 戰友들을 만날 날이 그리 멀지 않았습니다. 우리 老兵들을 잊지 않고 激勵해 주시고 이 海戰을 記念해주신 釜山市民 여러분! 너무나 고맙습니다. 60年 前 軍事分界線에 銃聲은 멎었으나 지금도 6·25戰爭은 繼續되고 있습니다. 풋내기 獨裁者 金正恩은 양 손에 核과 미사일을 들고 大韓民國을 滅亡시키겠다며 恐喝과 脅迫을 퍼붓고 있습니다.

우리 老兵들의 마지막 부탁입니다. 부디 부디 우리 子孫들이 連綿히 살아갈 大韓民國을 지켜주십시오. 나라를 살려낸 釜山市民 여러분, 眞情 感謝합니다.

2010년 6월 25일

大韓海峽海戰 戰友를 代表하여
白頭山艦 甲板士官
海軍少尉 崔英燮

대한해협 해전가

초상 기증서

海軍士官學校長 貴下

海軍士官學校 第3期生 戰死者
故 朴容熙 中尉, 故 洪淳濱 中尉의
靑銅高浮彫肖像을
海軍士官學校에 寄贈합니다.

2000年 6月 3日

海軍士官學校 第3期生
期生會長 徐 廷 權

추도사

嗚呼 哀哉로다!

우리의 戰友, 우리의 同期 朴容喜君이여!

洪淳濱君이여!

玉浦灣 바닷바람에 흰머리 날리며 주름진 두손으로 그대들의 젊은 肖像 받쳐들고 우리 三期生 여기 母校로 찾아왔소. 解放된 祖國 混沌의 天地에서 蘇聯의 꼭두각시 金日成 共産黨에 抗拒, 갓스물 靑春의 푸른꿈을 품어안고 北녁땅 新義州에서 그리고 鐵原에서 南으로 南으로 數千里길 달려온 그대들, 1947年 9月 自由大韓 海軍建設 뜻세워 이 鶯谷灣 海士搖籃 찾아 수제비국 주먹밥으로 주린배를 채우며 海軍將校修練 2年6個月, 1950年 2月 25日 任官하자마자 民族의 逆賊 金日成, 蘇聯과 中共을 등에 업고 이 나라를 共産化시키려는 늑대 같은 野慾으로 蘇聯製 탱크를 몰고 6.25새벽 三八線으로 東海 바다로 물밀듯이 쳐내려올 때

朴容喜君!

당신은 東海 三陟 臨院 玉溪로 上陸하는 敵 吳振宇 第766 部隊 및 敵 海軍 第549 上陸軍을 邀擊 맞받아 치면서,

洪淳濱君!

당신은 저 成鏡南道 元山灣 海棠花 붉게 피는 明沙十里 葛麻半島 海域 掃海作戰에서

硝煙이 자욱한 戰爭터에서 彈雨가 빗발치는 艦上에서 祖國을 지키고 民族을 살리기 爲해 꽃다운 靑春 그 한몸 바다에 내던져 壯烈히 壯烈히 戰死했구려.

그대들이 저푸른 바다에 꽃처럼 스러진 지 於焉 50年!

당신들이 목숨바쳐 지켜낸 우리祖國 大韓民國, 그대들의 죽음이 씨앗이 되어 戰爭의 廢墟 焦土化된 잿더미 위에서 기를 써서 다시 일구어내 이제 世界 속에 우뚝서 먹고살 만한 나라가 되었소.

당신들을 죽인 저 北쪽 詛呪의 共産黨 金正日 떼거리들 百姓을 굶겨죽이는 餘鬼의 땅 地獄의 땅으로 만들어 버렸소.

故 洪淳濱 中尉!

여기 당신을 애타게 찾은 血脈의 舍兄, 洪淳銑 翁 사랑하는 아우 그대를 찾아 저 北녘땅 新義州에서 南쪽으로 내려와 斷陽의 50年 기나긴 歲月을 보냈소.

故 朴容喜 中尉

여기 당신을 사랑하는 한핏줄 舍弟, 朴錫基 先生, 6.25 戰爭터에서 長兄 容男, 次兄 그대 容喜 두 兄을 잃고 茫然自失

悽然한 歲月 50年을 보냈소.

　그대들의 兄 그리고 아우 兄弟의 죽음앞에 痛恨의 눈물을
삼키며 북받치는 슬픔을 씹으며 여기 이 자리에 섰소.

　그러나

　내 兄 내 아우가 大韓民國 海軍士官學校를 나와 毅然한 海
軍將校로 내 祖國 大韓民國을 지키기 爲해 砲火가 불꽃같이
炸烈하는 戰爭터에서 南侵하는 敵軍을 무짜르고 祖國을 지
키며 빛나게 散華했다는 矜持 그 하나로 찢어져 미어지는 슬
픔을 달래고 있소.

　여기 서있는 우리도 50年前 任官當時 내가 그대들이 乘務
한 艦艇 JMS-305, YMS-516에 發令받았다면 나도 그대들의
職責에 서서 그대들이 싸운 바로 그 戰鬪에서 그대들과 같은
命運 壯烈히 목숨을 던졌을 것이오.

　우리 모두 덤으로 살아온 人生입니다.

　우리 三期 同期生 54名中 이미 20名이 幽明을 달리했소.

　우리도 이제 從心의 나이 70고개를 넘어 人生의 마지막길
에 접어들었소. 이제 하늘나라에서 그대들과 만날 날도 그
리 멀지 않았구려.

　그대들의 젊은 肖像, 우리 母校 海士搖籃에 살아 큰빛되어

連綿히 이어갈 우리들의 後輩 士官生徒들의 護國의 象徵 軍人의 指標되어 爲國忠節의 길잡이가 될 것입니다.

그대들이 잠든 國立墓地 바위에 새겨진 弔文으로 우리 모두의 뜻을 모아 머리숙여 그대들의 追掉하며 하나님의 救援과 永生의 恩惠를 懇求합니다.

이땅을 사랑했기에

이땅에 묻힌 이여

그대의 핏자국 지워졌어도 永遠하라!

그대 넋이여 이땅과 더불어 永遠하라!

2000年 6月 3日

海軍士官學校 三期生 一同

유가족 인사

유 족 인 사

해군사관학교 3가생 여러분!

창설 50주년 기념 행사와 저희 형제 추모식에
저희 유가족을 불러 주시고 따뜻하게 배려해
주심에 대해 감사드립니다.

저희는 전사한 우리 형제가 여러분의 전우요,
여러분의 동기생이었던 것이 무척 자랑스럽습니다.

지난 50년 세월, 멍들었던 아픈 가슴, 겹겹이
맺혔던 한, 봄별 같은 따스한 동기애에 녹아
풀려 버렸습니다.

고인의 영혼도 기쁘고 고마울 것입니다.
김일성 남침 전쟁터 동해바다, 원산 바다에서 나라를
지키다 이슬같이 사라진 저희 형제 모습, 우리 가문의
영예라는 긍지 가지고 슬픔을 이기고
고통을 딛고 굳굳하게 살아 가겠습니다.

3가생 여러분, 해군사관학교 교장님 그리고 교수 여러분,
유가족의 마음과 뜻을 모아 깊은 감사를 드립니다.
고맙습니다.

2000. 6. 3

고 박동희 중위, 고 홍순빈 중위 유가족.

충무함가 악보

구축함의 세일러

최영섭 작사
박정호 작곡

1973
밝고 힘차게

무쇠보다 굳 세고 비호같이 달린 - 다

참 파를 쪼 개고 노도를 뚫 는 다

타 켓 엔게이 지드 포 화를 뿜어 라 스티어

바이 인디케이 타 어뢰를 갈 겨 라

우 리 는 충성 스런 구 축함의 세 일 러

솟 아 솟 아 솟 아오르는 충 무함의세 일 - 러